Evelyn Horsch

Das Wunder der Liebe

50 Mediationen für Paare

ERD VERLAG · MÜNCHEN

Die Deutsche Bibliothek — CIP-Einheitsaufnahme

Horsch, Evelyn:

Das Wunder der Liebe: 50 Mediationen für Paare /
Evelyn Horsch. — München: Erd, 2003
ISBN 3-8138-1008-9

Umwelthinweis:
Alle bedruckten Materialien dieses Bandes
sind chlorfrei und umweltfreundlich

1. Auflage 2003

Gesamtherstellung: ERD VERLAG, München
Titelgestaltung: Brigitte Wiedmann-Gaida

Printed in Germany
ISBN 3-8138-1008-9

Inhalt

Einleitung

Teil I: Begegnung

Teil II: Vertrauen

Teil III: Konflikte

Teil IV: Transzendenz

Vorwort

Wir haben 1968 geheiratet. Zu der Zeit hatten wir keine Ahnung, wie wir unsere religiösen Unterschiede bewältigen sollten, das Judentum und das Christentum. Niemand konnte sich vorstellen, dass unsere Beziehung bei solchen Differenzen überhaupt Bestand haben könnte. Anfangs ging jeder von uns zu seinem persönlichen Platz des Gottesdienstes, der eine in die Synagoge, die andere in die Kirche. Wir gingen nie gemeinsam, denn keiner von uns fühlte sich wirklich wohl in der Religion des anderen. Nach einiger Zeit hörten wir auf, überhaupt hinzugehen - wir dachten, dass wir eigentlich überhaupt keine Religion brauchten, weil wir uns ja so liebten und das doch genug sein sollte. Aber: Indem wir die Religion wegwarfen, schlossen wir auch unsere Tür zu unserer Spiritualität. Und das war der größte Fehler, den wir machen konnten. In unserer Beziehung entstand ein Vakuum, etwas, das wir mit anderen Mitteln zu füllen versuchten - ungesunden Mitteln. Unsere Beziehung wurde schlechter und schlechter. Nach drei Jahren gab es eine wirkliche Krise. Wir trennten uns. Aber wir liebten uns noch immer und wollten so sehr, dass unsere Beziehung weitergehen sollte. Irgendwie ahnten wir, dass das, was fehlte, die Spiritualität war. Zu der Zeit wussten wir überhaupt nicht, wie man Spiritualität ohne Religion in eine Beziehung einbringt. Wir wussten nur, dass wir diese Tür irgendwie wieder öffnen mussten.

Wir lernten eine ganz einfache Meditationstechnik und begannen, eine Viertelstunde täglich miteinander zu meditieren. Diese einfache Übung öffnete unsere Herzen. Wir begannen, heiler zu werden. Miteinander zu meditieren brachte eine Nähe, die wir uns im Traum nicht hätten vorstellen können. Unsere Seelen fingen an, eins zu werden, und als Ergebnis davon bekam unsere Beziehung eine solide Basis, auf der wir wachsen konnten. Aus dieser Erfahrung heraus entschlossen wir uns, unser Leben Menschen zu widmen, die wir bei der Arbeit an dem spirituellen Teil ihrer Beziehungen unterstützen können. Seit 1973 arbeiten wir so mit Menschen. Wir haben viele Paare erlebt, die danach dürsten, sich auf spirituelle Weise miteinander zu verbinden. Wie unterscheidet sich Spiritualität von Religion? Religion ist der Becher. Spiritualität ist das Wasser im Becher. Der Becher ist bedeutsam, denn er kann dem Wasser Halt geben. Aber ohne Wasser ist der Becher nutzlos. Das Wasser stillt den Durst, nicht der Becher. Spiritualität ist die lebendige Erfahrung von etwas Größerem als unserer menschlichen Realität. Religion ist das, was daraus eine Form, eine Struktur, ein Konzept macht.

Immer wenn wir einen Workshop geben, sagen wir den Menschen, dass das Wichtigste, was ein Paar miteinander teilen kann, die Spiritualität ist. Meditation kann jedem eine direkte Erfahrung von Spiritualität vermitteln. Wenn Paare miteinander meditieren, können sie ihrer Beziehung eine sichere Basis geben. Dann, wenn diese Beziehung irgendwie gefordert ist, ob durch Probleme mit den Kindern, mit Finanzen, der Gesundheit oder anderen Schwierigkeiten, hat das Paar diesen sicheren Platz ihrer Meditation, aus dem es Inspiration, Unterstützung und Führung schöpfen kann.

Wir haben in jedem unserer Workshops Meditationen gelehrt. Sie sind ein bedeutender Teil unserer Bücher und ein grundlegender Teil unserer Therapiesitzungen mit Einzelnen und mit Paaren. Wir haben oft gedacht, dass es ein Buch mit Meditationen für Paare geben müsste, ein Buch, dass Paaren dabei hilft, Kontakt mit einer größeren Macht als ihrer eigenen aufzunehmen, um auf eine direkte Weise ihre Beziehung spirituell zu nähren.

Es gibt viele Bücher über Beziehungen, aber bisher keins, dass Paaren klare Hinweise gibt, wie sie spirituell miteinander in Beziehung treten können. Hier, endlich, gibt es so ein Buch. Evelyn Horsch hat ein Buch geschrieben, dass sorgfältig herausarbeitet, wie Paare miteinander auf eine höhere Bewusstseinsebene kommen können. Einige dieser Meditationen stammen von uns - und deshalb wissen wir, dass sie funktionieren. Wenn Sie und Ihr Partner diese Meditationen praktizieren, werden Sie gemeinsam durch die psychologische Ebene Ihrer Beziehung in eine neue Ebene vorstoßen, die der Spiritualität Ihrer Beziehung. Sie werden sich tiefer miteinander verbinden können. Vielleicht werden Sie sich von allen Meditationen angesprochen fühlen, vielleicht wird es auch nur eine einzige Meditation geben, die dann zu "Ihrer" Meditation wird. In jedem Fall werden Sie dadurch das größte Abenteuer Ihrer Beziehung erleben, das Abenteuer der Seelenverbindung mit Ihrem Geliebten. Sie werden Ihre Beziehung als eine heilige Verbindung erfahren und vielleicht sogar deren tiefen Sinn erkennen können.

Santa Cruz/Kalifornien, im April 2003

Joyce und Barry Vissell
Autoren der Bücher "Der gemeinsame Weg",
"Partner auf dem Weg der Liebe" und
"Light in the mirror"

Danksagung

Ich widme dieses Buch allen Paaren, die ich in den vergangenen Jahren als Therapeutin begleiten durfte, die um ihre Liebe gekämpft und gerungen haben und von denen ich unendlich viel gelernt habe.

Meinen spirituellen Lehrern, die mich auf meinem Weg zum Herzen begleitet haben - vor allem Maulana Scheich Ibrahim ibn Mohammed Osman und Yogi Bhajan, dem Meister des Kundalini Yoga. Meinen Vorbildern in der spirituellen Paararbeit, Joyce und Barry Vissell, deren liebevolles Erkennen und unbedingtes Bestätigen der Schönheit jedes Menschen mich tief angerührt haben.

Vor allem aber meiner Familie, unseren Söhnen und Töchtern, und meinem Mann Peter, mit denen ich jeden Tag aufs Neue die Herausforderungen und das Wunder der Liebe erfahren kann.

Einleitung

Als Paar meditieren

Meditieren zu zweit? Das kommt einem erst einmal fremd vor. Normalerweise meditiert man eher allein, geht nach innen, erfährt sich selbst über den Atem, über Konzentrationspunkte, Mantras, Körperhaltungen. Und nun mit einem Partner meditieren? Stört das nicht, hält es nicht sogar die Meditation auf, lenkt ab, verwirrt? Geht es nicht sogar am Ziel der Meditation vorbei: Die Welt der Form - und dazu können auch andere Menschen gehören - zu überwinden? Partnerschaft hat in solchen Überlegungen anscheinend keinen Platz. Im Gegenteil, in vielen Traditionen gilt die Liebe zu einem anderen Menschen geradezu als Hindernis auf dem spirituellen Weg. Selbst Paare, die miteinander einen spirituellen Weg gehen und ihre Partnerschaft als eine spirituelle begreifen, meditieren bestenfalls nebeneinander, aber nicht miteinander.

Dieses Buch möchte Ihnen einen neuen Weg vorschlagen: Zusammen, einer im direkten Spiegel des anderen, mit den hier vorgeschlagenen Meditationen den Weg zur Liebe zu gehen. Gemeinsam zu meditieren ist nicht nur kein Hindernis für Ihre Liebe. Sondern kann sie in einer Weise erweitern und bereichern, wie Sie dies nie für möglich gehalten haben. Sie kann Ihre Achtsamkeit füreinander steigern, kann Ihnen helfen, hinter die Oberfläche des sonst Sichtbaren zu schauen - und damit nach und nach ihre emotionalen Verstrickungen miteinander zu lösen. Sie kann Ihnen Momente tiefster Begegnung schenken. Und Ihnen letztlich das wahre Gesicht Ihres Liebsten oder Ihrer Geliebten zeigen: Wenn Sie in seinen oder ihren Augen die Augen Gottes sehen.

Miteinander zu meditieren ist ein Geschenk an die Liebe. Denn die gemeinsame Meditation führt unmittelbar in den Raum des Herzens. Das Einlassen aufeinander, auf die unmittelbare Erfahrung, das Erleben des anderen und den lebendigen Kontakt mit ihm, ohne vorher zu wissen, was dabei geschehen kann, öffnet diesen kostbaren Raum, der im Alltag nur allzu leicht verschlossen wird. Die gemeinsame Meditation kann so eine Kraftquelle für die Beziehung werden, ein Heiligtum, in das Sie jederzeit eintreten können, und aus dem Sie etwas von der Essenz Ihrer Partnerschaftmit hinaus nehmen in den Alltag der Beziehung.

Denn Partnerschaft ist ja nicht nur gemeinsames Leben, Teilen von Freude, Kummer und Sorgen, ist nicht nur geistiger Austausch, Erotik und gegenseitiges Befruchten, ist auch nicht nur Gefühlsaustausch oder Zeit, die wir miteinander verbringen. Partnerschaft hat auch und vielleicht sogar vor allem die Chance, gemeinsam an der Liebe zu wachsen, immer tiefer in ihre Geheimnisse einzudringen, sie immer tiefer zu verstehen.

Anfangs hängen wir dabei vielleicht noch an der Vorstellung von der romantischen Liebe: An dem Auf und Ab des Himmel-hochjauchzend-Zu-Tode-Betrübt-Seins, an der Spannung erotischer Anziehung und ihrer leidenschaftlichen Auflösung in der Sexualität, an dem Streit und der Versöhnung, der Sehnsucht nach Verschmelzung und dem Wunsch nach Freiheit, an der Abhängig-keit vom anderen oder der Abgrenzung von ihm. Aber ist all das wirklich Liebe? Wie schnell geschieht es nach der anfänglichen Verliebtheit, dass wir unseren Liebsten in einem Moment als unser Alles betrachten und einen Moment später als unseren schlimmsten Feind? Wohin ist die Liebe dann verschwunden? Wenn wir ent-täuscht sind, miteinander kämpfen, darauf warten, dass der andere sich verändert, um für uns wieder so liebenswert zu sein wie vorher - wo ist unsere Liebe dann?

All dies sind Dramen unseres Ich, aber keine Liebe. Liebe ist der natürliche Seinszustand unseres Selbst, jenseits aller Dramen. Und dennoch sind diese Dramen nicht sinnlos. Wir haben sie einmal gebraucht, um uns in dieser Welt zu orientieren, um uns zu schützen, um unsere ganz eigene Sicht auf die Zusammenhänge des Lebens zu entwickeln. Nun brauchen wir sie, um uns, unser wirkliches Selbst zu erkennen, das tief darin verborgen liegt, und auch, um sie überwinden. Wenn wir in einem tiefen Moment der Erkenntnis entscheiden, dass wir all dieses Leid nicht mehr wollen, und wenn wir dabei nicht länger den anklagenden Finger auf den anderen oder die böse Welt richten, sondern anfangen, uns selbst mit unseren eigenen Verstrickungen und Reaktionen zu beschäftigen, uns zu fragen, wie es kommt, dass wir so und nicht anders reagieren - dann beginnt der Weg in die Freiheit. Dann werden die Dramen zu unseren stärksten Verbündeten, zu kraftvollen Motoren auf dem Weg zum Erwachen.

Denn dann können wir sie als Wegweiser erkennen, die uns aufmerksam machen, dass wir dabei sind, uns zu verirren in dem Gestrüpp unseres Ich, in unseren Mustern, Einbildungen, Bewertungen und Interpretationen. Wir können anfangen, unsere inneren Dramen zu sehen und sie nicht mehr länger nur zu „sein". Dazu müssen wir nicht einmal versuchen, sie sofort zu verändern oder loswerden zu wollen. Es ist absolut ausreichend, einen Raum um sie herum zu schaffen - einen Raum der Akzeptanz, einen Raum der Bewusstheit, einen Raum des „Ja". Ja, ich bin wütend, ja, ich bin traurig, ja, ich bin glücklich, ja, ich bin enttäuscht, ja, ich habe Angst. Anerkennen was ist - ohne es sofort verändern zu wollen - umgibt den Sturm mit Ruhe, den Kampf mit Frieden.

Wenn wir uns selbst mit dieser Akzeptanz umgeben, verlassen wir das Land des Drama. Und betreten das Land der Liebe. Danach ist es nur noch ein Schritt, dasselbe Geschenk auch unserem Partner zu machen.

Und das ist vielleicht der tiefste Sinn von Partnerschaft: Dass wir mit Hilfe unseres Liebsten erkennen können, wer wir wirklich sind - hinter all den Mustern unseres Ich. Denn niemand ist ein solcher Spiegel für unsere inneren Verirrungen, aber auch für das Licht der Liebe wie unser Partner. Ebenso wie wir oft unsere abgelehnten dunklen Seiten in unserem Partner wieder sehen, sie in ihm bekämpfen, genauso ist die Schönheit, in die wir nach und nach schauen können, wenn unsere Verstrickungen und Bilder vom Anderen sich lösen, eine direkte Reflektion unserer eigenen Schönheit. Und der Schönheit Gottes, die durch uns scheint, wenn wir wirklich wir selber sind. Je mehr und tiefer wir unser „Ja", unsere Akzeptanz und Liebe erfahren, umso intensiver spüren wir auch unsere tiefe Ehrfurcht vor aller Schöpfung, unsere ursprüngliche Einheit mit allem Sein, mit Gott.

Nichts anderes aber ist Meditation. Meditation heißt, das, was ich tue, das, was geschieht, mit meiner Achtsamkeit, mit meiner Bewusstheit, mit meiner Akzeptanz zu umgeben. Und schließlich die Welt des Scheins, die Welt der Bewertungen und Interpretationen, des Widerstands und der Negativität, der Getrenntheit und Dualität als Illusion zu erkennen. Dabei ist Ihr Partner der beste Helfer, den Sie finden können. Denn indem Sie zu zweit durch all die Hindernisse gehen, die Ihren Weg der Meditation begleiten, begegnen Sie sich ständig selbst - und arbeiten sich gleichzeitig durch die Hindernisse Ihrer Liebe. Indem Sie achtsam und bewusst werden, sich spüren und wahrnehmen lernen, können Sie erleben, wie Sie nach und nach aufhören, Ihren Partner nur durch Ihre Brille der Bewertung und des Vergleichens zu sehen. Sie können erkennen, dass Sie ihm oft Dinge zuschreiben, die eigentlich Ihre eigenen Themen sind. Und Sie können merken, dass Ihre Widerstände und Abgrenzungen, ihr Schweigen und Zurückweichen letztlich Mauern um Ihr eigenes Herz sind, Mauern, die Sie selbst einmal errichtet haben, um nicht die Verletzlichkeit Ihrer Liebe spüren zu müssen. Und die Sie nun nach und nach schmelzen können, bis Ihr Herz sich ganz geöffnet hat und Sie merken, wie es ist, wirklich „in Liebe" zu sein.

Deshalb sind die Meditationen in diesem Buch nichts weniger als die Erfüllung einer Sehnsucht nach Verschmelzung, und auch keine Aufforderung zu Symbiose. Nein, im gemeinsamen Meditieren werden Sie zunächst Ihr Ich in der Begegnung mit dem Du erfahren - und es schließlich transzendieren. Damit bleiben Sie nicht weniger Sie selbst - aber ein Selbst, das wirklich frei ist, frei von dem falschen Ich, einzigartig und schön.

Dennoch werden Sie bei den Meditationen wahrscheinlich zunächst Ihr Ich verstärkt spüren. Wahrscheinlich gibt es auch am Anfang bereits wunderbare Momente, Augenblicke der Versenkung ineinander, der Offenheit, der Begegnung. Manche Meditationen sind lustig, machen Spaß, öffnen Ihre Freude aneinander. Bei anderen werden Sie mehr über sich, mehr über den anderen erfahren als wenn Sie einfach nur miteinander reden. Manche Meditationen sind still, ohne Worte, bei anderen sprechen oder singen Sie miteinander, bei manchen berühren Sie sich, bei anderen nicht.

Bei all diesen Meditationen scheinen Sie auf den ersten Blick Ihrem Partner zu begegnen. Das ist aber nur die halbe Wahrheit. Denn vor allem begegnen Sie sich darin selbst - Ihrer Art zu denken, Ihrer Art zu reagieren, Ihrer Offenheit, aber auch Ihren Widerständen. Sie werden vielleicht merken, dass Sie Ihrem Partner anfangs kaum in die Augen schauen können. Oder dass Sie nach zwei, drei bewussten Atemzügen schon wieder mit Ihrem Bewusstsein woanders sind. Bei den stillen Meditationen oder denen mit geschlossenen Augen, bei denen Sie eigentlich nur spüren sollen, werden Sie vielleicht stattdessen daran denken, was Sie heute noch alles erledigen müssen, an Ihre Begegnungen am vergangenen Abend, an bestimmte Worte und Ihre Gedankenverbindungen dazu.

Bei manchen Meditationen werden Sie vielleicht Schmerzen haben, wenn Sie über längere Zeit eine bestimmte Haltung einnehmen. Oder Sie werden sich fragen, warum Sie bloß solch einen Unsinn machen und wann das Ganze endlich vorbei ist. Sie werden die Andersartigkeit Ihres Partners vielleicht schmerzlich erleben - wenn Sie sich ihm gerade öffnen wollen, kann er nicht oder umgekehrt. Wenn Sie Halt brauchen, kann er ihn Ihnen nicht geben. Oder er lehnt sich auf Sie statt mit Ihnen in Balance zu sein. All dies ist normal - Ablenkungen begleiten jeden Anfang von Meditation. Nur dass Sie gerade durch die Gegenwart Ihres Partners Ihre eigenen Begrenzungen viel deutlicher spüren als allein.

Genau dies ist aber die große Chance. Denn irgendwann werden Sie vor der Entscheidung stehen, ob sie sich tiefer einlassen und sich öffnen wollen oder ob Sie die Meditation verlassen. Wenn Sie bleiben und einfach zulassen was geschieht, was immer es auch ist - ob Tränen, Zähneknirschen, Wut, Lachen - und trotzdem nicht innerlich weggehen, dann werden Sie auf eine neue Ebene der Begegnung katapultiert. Sie werden dazu ein Stück von sich selbst, von Ihrer Kontrolle, von Ihrer Vorstellung über sich selbst loslassen müssen - und sich gerade dadurch plötzlich tiefer erfahren, eintauchen in den lebendigen Kontakt mit Ihrer PartnerIn. Es kann sich körperlich so anfühlen, als ob plötzlich etwas zwischen Ihnen aufgeht.

Sie werden vielleicht wahrnehmen, lebendig wahrnehmen, dass das, was sich da öffnet, Raum ist - ein Raum z w i s c h e n Ihnen beiden, ein Raum Ihres Augenkontakts, der Raum Ihres gemeinsamen Atems, der Raum der Herzen, ein Raum der fließenden Energie. Er war immer da - Sie waren nur so sehr mit Ihren Gedanken, Ihrer Kontrolle beschäftigt, dass Sie ihn gar nicht wahrgenommen haben. Dieser Raum ist energetisch hoch geladen, er enthält alle Polaritäten und Spannungsfelder Ihrer Partnerschaft, die sich gleichzeitig durch die Öffnung und Begegnung zu einem Ganzen, zu etwas Größerem formen. Dadurch wird dieser Raum zu einem heilenden, einem heiligen Raum, der beide Partner ergreift.

Sie werden vielleicht sogar einen Moment der Zeitlosigkeit erleben - die Zeit scheint stillzustehen, weil Sie einfach „sind". Sie erleben einen Moment des ewigen Jetzt, jedes Vorhin oder Später verschwindet. Das können, in unserer Alltagszeit betrachtet, nur einige Sekunden sein. Für Sie aber wird es eine transformierende Erfahrung sein. Alle Begrenzungen unseres normalen Ich sind in diesem Augenblick verschwunden, Zeit und Raum dehnen sich zur Ewigkeit und Unendlichkeit. In diesem Moment überschreiten Sie die Grenzen des Ich - alle Schmerzen, alle Projektionen, alle Bewertungen sind verschwunden - und Sie begegnen in Ihrem Partner Ihrem wirklichen, Ihrem göttlichen Selbst. Was Sie in einem solchen Augenblick finden, ist die vollständige Freiheit und die vollständige Hingabe gleichzeitig - und das Wunder der Liebe geschieht.

Diese Erfahrung ist heilend und transformierend. Wenn Sie von einer solchen Begegnung zurückkommen, wird sich in ihnen etwas verändert haben. Selbst wenn Sie dies im Alltag wieder ein Stück weit verlieren, werden Ihre Zellen diese Veränderung aufnehmen. Biophysikalisch gesprochen hat sich durch eine solche Begegnung Ihre Schwingungsfrequenz und Ihr Schwingungsmuster verändert - und damit sind Sie buchstäblich nicht mehr derselbe oder dieselbe, die Sie vorher waren.

Das ist das größte Geschenk, das in der gemeinsamen Meditation liegt. Aber auch die „Meilensteine" auf dem Weg dorthin sind nicht zu verachten: Wenn Sie regelmäßig gemeinsam meditieren, werden Sie merken, dass Sie in Ihrem Beziehungs-Alltag weniger konfliktanfällig, liebevoller im Umgang, aber auch sensibler werden. Sie werden viel über sich erfahren, vermutlich weniger streiten und sich gegenseitig besser akzeptieren können. Ihr wirkliches Interesse an der Einzigartigkeit des anderen wird zunehmen. Und Sie werden nach und nach auch mit sich selbst kreativer, wertschätzender und achtungsvoller umgehen.

Wie finden wir die richtige Meditation für uns?

Sie können sich dieses Buch auf vielfache Weise erschließen: Entweder, Sie lesen es erst einmal durch. Jede Meditation dieses Buches hat einen ausführlichen Einleitungstext, der Sie in das Thema der Meditation einführt und auch erläutert, welche Bedeutung diese spezielle Meditation in einer Paarbeziehung hat. Indem Sie lesen, finden Sie vielleicht etwas, was Sie anspricht, was ein Thema berührt, mit dem Sie sich gerade innerlich oder gemeinsam beschäftigen. Dann schlagen Sie diese Meditation Ihrem Partner vor - oder Sie lesen den Einführungstext gemeinsam und entscheiden dann.

Sie können aber auch ganz spielerisch mit den Meditationen umgehen und das Buch wie eine Art Orakel nutzen: Schlagen Sie es einfach auf irgendeiner Seite auf, wenn Sie gemeinsam meditieren wollen, und probieren Sie die Meditation aus, die Sie dort finden. Sie können sich vorher auch innerlich eine Frage stellen und dann das Buch aufschlagen. Möglicherweise finden Sie durch die Meditation, die Sie aufgeschlagen haben, eine Antwort auf Ihre Frage.

Wenn Sie sich jedoch den ganzen Schatz der Meditationen erschließen und das Meiste aus diesem Buch für sich herausholen wollen, empfehle ich Ihnen, die einzelnen Abteilungen des Buches gemeinsam nach und nach durchzuarbeiten. Im ersten Teil finden Sie Meditationen, mit denen Sie sich den Prozess des Meditierens überhaupt erst eröffnen können: Meditationen für Ihren Augenkontakt, zur Vertiefung Ihrer Wahrnehmung, zum Spüren Ihres Energieflusses und der Aura. Im zweiten Abschnitt geht es um eine Vertiefung des gegenseitigen Vertrauens. Sie werden mehr übereinander erfahren, Neues und Ungewohntes ausprobieren, mehr zueinander, aber auch zu sich selbst kommen.

Im dritten Teil dann erfahren Sie, wie Sie sich mit Meditationen bei Streit und Konflikten helfen können. Dabei ist es sehr gut, wenn Sie diese Meditationen für sich bereits erfahren haben, wenn es Ihnen gut miteinander geht. Dann können Sie sich im Konfliktfall leichter entscheiden, welche Meditation Sie brauchen können, um aus Ihrer Verstrickung herauszukommen. Im vierten Teil schließlich können Sie sich das Juwel ihrer Partnerschaft erschließen: Es sind Meditationen zur Erfahrung der

Transzendenz. Manche sind körperlich etwas fordernd, die meisten jedoch benötigen lediglich eine tiefe Bereitschaft, durch die Begrenzungen des Ich hindurchzugehen. Sie sollten mit diesen Meditationen nicht beginnen, wenn Sie noch überhaupt keine Erfahrung mit gemeinsamem Meditieren haben.

Es ist übrigens gut möglich, mehrere Meditationen zu kombinieren, sich also eine Art „Meditations-Menü" zusammenzustellen. Jede der Meditationen ist für sich allein genommen schon sehr wirkungsvoll. Um ein bestimmtes Thema zu erarbeiten, kann es aber manchmal sinnvoll sein, verschiedene Aspekte davon zu durchlaufen. Wenn Sie beispielsweise an Ihrer Vergebung arbeiten wollen, könnten Sie sich aus allen vier Abschnitten des Buches je eine Meditation heraussuchen, die Sie auf Ihrer Reise durch dieses Thema begleitet, und diese nacheinander, oder aber an aufeinander folgenden Tagen praktizieren.

Viele dieser Meditationen habe ich auf meiner eigenen langen spirituellen Reise gesammelt und nach und nach für meine Arbeit mit Paaren verändert oder bearbeitet. Andere sind aus dieser Arbeit selbst entstanden. Es sind Meditationen dabei, die ich in ihrer ursprünglichen Form in Poona in Indien praktiziert habe, andere haben ihren Ursprung in der Sufibewegung, wieder andere stammen in ihrer Urform aus der Tradition des Yoga und wieder andere habe ich bei verschiedenen westlichen spirituellen Lehrern oder Therapeuten kennen gelernt. Sie spiegeln also die Vielfalt des Wissens um meditative Praxis - und geben Ihnen die Möglichkeit, Ihrem eigenen Wesen zu folgen und sich das herauszusuchen, was für Sie am meisten geeignet scheint.

Wie oft gemeinsam meditieren?

Wie oft sollten Sie sich küssen? Oder sich umarmen? Ihre Liebe zu stärken kann eigentlich gar nicht oft genug geschehen. Deshalb wäre es am schönsten, wenn Sie sich regelmäßig eine bestimmte Zeit dafür einrichten könnten. Diese Regelmäßigkeit ist auch für Ihr Inneres wichtig: Wenn Sie regelmäßig meditieren, egal, was geschieht, dann hat sich nach ungefähr einem Monat Ihr gesamtes inneres System darauf eingestellt - Ihr Stoffwechsel, Ihr Nerven-system, Ihre innere Uhr. Sie werden auch ohne Wecker wach werden oder beginnen, sich zu einer bestimmten Tageszeit darauf vorzubereiten, egal wo Sie sind und was Sie tun.

Wenn Sie aber mal miteinander meditieren, dann wieder nicht, weil etwas dazwischen kommt, es dann wieder probieren und dann wieder aufhören - dann ist die Gefahr groß, dass Sie es irgendwann ganz lassen. Und das wäre schade - denn das wirkliche Geschenk der Paarmeditationen erschließt sich erst nach einiger Zeit. Dann nämlich, wenn Sie nach den anfänglichen Schwierigkeiten sich immer tiefer begegnen - wenn der Blick in die Augen Ihres Partners etwas Elementares in Ihnen berührt, was Sie den ganzen Tag nicht mehr los lässt, wenn Sie den Strom der Energie zwischen Ihnen spüren und diese Energie bei Ihnen bleibt, auch wenn Sie schon etwas ganz anderes tun. Oder wenn Sie eine Öffnung füreinander spüren, die Sie vorher nicht hatten. Und durch die Ihre Partnerschaft eine neue Qualität erreicht.

Wann gemeinsam meditieren?

Welche Zeit Sie zu Ihrer Meditation miteinander wählen, ist sicher abhängig von Ihrem persönlichen Tagesplan. Wählen Sie die Zeit, die für Sie beide am besten passt, und in der Sie sich für mindestens eine halbe Stunde wirklich zurückziehen können.

Die ideale Zeit zur Meditation ist der frühe Morgen, oder aber der frühe Abend, also die Übergangszeiten des Tages. Dies sind „Schwellenzeiten", in denen unsere Seele sich auf den Weg macht, von innen nach außen zu gehen (morgens) oder von außen nach innen (abends), und die deshalb eine ganz besondere Energie in sich haben, die den Meditationsprozess unterstützen können. Sie erleichtern Ihnen den Übergang von der materiellen in die spirituelle Welt. Außerdem sind Sie frühmorgens wahrscheinlich am ungestörtesten, wenn Sie eine Familie haben. Der Tag ist noch ganz frisch und Sie können dafür Kraft und Energie schöpfen. Aber auch der frühe Abend hat viel für sich: Sie können besser von Ihrem Berufsleben umschalten auf Partnerschaftszeit. Und wenn Sie den frühen Abend für Ihre gemeinsame Meditation wählen, wird wahrscheinlich Ihr darauffolgendes Abendprogramm anders verlaufen, bewusster und liebevoller.

Wo meditieren?

Schaffen Sie sich einen speziellen Meditationsplatz. Das kann ein Platz im Wohnzimmer sein, auf dem Sie eine Decke ausbreiten und für jeden ein Meditationskissen auslegen. Es kann aber auch ein bestimmter Raum sein, den Sie nur für Ihre Meditationen nutzen wollen. Damit, dass Sie einen bestimmten Platz für sich schaffen, geben Sie sich selbst eine Wertschätzung für das, was Sie tun.

Darüber hinaus nimmt ein bestimmter Platz nach und nach Ihre Energie auf. Es ist ein Ort des Friedens und der Ruhe, ein Ort, der einen Rückzugspunkt aus dem ganzen sonstigen Alltag darstellt, ein besonderer Ort. Mit der Zeit wird dieser Ort, dieser Platz Sie buchstäblich „tragen", er wird Ihnen Kraft geben, wenn Sie sich dort niederlassen. Nichts anderes sind Kraftplätze: Orte mit einer besonderen Atmosphäre oder Schwingung, an denen Menschen gebetet oder Rituale gefeiert haben und die sich aufgeladen haben mit dieser Energie.

Natürlich können Sie sich auch im Freien einen solchen Meditations-Kraftplatz schaffen. Die Natur öffnet sich Ihnen mit Ihrer ganzen Schönheit, wenn Sie sich ihr anvertrauen. Lassen Sie sich auf Ihren gemeinsamen Spaziergängen oder Streifzügen zu einem Platz leiten, der Sie beide anspricht. Oder gestalten Sie sich einen Meditationsplatz in Ihrem Garten. In jedem Fall sollte dieser Platz nicht allzu weit von Ihrem Haus oder einem Unterstand entfernt sein, falls Sie einmal von Regen überrascht werden.

Besonders schön ist es, wenn Sie sich für Ihre Meditationen spezielle Schaffelle oder eine Yogamatte mit reiner Schafwolle und einer Latexunterlage zulegen. Das ist nicht nur warm und rutschfest. Sondern Schaffell erhält und speichert in ganz besonderem Maße Ihre Energie. Nicht umsonst kommen Babies auf Schafffellen schneller zur Ruhe. Deshalb ist es auch wichtig, dass Sie sich „Ihr" Fell erhalten - und darauf nichts anderes tun als meditieren. Wenn Sie nicht auf dem Boden sitzen wollen oder aus körperlichen Gründen nicht können, legen Sie Ihr Fell über einen Stuhl und stellen Ihre Stühle einander gegenüber auf.

Machen Sie aus Ihrem Meditationsplatz einen schönen Ort - gestalten Sie ihn mit etwas, zu dem Sie einen besonderen Bezug haben und das Sie gemeinsam mit Ihrem Partner auswählen. Sie können einen Kerzenleuchter in die Nähe stellen, Blumen, einen Edelstein und vielleicht eine Figur oder Plastik, die Ihre Liebe zum Ausdruck bringt. Wählen Sie all dies mit Bedacht - es ist nicht egal, mit was Sie sich umgeben, und diese Objekte sollen Sie ja in Ihr Innerstes, in Ihr Wesen begleiten.

Legen Sie einen Timer oder eine Uhr in die Nähe - für manche Meditationen benötigen Sie eine bestimmte Zeit. Und wenn Sie eine Musikanlage im Raum haben, können Sie per Fernbedienung „Ihre" Meditationsmusik zur Untermalung Ihrer gemeinsamen Meditation spielen.

Wie meditieren?

Lassen Sie Ihre Meditation einerseits Teil Ihres Tages werden - aber dennoch einen besonderen Teil, der sich von dem Rest des Tages abhebt. Setzen Sie dafür ein Zeichen, auch innerlich: Reinigen Sie sich von allem, was vorher war, indem Sie sich waschen oder duschen. Stellen Sie sich dabei vor, dass die Träume der Nacht oder die Ereignisse des Tages mit dem Wasser buchstäblich weggewaschen werden.

Im Yoga praktiziert man dazu „Ishnaan", die Übung der Energetisierung mit Wasser: Sie legen Ihre Kleidung ab und bürsten sich kräftig mit einer Bürste oder einem Luffaschwamm. Dann reiben Sie sich mit Mandelöl von Kopf bis Fuß ein und gehen dann unter die kalte (!) Dusche. Rubbeln Sie unter dem kalten Wasser mit den Händen am ganzen Körper ab, bis Sie sich ganz warm fühlen. Zusammen mit dem Öl, das sich nach und nach löst, lösen sich auch alle alten Hautpartikel. Das Ganze dauert nicht einmal fünf Minuten. Aber wenn Sie dann die Dusche verlassen, wird Ihre Haut scheinend sein - und Sie werden sich wie neugeboren fühlen.

Ziehen Sie sich dann saubere, bequeme Kleidung an, am besten aus Naturfasern, da die Ihre Haut atmen lassen. Wozu all das, werden Sie vielleicht jetzt fragen. Nun, Sie gehen ja auch nicht zu einer festlichen Einladung im Schlafanzug und mit ungeputzten Zähnen. Ihre gemeinsame Meditation ist ein Fest - ein Fest für Ihre Liebe. Auch wenn es jeden Tag stattfindet.

Natürlich kann es auch einmal sein, dass Sie bei einem Spaziergang zu Zweit an einen schönen Ort kommen und spontan zu einer Meditation Lust bekommen. Oder in den Ferien zum Beispiel in den Dünen meditieren wollen. Das ist wunderbar und kann eine tiefe Erfahrung für Sie beide sein. Aber es ist nicht der Alltag, sondern wahrscheinlich eher die Ausnahme. Im Alltag brauchen Sie Signale, dass etwas Neues beginnt. Reinigung ist eins der ältesten Signale, die Menschen sich gegeben haben, um sich dem Göttlichen in sich zuzuwenden. Sie hat eine Bedeutung, die weit über das rein körperliche Waschen hinausgeht.

Eine schöne Geste kann auch sein, dass Sie an die Tür zu Ihrem Meditationsplatz - oder, falls dieser im Freien ist, in die Nähe ihrer Matten - eine große Schüssel mit Wasser stellen. Bevor Sie Ihren Meditationsplatz betreten, können Sie kurz nacheinander Ihre Füße ins Wasser tauchen und sie hinterher abtrocknen. Die Fußsohlen sind ein Abbild Ihres Körpers, und wenn Sie aus irgendeinem Grund keine Zeit für eine ausführliche Reinigung haben, können Sie wenigstens damit Ihrem Körper ein Zeichen geben, dass nun etwas Besonderes beginnt. Für Sie als Paar kann es auch ein wunderbares Ritual sein, sich gegenseitig das Handtuch zu halten und sich die Füße zu trocknen - diese Fußwaschung ist ein sehr altes Ritual der Wertschätzung und Achtung vor dem Göttlichen in uns.

Wenn Sie den Meditationsplatz betreten, und Ihr Partner ist noch nicht da, zünden Sie Ihre Kerzen an, wenn diese bereit stehen, eventuell auch Räucherstäbchen oder Räucherwerk. Legen Sie den Timer bereit und die Fernbedienung des Recorders oder CD-Players neben sich. Setzen Sie sich dann auf Ihren Platz und schließen Sie bitte die Augen. Ebenso, wenn Sie beide gleichzeitig eintreten. Nehmen Sie innerlich Kontakt auf zu Ihrem Atem, nehmen Sie wahr, wie Sie einatmen und ausatmen. Spüren Sie Ihren Körper - wo ist er verspannt, wo entspannt? Spüren Sie den Boden unter sich, den Raum über sich und stellen Sie sich vor, dass Sie sich zu beiden Richtungen gleichzeitig ausdehnen.

Ob Sie auf einem Meditationskissen sitzen oder auf dem Boden - finden Sie eine Haltung, die Sie eine Weile aushalten können und in der ihr Rücken möglichst gerade ist. Nicht verspannt, aber auch nicht völlig entspannt, sondern mit einer mittleren gute Spannung, die Sie wach hält und aufmerksam. Im Yoga sitzt man dazu in der sogenannten „Einfachen Haltung": die Beine gekreuzt, den Rücken aufgerichtet, die Schultern entspannt und die Hände locker auf die Knie gelegt, evtl. mit Daumen- und Zeigefingerkuppen aneinander. Wenn Sie sich dabei angenehm fühlen, ist dies eine wunderbare Meditationshaltung, weil Sie Ihre Energien von der Materie (Erde) verschließt und nach oben zum Spirituellen (Geistigen) lenkt.

Wenn Ihr Partner sich auch gesetzt hat, atmen Sie beide mit geschlossenen Augen einige Male durch Ihren Scheitelpunkt ein und durch Ihr Herzzentrum zum Partner hin aus. Damit öffnen Sie Ihren Herzraum füreinander. Öffnen Sie dann die Augen. Schauen Sie einander an, und wenn Sie sich bereit dafür fühlen, grüßen Sie einander. Auch wenn Sie sich am Tag sicherlich schon einmal begrüßt haben, tun Sie es jetzt noch einmal, aber in ritualisierter Form.

Sie können dazu Ihre Hände aneinander legen wie zum Indischen Gruß und sich stumm voreinander verneigen. Sie können sich auch ansprechen und sich sagen: „..., ich grüße das Göttliche in dir" oder „..., ich freue mich auf die gemeinsame Meditation mit dir".

Sagen Sie die Worte, egal, welche Sie verwenden, nicht einfach nur dahin. Sie grüßen mit ihnen in Ihrem Partner Ihren transpersonalen Teil, das göttliche Selbst in Ihnen beiden, Ihre gemeinsame Essenz. Nicht die Persönlichkeiten mit ihrer Emotionalität und Ihren Egos, sondern die Liebe zwischen Ihnen, die da ist, selbst wenn Sie gerade streiten. Finden Sie deshalb gemeinsam eine Grußformel, die Ihnen beiden entspricht und die Sie jedes Mal aussprechen können. Sie wird dann nach und nach zum „Anker" werden, durch den Sie in einen Raum erweiterten Bewusstseins eintreten.

Beginnen Sie dann mit der Meditation. Wenn Sie geendet haben, bleiben Sie noch eine Weile zusammen. Schließen Sie die Augen, spüren Sie Ihren Atem und den Raum zwischen Ihnen. Öffnen Sie dann die Augen, danken Sie einander. Wenn Sie sich noch austauschen wollen, tun Sie dies bitte auf Ihrem Meditationsplatz. Austausch ist Bestandteil der Meditation und sollte deshalb auch am selben Ort stattfinden. Erst wenn Sie merken, dass Sie in ein anderes Energieniveau kommen, dass Sie abgelenkt sind oder über Tagesprobleme zu sprechen beginnen, sollten Sie Ihren Meditationsplatz verlassen. Tun Sie auch dies in ritualisierter Form. Verneigen Sie sich noch einmal voreinander oder finden Sie eine andere Art des Abschlusses. Löschen Sie die Kerzen, und räumen ggf. Ihre Meditationsmatte beiseite. Tun Sie dies nicht irgendwann später, sondern als Zeichen der Beendigung unmittelbar hinterher.

Teil I:
Begegnung

„Wenn du auf den Prozess des Lebens
vom Tag deiner Geburt an schaust,
wirst du merken, dass wir alle wachsen wollen, uns ausdehnen.
Und wenn du einmal körperlich ausgewachsen bist,
wächst du in anderer Weise weiter:
Du läßt die dichte Materie schrittweise gehen und
ersetzt sie durch spirituelle Materie.
Sodass du, wenn du an die Schwelle des Todes kommst,
kein materieller Körper mehr bist, sondern ein Körper aus Licht.
Dieser Prozeß braucht viel Mut - und Geduld".

Kartar Singh

Einführung

Meditation ist ein Zustand, kein Tun. Meditation bedeutet, das, was wir sonst acht-los tun - am Computer sitzen, ein Baby wickeln, die Kinder zur Schule fahren, ein Kundengespräch führen, im Fitness-Studio schwitzen oder uns durchs Fernseh-Programm zappen - mit Bewusstheit zu erfüllen: Zu merken, wie gerade jetzt meine Finger die Computer-Tastatur berühren, wie meine Augen dem Cursor folgen, wie mein Gehirn über die Formulierung nachdenkt und projiziert, was als Nächstes kommen soll. Gleichzeitig wahrzunehmen, was um mich herum ist und was ich dabei fühle. Bewusst zu sein, in allem was gerade ist - wach, achtsam und akzeptierend.

Das klingt so selbstverständlich und ist doch so schwer. Denn normalerweise tun wir alles, um diesem Zustand aus dem Wege zu gehen: Wir reagieren auf andere oder auf unsere Umgebung - und merken nicht, dass wir nur reagieren. Wir fühlen uns angestrengt oder aufgerufen, etwas zu leisten - und wir hören die Innere Stimme nicht, die uns ständig bewertet und beurteilt. Wir springen an in unserer Partnerschaft auf bestimmte Worte, bestimmte Gesten, positiv oder negativ - und merken es nicht.

Gleichzeitig verpassen wir dadurch die Wirklichkeit, engen uns ein, beschränken uns auf einige immer wiederkehrende Verhaltensmuster und Gefühle. Das gibt uns zwar Sicherheit, aber lässt uns die ganze Fülle unseres Seins nicht erleben - und auch nicht unsere Liebe. Nur manchmal spüren wir diese Fülle - wenn wir unser Baby anschauen und innerlich überfließen vor Liebe. Oder wenn durch Tod, Unfall oder Trennung von unserem Liebsten unsere Brust beinahe zerspringt vor Schmerz. Wenn wir uns in der Sexualität ganz einlassen und unsere Grenzen sich bis in die Unendlichkeit ausdehnen, für einen kurzen Moment. Oder wenn wir beim Joggen oder in einer anderen Bewegungsart die Schwellen des normalen Alltagsbewusstseins überschreiten.

In all diesen Sekunden oder Millisekunden können wir spüren, was eigentlich unser Potenzial ist, und was da ist für uns - immer und überall. Wenn wir es schaffen, unseren ständig herumspringenden Geist zur Ruhe kommen zu lassen. Und unsere emotionalen Reaktionen, die Vorstellungen von dem, wie etwas sein sollte oder nicht sein sollte, diese Summe der bisherigen Erfahrungen, die unsere Persönlichkeit ausmacht, einmal gehen zu lassen. Und dann zu merken, dass wir dabei nicht verschwinden, nicht ausgelöscht werden, sondern eigentlich erst richtig anfangen zu leben.

Nichts anderes können Sie in den folgenden Meditationen erfahren. Es sind Meditationen, die Sie in die gemeinsame Meditation einführen. Meditationen, in denen Sie Grundlegendes miteinander lernen können: Sich auf den gemeinsamen Augenkontakt einzulassen, das Fließen der Energie zwischen Ihnen zu spüren, oder zu merken, dass Sie beide um Ihren Körper herum einen feinstofflichen Körper haben, der aus Energie besteht und durch den Sie kommunizieren können. Es sind Meditationen, mit denen Sie auf eine ganz neue Weise miteinander in Kontakt treten können, anders als durch Worte, anders als durch Ihre Gefühle. Sie erschließen Ihnen eine neue Ebene von Kommunikation, aber auch eine neue Ebene der Verbundenheit.

Sie benötigen keinerlei Vorkenntnisse, um sie zu praktizieren, nur die Entschlossenheit, dabei zu bleiben, egal, was geschieht. Denn anfangs wird es Ihnen wahrscheinlich nicht so ganz leicht fallen. Wenn Sie Ihrem Partner in die Augen schauen, werden Sie möglicherweise lachen müssen, Grimassen schneiden oder das Gefühl haben, Sie starren einander an. Und wenn Sie ihm eigentlich Ihre Liebe und Zärtlichkeit signalisieren wollen, werden Sie vielleicht in seinen Augen eine Sperre sehen und darauf reagieren. Vielleicht sind Sie dann genervt oder ärgern sich, weil das so oft so ist in Ihrer Partnerschaft. Wenn Sie versuchen, gemeinsam zu atmen, macht Ihr Partner vielleicht etwas anderes als Sie und Sie werden sich möglicherweise fragen, wer von Ihnen beiden die Anleitung nun richtig verstanden hat. Oder Sie werden nichts fühlen, wenn Sie Ihre Hände aufeinander legen, und schon gar nichts, wenn Sie in den Raum zwischen sich spüren. Und Sie werden dabei vielleicht denken, dass Sie sowieso für Meditationen dieser Art nicht geeignet sind.

All dies ist geradezu ein Bestandteil von Meditation. Denn in dem Moment, in dem Sie still werden, beginnen Ihr Geist und Ihre Gefühle, Kapriolen zu schlagen. Geist und Gefühle machen Ihre Persönlichkeit aus, Ihr Ich, Ihre Identität. Um diese Persönlichkeit aufrecht erhalten zu können, produzieren und reproduzieren Sie ständig weitere Gedanken und emotionale Reaktionen. Wenn Sie nun anfangen zu meditieren, ist die Existenz dieser Persönlichkeit bedroht - denn Sie betreten das Land des Trans-Personalen, des Selbst, Ihrer wahren Existenz, in dem es zwar auch Gedanken und Gefühle gibt, aber nur noch als Nebenerscheinung, nicht als zentrale Instanz Ihres Seins. Deshalb läuft Ihr Geist zu Höchstleistungen auf, um sein Fortbestehen und seine zentrale Bedeutung zu sichern: Sie werden an alles Mögliche denken, Ihre Gedanken werden abschweifen, und/oder Sie werden gefangen sein in Ihren Reaktionen auf Ihren Partner. Sie werden wahrscheinlich an alles mögliche in bezug auf ihren Partner denken, Sie werden seine und Ihre Reaktionen bewerten - positiv oder negativ.

Wenn Sie einfach nur dabei bleiben und sich dabei beobachten, geschieht etwas Neues: Sie erweitern Ihr Bewusstsein. Plötzlich sind Sie Fühlen und Denken nicht mehr so ausgeliefert wie vorher, sondern es gibt zusätzlich eine Instanz in Ihnen, die ruhig bleibt und friedlich, selbst wenn Ihre Gedanken weiterhin herumspringen. Dabei können Sie plötzlich mehr wahrnehmen als vorher: Den Raum zwischen Ihren Gedanken, die Pause im Fühlen, die Energie zwischen Ihnen beiden, die Weite, die durch den Kontakt Ihrer Augen zwischen Ihnen entsteht. Ihr ganzes Empfinden wird sich verändern: Sie werden wirklich bei sich und Ihrem Partner sein, und Sie werden vielleicht Freude und Dankbarkeit in sich spüren, die vorher nicht da waren, weil Sie sie nicht bemerkt haben. Es ist, als ob man plötzlich bemerkt, dass draußen Vögel singen und die Sonne scheint, während man vorher mit nur mit seiner eigenen Traurigkeit und Verlassenheit beschäftigt war.

In diesem Moment erfahren Sie das Geschenk der gemeinsamen Meditation. Denn indem Sie diesen Prozess im Angesicht Ihres Partners durchlaufen, teilen Sie diese Erfahrungen ganz unmittelbar. Durch ihr gemeinsames Energiefeld wird das, was in Ihnen geschieht, Ihren Partner nicht unbeeinflusst lassen und umgekehrt. Vielleicht wird er oder sie anfangs nur irgendwie auf Sie reagieren -neidisch sein, fröhlich oder traurig. Wenn Sie und Ihr Partner aber auch dabei achtsam bleiben und sich nicht verwickeln lassen in das Hin und Her Ihrer sonstigen emotionalen Reaktionen, dann ergreift dieses erweiterte Bewusstsein früher oder später Sie beide.

Sie brauchen dazu gar nichts tun. Ihre Präsenz, Ihre Achtsamkeit und Bewusstheit reichen völlig aus. Sie können dann einen Moment erleben von „Wir", in dem Sie und Ihr Partner vollkommen miteinander schwingen. Ein Moment, in dem Sie Ihre Energien fließen spüren, in dem Sie eintauchen in die Seele des anderen. In dem Ihr gemeinsamer Atem zum Pulsieren des Kosmos wird. In diesem Moment werden Sie die Liebe spüren - nicht das romantische Gefühl, sondern den Zustand, der Sie sind, egal, was Sie tun.

Wenn Sie schon eine Weile miteinander meditiert haben, sind diese Meditationen vielleicht schon eine selbstverständliche Basis für Sie. Dennoch ist es schön, sie sich immer wieder ins Bewusstsein zu rufen. Und durch sie und mit ihnen in immer neue Tiefen der Bewusstheit, des Friedens und der Liebe vorzudringen. Deshalb möchte ich auch erfahrenen Meditationspraktikern empfehlen, sie weiterhin zu praktizieren.

Tatsächlich ist das Gewohnte nicht das Langweilige, sondern der Weg zu mehr und mehr Tiefe, die Möglichkeit, im Bekannten das Wirkliche zu finden, nicht durch neue Reize den Kick zu suchen. Ebenso wie Partnerschaft insgesamt diese Möglichkeit bietet und dadurch nie langweilig wird, auch wenn man Jahrzehnte miteinander verbringt, können Ihnen auch diese Meditationen wieder und wieder neue Dimensionen des Erlebens eröffnen.

Paarmeditation 1: Mit dir atmen

Um die ersten Erfahrungen mit einer Meditation zu zweit zu machen, ist die folgende Meditation besonders gut geeignet. Sie fordert von beiden Partnern noch nicht viel anderes als eine Meditation allein: Ein Umkehren der Aufmerksamkeitsrichtung von außen nach innen, ein achtsames Atmen und sich dabei spüren. Geschlossene Augen, und Kontakt mit dem Intuitionspunkt zwischen den Augenbrauen, der Ihr Bewusstsein erweitern kann. Dabei sitzen Sie Ihrem Partner nicht gegenüber, sondern Rücken an Rücken mit ihm, spüren ihn also mehr als dass Sie ihn sehen. Und schwingen dann langsam Ihren Atem aufeinander ein.

Es ist eine Meditation, mit der Sie und Ihr Partner dennoch schon viele Erfahrungen machen können. Es kann schön sein, wenn Sie den warmen Rücken hinter sich spüren und wenn Sie merken, wie sich Ihre Körper nach und nach gleichzeitig ausdehnen und zusammenziehen, während Sie gemeinsam atmen. Das kann Ihnen ein Gefühl wirklicher Verbundenheit schenken. Es kann aber auch sein, dass Sie anfangen, sich darüber zu ärgern, dass Sie beide nicht gerade sitzen können, und wie wenig Ihre Rücken überhaupt aneinander zu passen scheinen, dass sie sich vielleicht kaum berühren. Oder dass Sie selbst versuchen, Ihren Atem an den Ihres Partners anzupassen, dass dieser aber keine Anstalten macht, das auch umgekehrt zu tun. Vielleicht sind Sie dabei so frustriert, dass Sie kaum weitermachen wollen. Oder finden, dass gemeinsame Meditationen doch nichts für Sie sind.

Genau dies passiert nämlich anfangs den meisten Paaren. Sie haben viele Hoffnungen, hohe Erwartungen - und sind dann enttäuscht, weil es nicht so klappt wie sie es sich erhofft haben. Ich möchte Ihnen Mut machen, gerade dann weiterzumachen. Aber mit einem Unterschied: Suchen Sie gemeinsam nach Möglichkeiten, wie Sie Ihre Erfahrungen verbessern können. Nicht indem Sie sich Vorwürfe machen. Sondern indem Sie zusammen suchen, wie Sie sich gegenseitig helfen können.

Ihre Rücken sind zu gebogen? Setzen Sie sich vielleicht zu Anfang auf Stühle statt auf den Boden, auch wenn einer von Ihnen das Sitzen in der Meditations-haltung gewohnt ist. Setzen Sie sich auf Stühle, wie auf einen Sattel, die Stuhllehnen vor sich, rutschen Sie mit Ihrem Po nach hinten an die Stuhlkante, wobei Sie die Füße seitlich neben den Stuhl stellen und lehnen Sie sich mit möglichst geradem Rücken aneinander. Probleme, sich beim Atmen zu spüren? Machen Sie aus, dass einer von Ihnen ganz besonders deutlich atmet und der andere sich darauf bezieht. Und dass Sie sich darin bei jeder Meditation abwechseln. Probieren Sie es gleich aus, und am nächsten Tag wieder.

Bei den gemeinsamen Meditationen ist es wie beim Autofahren: Man braucht einige Zeit, ehe man nicht mehr auf die Technik, auf Kuppeln, Schalten und Bremsen achten muss. Aber würden Sie aus einem Auto aussteigen und nie wieder fahren, nur weil Sie einmal den Motor abgewürgt haben? Erlauben Sie sich, dass am Anfang manches schief gehen kann. Bleiben Sie dabei – und Sie werden Schritt für Schritt mehr Nähe und Verbundenheit finden.

Denn die Art, wie Sie in dieser und den nächsten Meditationen über Schwierigkeiten sprechen und Probleme lösen, kann weitreichende Auswirkungen auf Ihre sonstige Kommunikation in der Partnerschaft haben. Vielleicht werden Sie entdecken, dass Sie gemeinsam Lösungen finden können, wenn Sie sich keine Vorwürfe machen, sondern über sich selbst und Ihre Schwierigkeiten sprechen. Vielleicht werden Sie erstaunt feststellen, dass Ihre Wahrnehmung und die Ihres Partners sehr voneinander abweichen und dass es offenbar kein „richtig" oder „falsch" gibt, sondern nur Experimentieren und Erleben. Und dass dies sehr unterschiedlich wahrgenommen werden kann. Wenn Sie sich erlauben, all dies nach einer Meditation zu besprechen, kann sich Ihr gegenseitiges Verstehen vertiefen.

Nach einigen Versuchen werden Sie merken, dass es anfängt, besser zu gehen. Dass Sie sich gegenseitig mehr spüren. Oder dass Ihre Körper sich aufeinander einschwingen. Das wird Ihnen ein Gefühl von Verbundenheit schenken, und von Nähe – ein Gefühl, das den ganzen Tag anhalten kann. Und das Ihre Kreativität auch in vielen anderen Bereichen Ihres Alltags freisetzt.

Lesen Sie bitte die Meditationsanleitung gemeinsam durch, bevor Sie beginnen.

Haltung:

Begrüßen Sie einander. Setzen Sie sich dann bitte auf den Boden oder auf Stühle, Rücken an Rücken. Versuchen Sie, möglichst viel Fläche Ihrer Rücken aneinander zu legen, von ganz unten bis ganz oben. Schließen Sie die Augen.

Spüren Sie nun in sich hinein: Welche Gefühle oder Gedanken finden Sie da? Welche Empfindungen sind in Ihrem Körper, sind Sie entspannt oder verspannt? Gibt es Bereiche, wo Sie sich eingeengt fühlen? Wenn Sie daran noch etwas ändern wollen, tun Sie es jetzt.

Lassen Sie dann Ihre Gedanken, Gefühle und Empfindungen weiter da sein. Aber lassen Sie sie sein wie in Zimmern in einem großen Haus: Es gibt ein Zimmer für Gedanken, eins für Gefühle, eins für Empfindungen. Und Sie? Sie stehen irgendwo im Flur und schauen zu. Sie müssen nichts anders machen, nur bemerken, dass Sie diese Zimmer beobachten können, auch wenn es darin hoch hergeht. Und dass Sie draußen in einem Bereich sind, der davon ganz unberührt ist, egal was in den Zimmern los ist.

Atmen Sie lang und tief ein und aus. Spüren Sie sich als Beobachter. Spüren Sie, dass er ganz in Ruhe mit sich ist. Bleiben Sie ganz bei Ihrem Atem, vielleicht können Sie merken, dass sich der Raum Ihres Beobachters, Ihr innerer Raum, mit Ihrem Atem weiter und weiter ausdehnt. Dass Sie Weite spüren können.

Gehen Sie nun mit Ihrer Aufmerksamkeit in Ihren Rücken. Spüren Sie den Rücken Ihres Partners? Wie spüren Sie ihn? Warm? Kühl? Passend zu Ihrem? Oder an anderen Stellen rund als Ihrer? Versuchen Sie, Ihren Atem in Ihren Rücken zu schicken. Und stellen Sie sich vor, dass Ihr Atem im Rücken ankommt und den Rücken Ihres Partners berührt. Merken Sie, dass Ihre Rücken wärmer werden? Dass vielleicht sogar ihre Grenzen zu verschwimmen scheinen, als hätten Sie dort nur eine gemeinsame warme Fläche?

Versuchen Sie dann einmal, gemeinsam zu atmen. Vielleicht geben Sie sich ein Zeichen, wer sich nach wem richtet. Oder Sie probieren es gemeinsam. Atmen Sie gemeinsam ein und aus. Und spüren Sie Ihr Pulsieren, das so entsteht. Wie ein großes gemeinsames Herz, gebildet aus dem Bereich Ihrer Rücken.

Bleiben Sie in diesem Pulsieren, in diesem Atmen, solange Sie möchten und es Ihnen gut tut. Erweitern Sie nach und nach den Zielpunkt Ihrer Aufmerksamkeit: Nehmen Sie den Atem wahr, dazu die Empfindung im Rücken, und den Punkt zwischen Ihren Augenbrauen, das sogenannte „Dritte Auge". Tauchen Sie ein in diese andere Wirklichkeit, die im reinen Spüren und Wahrnehmen liegt.

Danach:

Lösen Sie sich langsam voneinander und drehen Sie sich um. Danken Sie einander für das, was Sie miteinander erfahren durften. Vielleicht war die Erfahrung wunderschön, und Ihr Rücken ist immer noch ganz warm und zugewandt. Vielleicht aber war es nicht so schön und Sie sind frustriert. Egal, wie es war, tauschen Sie sich aus. Sprechen Sie aber dabei nur von sich und Ihren Wahrnehmungen. Seien Sie dabei sehr konkret, und schreiben Sie dem anderen nicht Dinge zu, die Sie nur vermuten oder in ihn hinein interpretieren. Schließen Sie damit, was Sie sich wünschen und was Sie dazu tun könnten, dass es sich erfüllt.

Paarmeditation 2: Seelenblick

Eine der größten Hürden beim gemeinsamen Meditieren ist, sich gegenseitig in die Augen zuschauen. Nur wenige Paare finden dies von Anfang an schön. Weitaus die meisten empfinden diesen intensiven Blick als unangenehm, eindringend, manche sogar als bedrohlich, andere wieder beginnen dabei zu lachen oder wegzusehen.

Was ist es, dass dieses Anschauen so schwierig macht? Als wir noch verliebt waren, haben wir uns lange und intensiv in die Augen geschaut, und es war nur angenehm, hat uns ein Gefühl von Verbundenheit geschenkt und von Nähe. Später ist das anders. Da schauen wir uns kaum noch an, und wenn, dann die ganze Gestalt, achten darauf, ob das Kleid, der Pullover gut aussehen oder die Haare richtig sitzen. Selbst beim Sex machen wir meist die Augen zu. Die Augen heißen nicht umsonst der „Spiegel der Seele". Wenn uns jemand intensiv in die Augen schaut, haben wir das Gefühl, nichts vor ihm verbergen zu können, so, als könnte dieser Mensch unsere innersten Gedanken lesen. Wenn wir uns wirklich auf einen gegenseitigen Blick einlassen - und nicht dabei an Anderes denken - haben wir das Gefühl, wir öffnen uns dem anderen ganz. Wir sehen und lassen uns sehen.

Beides ist vielleicht nicht nur angenehm. Wir alle möchten vor unserem Partner gut dastehen, möchten nicht, dass er Schlechtes von uns denkt. Und wir möchten vor allem nicht, dass er vielleicht etwas sehen kann, was uns selbst nicht einmal so bewusst ist - ohne dass wir einen Einfluss darauf haben. Umgekehrt möchten wir vielleicht gar nicht sehen, was uns befremden oder abstoßen könnte, sondern am liebsten unser Bild vom anderen erhalten. Und nicht die Wirklichkeit erfahren.

Der Blick in die Augen geht buchstäblich „unter die Haut". Er schaut unter die Oberfläche dessen, was normalerweise Menschen von uns zu sehen bekommen. Diesen Blick zuzulassen ist ein großer Vertrauensbeweis. Und etwas, was vielleicht erst nach und nach wachsen kann - vor allem, wenn inzwischen viel zwischen uns steht. Deshalb ist es gut, sich Zeit zu lassen.

Wie bei vielen anderen Elementen von Meditation geht es auch hier nicht um „richtig" oder „falsch". Es geht vielmehr um Achtsamkeit. Nicht um ein wie auch immer geartetes Konzept, wie etwas sein sollte. Sondern um die lebendige Erfahrung, die lebendige Begegnung. Ohne Vorschriften, ohne Regeln. Nichts ist da, an dem ich mich festhalten kann. Außer dir. Und auch in dir begegne ich immer nur mir selbst. Nur mit mir selbst kann ich deshalb experimentieren, ausprobieren - in deinen Augen. Ich kann dabei spüren, ob und wie weit ich „Ja" zu mir sage. Oder ich spüre meine eigene Bewertung, mein Bewerten von Dir, mein Bedürfnis nach Kontrolle. Und indem ich dabei in den Spiegel deiner Augen schaue, kann ich mich und dich immer mehr erkennen lernen.

Bei dieser Meditation können Sie selbst mit dem Augen-Blick experimentieren. Sich anschauen oder die Augen zu machen. Spüren, wie es ist, wenn Sie schauen und der andere nicht, wenn Sie beide dasselbe tun oder etwas Unterschiedliches. Wie Sie reagieren, wie Sie bewerten, wie Sie kommunizieren. Vielleicht wie Sie lachen oder weinen, wie Sie sich treffen oder ausweichen. Geben Sie sich die Erlaubnis, nichts zu tun. Sondern einfach zu er-leben, was ist. Sich zu spüren, sich wahrzunehmen, bei dem, was Sie erleben. Das ist Bewusstheit, das ist Meditation.

Vielleicht können Sie diese Meditation auch so erfahren, dass Sie unter all dem Ballast, der sonst auch da ist, die wirkliche, die ursprüngliche Schönheit des Menschen vor sich sehen können. Nicht die Maske, nicht das Bild, das sich sonst vor die Wirklichkeit schiebt, nicht Ihre innere Schublade, in die wir sofort alles einsortieren, was uns begegnet. Sondern die Wahrheit selbst, die sich in jedem Menschen in ganz einzigartiger Weise verkörpert. In diesem Moment können Sie dem Göttlichen begegnen - im Anderen und in sich selbst. Und das Gesicht vor Ihnen kann plötzlich anfangen zu leuchten, zu strahlen - so, wie Sie es noch nie zuvor gesehen haben.

Sie können sich für diese Meditation Ihren Kurzzeit-Timer auf fünf bis sieben Minuten einstellen. Wenn Sie möchten, ist auch eine CD mit entspannender, herzöffnender Instrumentalmusik unterstützend.

Haltung:

Setzen sie sich gegenüber, wenn möglich, Knie an Knie. Sie können sich auf den Boden in den Schneidersitz oder auf eine Meditationsbank setzen. Auch auf Stühlen voreinander ist diese Meditation möglich. Legen Sie Ihre Hände locker auf Ihre Oberschenkel, lassen Sie Ihren Atem fließen, so wie er von ganz allein kommt und geht, nehmen Sie wahr, wie Sie atmen.

Schauen Sie sich in die Augen. Erlauben Sie sich, so lange und so intensiv zu schauen, wie es sich für Sie richtig anfühlt. Wenn Sie es brauchen, machen Sie zwischendurch die Augen eine Weile zu. Es gibt dafür keinen Zeitplan. Spüren Sie, was sich für Sie richtig anfühlt.

Während Sie sich in die Augen schauen, sagen Sie sich innerlich:
„Ich betrete den Raum deiner Seele".

Atmen Sie, lang und tief. Werden Sie sich bewusst, dass auch Ihr Partner durch Ihre Augen Ihren Seelenraum betritt.

Sagen Sie sich innerlich:
„Du betrittst den Raum meiner Seele".

Nehmen Sie wahr, wie angenehm oder unangenehm Ihnen dies ist. Wiederholen Sie die beiden Sätze öfter, während Sie weiter schauen. „Ich betrete den Raum deiner Seele". „Du betrittst den Raum meiner Seele".

Vielleicht können Sie spüren, dass Sie dadurch tiefer als nur bis zur Oberfläche des Gesichts vor Ihnen schauen. Nehmen Sie wahr, wie Ihre Reaktion auf das ist, was Sie dort sehen können - vielleicht ist Ihr Partner verschlossener als Sie, vielleicht ganz offen, vielleicht ausweichend oder klammernd. Spüren Sie Ihre Reaktion, Ihre Bewertung, Ihre Gedankenverbindungen, die sofort einsetzen. Schauen Sie weiter. Nehmen Sie wahr, dass es außer Ihren Gedankenverbindungen, außer dem, was Sie zu sehen glauben, noch mehr gibt. Schauen Sie hin, entdecken Sie es.

Nehmen Sie sich etwa fünf bis sieben Minuten Zeit - Sie können nach und nach auf elf Minuten aufbauen.

Danach:

Atmen Sie am Ende der Zeit tief ein und aus. Schließen Sie Ihre Augen. Spüren Sie innerlich dem nach, was Sie gesehen haben. Finden Sie in Ihrem Inneren Worte für die wichtigste Erfahrung, die Sie während der

Meditation gemacht haben. Wenn Sie dann die Augen öffnen, erzählen Sie sich gegenseitig davon.

Paar-Meditation 3: Ich nehme dich in mein Herz

Mit dieser Meditation können wir einen ersten Schritt tun, gemeinsam mit dem Partner auf eine andere Ebene zu kommen - eine Ebene des Herzens. Jenseits von den ansonsten überall präsenten Urteilen übereinander, jenseits von Wünschen, Sehnsüchten, Hoffnungen oder Enttäuschungen. Wir können in einen Raum kommen, der wirklich ist, in einen Raum der Wahrnehmung, in unseren eigenen inneren Raum und den der Verbindung mit dem anderen.

Dabei kommen wir in unmittelbare Berührung miteinander und mit uns selbst - mit unseren Empfindungen, unseren Reaktionen darauf, unseren Gedankenmustern. Aber auch mit der Möglichkeit, uns einzulassen, uns einander hinzugeben, in wirkliche Intimität. Eine Kursteilnehmerin sagte einmal zu dieser Meditation: „Das ist viel intensiver als Sexualität" - und das stimmt. Sexualität kann man auch miteinander haben, wenn man nicht wirklich intim miteinander ist. Man kann die Erregung der Körper miteinander teilen, die gemeinsame Lust. Aber erst, wenn Intimität dazu kommt, das wirkliche Öffnen füreinander, auf der Ebene des Herzens und der Seele, wird Sexualität erfüllend und beglückend. Wenn wir uns in die Augen schauen können und unserem wirklichen Geliebten begegnen, schauen wir durch die Augen des Partners in die Wahrheit unseres eigenen Seins.

Dazu gehört, bereit zu sein, sich sehen zu lassen. Oder zu spüren, wie wenig Raum für dieses Sehen und Sehen-Lassen in uns ist. Unsere Angst wahrzunehmen und unsere Verschlossenheit. Und Wege zu suchen, um darüber hinaus zu kommen. Denn in dem Maße, wie wir uns dem Anderen verschließen, verschließen wir uns auch uns selbst. Unserem Herzen, unserer Liebe. An diese Schwelle zu kommen, sie zu spüren - und uns in diesem Moment zu öffnen, dazu kann die folgende Meditation helfen. Wir können dabei spüren lernen, dass es eine energetische Beziehung gibt zwischen zwei Menschen, die zusammen atmen und sich dabei berühren. Und merken, dass es einen Kreislauf gibt zwischen Nehmen und Geben. Geben kann für manche Menschen leichter sein als Nehmen. Und Nehmen, uns zu zeigen in unserer wirklichen Bedürftigkeit, kann das größte Geschenk sein, das wir unserem Liebsten machen können.

Wenn Sie möchten, können Sie zu dieser Meditation leise eine sanfte Instrumental- oder Vokalmusik auflegen. Sprechen Sie sich mit Ihrem Partner darüber ab.

Haltung:

Bitte setzen Sie sich voreinander hin, möglichst nah, sodass Ihre Knie sich berühren.

Strecken Sie die Hände im Raum zwischen sich dem anderen entgegen, sodass beide Handflächen nach oben zeigen. Drehen Sie dann Ihre rechte Handfläche um, sodass sie nach unten zeigt. Legen Sie nun Ihre Hände aufeinander, und zwar so, dass Ihr Partner seine rechte Handfläche auf Ihre linke Handfläche legt. Mit Ihrer eigenen rechten Handfläche bedecken Sie die linke Handfläche Ihres Partners.

Schauen Sie sich einen Moment in die Augen. Nehmen Sie einige tiefe Atemzüge. Schauen Sie hin, vielleicht spüren Sie Ihre Nähe, vielleicht Ihre Distanz. Nehmen Sie wahr, ob Sie bereit sind sich zu öffnen. Sie müssen nichts anders machen als es ist, und auch Ihr Partner nicht. Nehmen Sie einfach wahr - und seien Sie ehrlich sich selbst gegenüber. Wenn Sie merken, dass Sie dabei sind, das Verhalten Ihres Partners zu interpretieren oder zu kritisieren, dann ist das Ihre Realität im Augenblick. Sie müssen dies nicht ändern. Aber bleiben Sie bewusst dabei - nehmen Sie wahr, was geschieht, was Sie tun. Versuchen Sie, mit sich selbst in Kontakt zu sein, sich wirklich zu spüren.

Schließen Sie nun Ihre Augen. Spüren Sie Ihren eigenen Herzraum. Stellen Sie sich vor, Sie atmen durch die Nase durch Ihren Scheitelpunkt in Ihr Herz ein und aus Ihrem Herzen zu Ihrem Partner hin aus. Machen Sie das einige Atemzüge lang. Nun spüren Sie bitte Ihre linke Hand. Stellen Sie sich vor, Sie nehmen beim Einatmen die Energie Ihres Partners auf in Ihr Herz.

Sagen Sie sich innerlich:

„Ich nehme dich in mein Herz".

Beim Ausatmen lassen Sie Ihre Herzenergie hin zu Ihrem Partner fließen.

Sagen Sie sich innerlich:

„Ich schicke dir mein Licht".

Fahren Sie so etwa zwei Minuten fort. Lassen Sie dabei den Strom der Herzensenergie stärker werden. Spüren Sie, dass dies geschieht, dass sich Ihr Herz öffnen kann, wenn Sie es deutlich wahrnehmen - ohne dass Sie etwas Anderes dazu tun müssen.

Öffnen Sie dann langsam die Augen. Es macht nichts, wenn einer von Ihnen die Augen zuerst öffnet und der andere sie noch länger geschlossen hält. Irgendwann wird für beide der richtige Moment sein, sich anzuschauen.

Während Sie Ihrem Partner in die Augen schauen, atmen Sie weiter seine Herzenergie in Ihr Herz ein und schicken ihm mit dem Ausatmen Ihren Herzensstrom. Schauen Sie in dieses Gesicht vor Ihnen, schauen Sie in die Augen. Schauen Sie in die Wahrheit dessen, was Sie sehen, was Sie empfinden, was zwischen Ihnen fließt.

Spüren Sie Ihre Wahrheit, Ihre Ehrlichkeit - sich selbst gegenüber, aber auch Ihrem Partner gegenüber. Das ist die Verletzlichkeit des Herzens, jenseits von allen Gedanken.

Wenn es sich richtig anfühlt, nehmen Sie Ihre Hände zurück zu sich selbst. Legen Sie Ihre Handflächen vor Ihrer Brust aneinander wie zum Indischen Gruß. Verneigen Sie sich ein wenig voreinander, danken Sie einander.

Danach:

Behalten Sie die Herzenergie noch ein wenig in sich. Spüren Sie nach. Gehen Sie noch nicht sofort zu Ihrem Alltag über. Wenn Sie möchten, legen Sie Ihre Hände überkreuz auf Ihre eigene Brust, um das Erlebte in Ihrem Herzen zu „versiegeln" und Ihr Herz zu schützen.

Wenn Ihnen danach ist, erzählen Sie sich gegenseitig, was Sie erlebt haben. Versuchen Sie bitte dabei, nur von sich selbst zu sprechen, über Ihre Gefühle, über Ihre Empfindungen. Vermeiden Sie bitte jede Interpretation des anderen. Wenn Sie etwas bemerkt zu haben glauben, benennen Sie es und fragen Ihren Partner, ob es für ihn genauso oder anders war. Nehmen Sie seine Wahrheit genauso ernst wie Ihre eigene.

Paar-Meditation 4: Herz-Heilung

In unserem Alltag und auch in unserer Partnerschaft gibt es viele Momente, in denen unser Herz verletzt ist, sich verschließt oder sich wund anfühlt. Manchmal ist es nicht einmal eine akute Verletzung. Sondern wir werden durch irgendetwas an einen Schmerz in unserem Herzen erinnert. Oder wir haben einen Tag hinter uns, in dem wenig Platz für unser Herz war. Dann brauchen wir im Herzen Unterstützung oder Bestärkung.

Normalerweise haben wir wenig Verbindung zu unserem Herzraum. So wenig, dass wir glauben, alle Geschichten über das Herz als Ort der Liebe und des Mitgefühls seien allenfalls Gleichnisse oder alte Mythen. Und es ist auch schwer, das körperliche Herz mit diesen Geschichten in Verbindung zu bringen. Wir merken natürlich, dass unser Herz reagiert, wenn wir irgendwie gefühlsmäßig berührt sind - das Herz kann vor Freude buchstäblich springen, vor Angst rasen oder ruhig und gleichmäßig klopfen. Aber diese Empfindungen sind nur ein kleiner Teil dessen, was unseren Herzraum ausmacht.

Dieser ist viel größer und umfasst viel mehr als nur unser körperliches Herz. So spüren wir vielleicht Rückenschmerzen, im Bereich unserer Schulterblätter - und denken an Wirbelsäulen-beschwerden. Wir ahnen nicht, dass dies auch das Herzzentrum sein kann, das sich auf diese Weise meldet. Oder wir fühlen uns ganz kraft- und energielos, und wissen nicht, dass wir auf einer tieferen Ebene verwundet sind und energetisch buchstäblich „ausbluten".

Wo sich unser Herzraum befindet, wissen wir mit Sicherheit erst, wenn er sich öffnet. In diesem Moment können wir buchstäblich einen breiten, warmen Strom spüren, der von unserer Brustmitte ausströmt - nach vorn oder auch nach vorn und hinten. Das kann so stark sein, dass es sich anfühlt wie ein physisches Phänomen, aber auch leicht und sanft, dass es wie ein Windhauch vorüberzieht. In diesem Moment spüren wir, dass der Mittelpunkt des energetischen Herzraums körperlich etwa in der Mitte des Brustbeins liegt, tief in uns.

Wie öffnet sich der Herzraum? Über unser Mitgefühl, über unsere eigene Verletzlichkeit, unsere Offenheit und unsere Liebe. Wenn wir uns berühren lassen - von uns selbst und von anderen. Wenn wir uns dem Wunder der Schöpfung öffnen, dem Wunder einer Blüte, dem Wunder eines Kindes, dem Wunder eines Tieres oder eines Blattes. Dem Wunder des Lebens schlechthin - auch wenn es uns Schmerzen bringt. Wenn wir von irgendetwas oder irgendjemandem Abschied nehmen müssen. Oder fühlen, was dem anderen weh tut. Mitgefühl, Verletzlichkeit, Offenheit und Liebe sind Qualitäten des Herzraums. Sie öffnen ihn und sie entstehen in ihm.

Die Öffnung des Herzraums ist der Schritt aus der Getrenntheit in die Einheit. Aus dem Nein ins Ja. Aus dem Kampf in die Hingabe. Aus dem Ego und seinen Schmerzen in die Liebe. Nicht in eine persönliche Liebe mit all ihren Dramen und Verwicklungen. Sondern in die Liebe. Als Qualität des Seins, als Raum, in dem alles Platz hat, in dem alles geschehen kann.

Die folgende Meditation ist einerseits sehr grundlegend. Denn sie ermöglicht, den Herzraum zu spüren - und ihn langsam, nach und nach, immer mehr zu öffnen. Wenn man sie nur als Atem-Übung macht, kann sie schon eine wunderbare, nährende Quelle für neue Energie und Kraft unseres Herzens sein. Sie erzeugt einen energetischen Kreislauf - von Ihrem Herzen über Ihren Arm und Ihre Hand zum Herzen Ihres Partners und von dort über dessen Arm und seine Hand zu Ihrem Herzen zurück.

Gleichzeitig aber ist sie eine nahe, sehr tiefe Begegnung. Diese Meditation kann uns die Scheu vor Nähe und Intimität nehmen - wenn wir zulassen wollen, unmittelbar und direkt in unserem Herzen berührt zu werden. Sie kann uns helfen, unser Gegenüber mit den Augen des Herzens zu sehen - und ganz neu zu erfahren. Sie sollten diese Meditation deshalb nur machen, wenn Sie innerlich bereit dazu sind. Und sich Zeit dazu lassen, um Sie wirklich in ihrer Tiefe zu erfahren - denn sie kann bei jedem Mal anders sein. Es kann sein, dass starke Gefühle in Ihnen geweckt werden, dass es Ihnen im Herzen dabei weh tut, oder dass die Meditation wohltuend ist und Sie „trotzdem" weinen müssen. Bitte erlauben Sie sich, Ihr Herz reagieren zu lassen, lassen Sie Ihre Tränen fließen. Spüren Sie Ihr Herzweh. Oder Ihre Freude und Dankbarkeit. Und nehmen Sie die heilende Hand auf Ihrem Herzen wahr. Es kann auch sein, dass Sie kaum etwas spüren. Oder dass Sie anfangs die Meditation vielleicht nur ganz kurz ertragen können. Sie müssen nichts anders machen als Sie können - wenn Sie spüren, dass es Ihnen zuviel wird, beenden Sie die Meditation für diesmal auf sanfte Weise - im Kontakt mit Ihrem Partner. Und machen am nächsten Tag weiter.

Auch wenn Sie „nichts" spüren, sollten Sie weitermachen. Konzentrieren Sie sich anfangs einfach auf die Wärme der Hand Ihres Partners. Und bleiben Sie dabei. Irgendwann werden Sie auch anderes fühlen - und Ihr Herz geht auf. Sie können diese Meditation anfangs mit geschlossenen Augen machen. Wenn es sich richtig anfühlt, machen Sie

sie mit geöffneten Augen. Sprechen Sie sich vorher mit Ihrem Partner ab, was Sie ausprobieren wollen.

Haltung:
Bitte setzen Sie sich voreinander hin. Sie sollten einen Abstand wählen, bei dem sich die Körper-Vorderseite Ihres Partners mit Ihrer Hand problemlos erreichen lässt. Versuchen Sie so zu Sitsen, dass Ihre Oberkörper etwa in gleicher Höhe sind. Schließen Sie einen Moment die Augen. Kommen Sie in Kontakt mit sich selbst, atmen Sie bewusst, ohne Ihren Atem aktiv zu beeinflussen. Spüren Sie sich - wo Sie verspannt sind, wo entspannt, welche Gedanken Ihnen vielleicht durch den Kopf gehen, welche Bilder. Lassen Sie all dies geschehen - halten Sie sich nicht daran fest, aber schieben Sie Ihr Inneres auch nicht fort. Bemerken Sie lediglich, dass außer Ihrer inneren Bewegung noch ein Bereich da ist, in dem die Stille zu Hause ist. Atmen Sie in diesen Bereich hinein, Ihren inneren Tempel.

Öffnen Sie nun die Augen, schauen Sie sich an. Und dann, langsam, heben Sie bitte Ihre rechte Hand und legen sie auf die Mitte des Brustbeins Ihres Partners. Ihr Partner macht zur selben Zeit dasselbe mit Ihnen.

Nehmen Sie dann Ihre eigene linke Hand und legen Sie sie über die rechte Hand Ihres Partners, die auf Ihrem Herzraum liegt. Auch Ihr Partner bedeckt mit seiner linken Hand Ihre rechte, die auf seinem Herzen ruht.

Atmen Sie in die Berührung Ihres Herzraums ein. Nehmen Sie mit dem Einatmen durch Ihren linken Arm die Herzenergie Ihres Partners auf. Schauen Sie sich dabei in die Augen. Nehmen Sie auch sein Wesen in sich auf, lassen Sie sich anrühren von dem, was Sie sehen. Atmen Sie beim Ausatmen zu Ihrem Partner hin, schicken Sie durch Ihren rechten Arm Ihre Herz-Energie zu Ihrem Partner. Bleiben Sie im Augenkontakt. Während Sie atmen, stellen Sie sich vor, dass Sie sich Ihrem Partner wirklich öffnen.

Atmen Sie langsam ein und aus. Denken Sie beim Einatmen:
Komm in mein Herz.
Und beim Ausatmen:
Ich schenke dir meine Liebe.

Versuchen Sie nicht bewusst etwas entstehen zu lassen. Bleiben Sie im Kontakt mit dem, was ist. Wenn Gefühle Sie zu überwältigen drohen, lassen Sie sie kommen, aber schauen Sie sich weiter an und atmen Sie bewusst zu sich selbst hin ein und zum Partner hin aus. Wenn Sie gar nichts spüren, nehmen Sie die Wärme der Hand auf Ihrem Brustraum wahr - und atmen Sie dort hinein.

Wenn es Ihnen anfangs zuviel ist, sich anzuschauen, dann verabreden Sie, dass Sie zu Beginn die Augen geschlossen halten und nur Ihrem Atem folgen. Schon das wird viel in Ihnen beiden bewegen. Zwingen Sie sich nicht. Was geschieht, ist genau richtig - Sie sind genau richtig.
Setzen Sie die Meditation für die Zeit fort, die Ihnen angemessen erscheint. Zu Beginn können Sie vielleicht nur zwei Minuten so sein. Später dann werden Sie vielleicht merken, dass diese Meditation einen Übergang in die Transzendenz erlaubt, wenn Sie sie lange machen. Es kann sogar geschehen, dass die Grenzen zwischen Ihnen und Ihrem Partner sich auflösen und durch Ihrer beider Atemhythmus zwischen Ihnen ein gemeinsames pulsierendes riesengroßes Herz entsteht - das lebendige Herz Ihrer Beziehung.

Danach:
Wann immer es für Sie richtig ist, beenden Sie die Meditation. Nehmen Sie Ihre Hand dafür sehr langsam zurück und ziehen Sie sie aus dem energetischen Raum Ihres Partners zu Ihrem eigenen Herzraum. Spüren Sie einen Moment Ihre eigene Herz-Energie. Wenn Sie Ihre Augen bis dahin offen hatten, schließen Sie sie jetzt. Spüren Sie sich, spüren Sie die Veränderung, die in Ihnen stattgefunden hat.

Legen Sie dann die Handflächen zum Indischen Gruß vor der Brust aneinander. Öffnen Sie die Augen. Wenn es sich richtig anfühlt, verneigen Sie sich voreinander oder danken Sie sich in irgendeiner anderen, Ihnen gemäßen Form.

Wenn Sie über Ihre Erfahrungen während dieser Meditation sprechen wollen, versuchen Sie, aus dem Raum Ihres Herzens zu sprechen. Spüren Sie sich beim Sprechen - wenn Sie abschweifen, bewerten, interpretieren, kommen Sie zu Ihrem unmittelbaren Erleben zurück. Hören Sie auch Ihrem Partner sorgsam zu, wenn er von sich spricht.

Paarmeditation 5: Den Wir-Raum erfahren

Partnerschaft beinhaltet die Möglichkeit, gemeinsam etwas Drittes zu erzeugen, das mehr ist als nur die Summe der beiden Persönlichkeiten. Auf körperlicher Ebene zeigt sich die dies in einem gemeinsamen Kind, auf energetischer Ebene in dem, was zwischen einem Paar entsteht, man könnte sagen, der gemeinsamen Aura. Dieses Etwas ist der „Wir-Raum" des Paares, das „Zwischen", etwas, das auf ganz einzigartige Weise zwischen zwei Menschen schwingt. Und das man bemerken kann, wenn man einem Paar begegnet.

Man spürt bei einem frisch verliebten Paar die Süße der Sehnsucht nacheinander - hat das unausgesprochene Gefühl, beinahe zu stören, bemerkt ganz ohne Worte die Abgeschlossenheit, die Selbstgenügsamkeit, mit dem Jungverliebte mit sich allein sein können. Man spürt auch ein Streitpaar sehr genau, selbst wenn die beiden noch so sehr versuchen, ihre gesellschaftlichen Fassaden zu wahren, wenn sie lachen und scherzen - und dennoch ist eine Kälte um sie oder eine Verzweiflung, eine Abweisung oder Aggression - und man hält ganz automatisch Abstand oder fühlt sich irritiert. Ebenso kann man bei einem Paar, das in tiefer Liebe verbunden ist, so etwas wie einen gemeinsamen Raum zwischen ihnen spüren, auch wenn sie weit voneinander entfernt stehen, wenn sie sich nur mit einem kurzen Lächeln streifen - eine Klarheit und Aufeinander-Bezogenheit, die Menschen anrührt.

All dies ist für unsere normalen Augen unsichtbar - und dennoch ist es da. Genauso wie Liebe selbst. Das Wesentliche, sagt der Fuchs bei seiner Begegnung mit dem Kleinen Prinzen, ist für unsere Augen unsichtbar. Das Wesentliche, läßt Saint-Exupery ihn sagen, das, was das Wesen ausmacht, die Essenz. Der Wir-Raum, den das Paar schafft, ist so etwas Wesentliches. Das „Zwischen", die Mischung aus „Ich" und „Du", die gemeinsame Ausstrahlung. Aber was ist es?

Erlebbar ist es wie eine Art energetisches Feld, das entsteht, und das man wahrscheinlich mit geeigneten Messinstrumenten eines Tages sogar messen können wird - wie man inzwischen ja auch die Energiebahnen des Körpers, die Meridiane, mit ihrer minimalen elektrischen Spannung messen kann. Der Wir-Raum ist ein energetisches Feld, bestehend aus den Auren, den Energiekörpern der beteiligten Partner, ständig in Bewegung, in jeder Sekunde anders, lebendige Energie, die Farben bilden kann und Formen, manchmal ganz dicht, manchmal hauchdünn - jedenfalls können manche Menschen es so wahrnehmen. Dieser Wir Raum ist wie eine riesige Ansammlung feinstofflicher Nervenzellen, alle ausgestattet mit der gesamten Information unserer gesammelten Erfahrungen und Reaktionsmuster, unserer Gefühle und Empfindungen, unserer Resonanz auf unsere Gedanken, über uns selbst, über die anderen, über die Welt.

Immer, wenn wir uns einem Menschen öffnen, in welcher Form es auch sei, begegnen sich auch Energiefelder - egal, ob es sich um eine Kollegin handelt, die wir nicht ausstehen können, um eine nette Begegnung in einem Café oder um einen wunderbaren Freund oder um unsere Eltern. Deshalb können uns manche Menschen energetisch bereichern - und wir fühlen uns prickelnd, ganz lebendig, wie nach einem Glas Sekt. Und andere wiederum können uns auslaugen, sodass wir schon nach einer kurzen Begegnung ein Gefühl von Müdigkeit und Erschöpfung haben.

Jeder Wir-Raum ist auf ganz besondere Weise einzigartig und anders, weil die beteiligten Personen andere sind. Wir-Räume entstehen immer durch Begegnung bzw. Beziehung - ob kurz oder lang - und bestehen aus mindestens zwei Energiefeldern, die miteinander kommunizieren. Diese beiden Energiefelder beginnen eine Art gemeinsamen Tanz, sie begegnen sich, sie vermischen sich, sie lösen sich voneinander, in Sekundenbruch-teilen, und oft sogar schon, bevor ein Mensch uns körperlich direkt begegnet.

Das ist auch der Hintergrund dafür, dass wir uns manchmal umdrehen und dann merken, jemand hat hinter uns hergesehen. Oder dass wir eine Gefahr buchstäblich „wittern“. Oder dass wir einem Menschen begegnen, bei dem wir auf den ersten Blick spüren, dass er zu uns passt. Was nichts anderes heißt, als dass unsere Energiefelder aufeinander reagieren - im Positiven, aber auch in unseren Reaktionsmustern. Das kann so schnell geschehen, weil wir auf der energetischen Ebene weitaus schneller sind als der schnellste Computer der Welt - und auch schneller als unser Gehirn. Das braucht manchmal Jahre, um das in Sekunden-Bruchteilen Erlebte und Erfahrene zu registrieren, in sprachliche Formen zu übersetzen, zu benennen, abzugleichen und zu interpretieren. Energiefelder sind unbenannt, aber erfahrbar.

Bei Paaren nun haben sich bestimmte Reaktionsformen aufeinander buchstäblich schon in die Energiefelder „eingefräst“ - sagst du dies oder jedes, reagiere ich auf diese und jene Weise. Das kann voll Spannung, erotisch aufgeladen, kribbelig oder abwehrend sein - je nach beteiligter Energie. Es wird jedenfalls zu einem Bestandteil des „Wir-Raumes“ - der partnerschaftlichen Aura. Dieser „Wir-Raum“ ist auch deshalb besonders stark, weil bei einem Paar im Normalfall auch die sexuelle Begegnung hinzu kommt - oder seit Jahren frustriert wird. Gemeinsame Sexualität nämlich hinterlässt in der Aura jedes Menschen auf besondere Weise eine Spur - im Positiven wie im Negativen. Sex kann etwas Wunderbares, Erfüllendes sein, ebenso aber die Ursache größter Unzufriedenheit und Negativität zwischen einem Paar. Sex ist ja nicht einfach nur Befriedigung eines Triebes. Sondern durch Erregung und Orgasmus auf energetischer Ebene immer auch eine Art gegenseitiger Durchdringung, eine „Inspiration", eine Aufnahme des anderen in die eigene Aura. Vor allem Frauen erleben dies sehr tief.

Deshalb zeigt sich im Sex in kondensierter und manchmal rätselhafter Weise die tiefe Kommunikationsebene eines Paares. Wenn ein Paar sich wirklich vereinigt, nicht nur guten Sex hat, ist es auf ganz andere Weise erfüllt und glücklich, als wenn sich nur die Körper begegnet sind oder wenn einer den anderen nur benutzt oder körperlich befriedigt hat. Sex kann gegenseitige Nahrung für die Aura sein - oder energetischer Mundraub. Das Ergebnis ist jedenfalls nicht nur für die beteiligten Partner spürbar - jeder Mann, jede Frau spürt, ob der andere sich im Sex wirklich hingegeben hat oder nicht - sondern hat auch Auswirkungen auf den gemeinsamen Raum. Und das merken auch Menschen, die keine Aura „lesen" können.

Sexuell verbundene Paare - egal ob glücklich oder nicht - bilden daher einen viel stärkeren Wir-Raum als Menschen, die sich zufällig einmal begegnen oder die keine Sexualität miteinander teilen. Manchmal ist der Wir-Raum gefüllt mit viel Licht, manchmal mit Schmerzen oder Gewalt. Die folgende Meditation erlaubt, diesen Wir-Raum ganz unmittelbar zu erfahren. Sie führt nicht in eine schöne neue Welt. Sondern in die Wirklichkeit dessen, was zwischen beiden Partnern ist.

Das ist natürlich geprägt von der persönlichen Interpretation und Wahrnehmung jedes Einzelnen. Deshalb kann es durchaus sein, dass beide Partner etwas Unterschiedliches erleben. Wir haben ja auch unterschiedliche Erfahrungen miteinander, erleben unsere Paarbeziehung vor dem Hintergrund der eigenen Geschich-te ganz unterschiedlich. Dennoch oder gerade deswegen kann diese Meditation zu einem Tor werden, das ganz persönliche Erleben dessen, was zwischen uns schwingt, erfahrbar - und damit auch vermittelbar zu machen.

Haltung:

Bitte setzen Sie sich voreinander hin, sodass Ihre Knie sich berühren. Wenn Sie auf Stühlen sitzen, setzen Sie sich bitte so auf die vordere Stuhlkante, dass die Knie aneinander liegen. Schauen Sie sich einen

Moment an, dann schließen Sie bitte Ihre Augen. Spüren Sie zu Ihrem Partner hin mit geschlossenen Augen - und spüren Sie dabei in den Raum zwischen Ihnen. Wie erleben Sie diesen Raum - dicht, weit, leer, gefüllt? Welche Empfindungen kommen von Ihrem Partner, welche Ausstrahlung, und was von Ihnen zu ihm? Versuchen Sie mit geschlossenen Augen zu spüren, ob Ihnen das angenehm oder unangenehm ist, was Sie aufnehmen und wie Ihr Körper darauf reagiert. Lassen Sie sich dazu einige Minuten Zeit.

Dann öffnen Sie bitte Ihre Augen - wie erleben Sie jetzt, in diesem Moment Ihren Partner, wie sehen Sie ihn? Wie fühlt er sich jetzt an, der Raum zwischen Ihnen? Was hat sich verändert? Spüren Sie noch einmal in den Raum der Beziehung, in Ihre gemeinsame Aura, diesmal mit geöffneten Augen. Was geht von Ihnen aus, was von Ihrem Partner?

Danach:
Nehmen Sie sich ein Blatt Papier und einen Stift und schreiben Sie über das Erlebte ein Gedicht oder einige Zeilen, die das Erfahrene zusammenfassen. Gedichte - ob sie sich nun reimen oder nicht - helfen uns dabei, die Ebene des Verstandes zu verlassen und das Reich des Herzens zu betreten. Auch, wenn wir etwas Negatives oder sogar Schreckliches zu sagen haben, klingen bei einem Gedicht unsere wahren Gefühle eher durch, wir sprechen nicht „darüber", sondern sind fühlend darin.

Setzen Sie sich dann einander gegenüber und lesen Sie sich gegenseitig Ihre Gedichte vor, einer nach dem anderen. Schenken Sie sich dann gegenseitig Ihre Gedichte - ohne Worte. Sprechen Sie bitte nicht am selben Tag darüber, sondern lesen Sie die Impressionen Ihres Partners mehrmals an diesem Tag durch - als Botschaft zu dessen Erlebniswelt. Versuchen Sie sich davon berühren zu lassen, auch wenn Sie selbst ganz anders empfinden. Versuchen Sie zu verstehen, was und wie Ihr Partner fühlt, versuchen Sie nachzufühlen, was in dem Wir-Raum ihn/sie zu diesen Empfindungen bringen kann.

Am nächsten Tag sprechen Sie bitte miteinander über Ihre Erlebnisse - jeder erst über das, was das Gedicht des anderen Partners in ihm ausgelöst hat, dann über das, was Sie selbst in dem Wir-Raum empfunden haben. Versuchen Sie dabei, so detailliert wie möglich zu sein. Und von Ihrer Gefühlswelt zu erzählen, nicht von Ihren Gedanken, Interpretationen oder Beurteilungen.

Paarmeditation 6: Dir begegnen

Wenn wir aufeinander zu gehen, begegnen wir uns sehr viel früher als erst in dem Moment, wo unsere Körper sich berühren. Unsere Ausstrahlung, unsere Energie, unsere feinstoffliche Hülle tritt sehr viel eher mit einem anderen Menschen in Kontakt als unser Körper. Deshalb können wir manchmal die Gegenwart eines Menschen auch schon spüren, noch ehe wir ihn sehen - auf feinstofflicher Ebene ist er uns schon begegnet.

Wenn wir unsere „Antennen" darauf ausrichten, können wir auch wahrnehmen lernen, was von dem anderen Menschen ausgeht, ob es etwas für uns Angenehmes ist, etwas Unangenehmes oder sogar Gefährliches. In manchen Situationen kann ein solches Spüren sogar Leben retten - wenn wir darauf achten und unserem Gespür folgen. Auch wenn wir uns nach einem Einkaufsbummel ausgelaugt fühlen, ist das oft nicht so sehr eine Folge körperlicher Anstrengung, sondern eher der Vielzahl unterschiedlichster Energien, denen wir dabei ausgesetzt waren. Da wir in dieser Art der Wahrnehmung aber nicht geschult sind, glauben wir oft, wir hätten uns etwas eingebildet. Wir nennen solche Wahrnehmungen dann „übersinnlich", weil wir sie kaum in Worte fassen können.

In einer Liebesbeziehung spüren wir diese Feinstofflichkeit und die darin enthaltenen Botschaften noch viel deutlicher als bei anderen Menschen. Wir merken genau, wie unser Partner gestimmt ist, ob er niedergeschlagen ist und deprimiert, ob er etwas Positives erlebt hat und sich freut, ob er irgendetwas vor uns verbirgt, ob er sich öffnet oder nicht - auch wenn es auf der Oberfläche vielleicht ganz anders aussieht. Dabei geht es nicht um seinen Gesichtsausdruck oder die Körpersprache, die wir nach einiger Zeit sehr genau kennen und zuordnen können. Sondern um das, für das wir keine Worte haben, was aber für uns unsichtbar von ihm ausgeht: Seine Ausstrahlung.

Die Ausstrahlung eines Menschen wird in östlichen Weisheits-Schulen „Aura" genannt, und meint den feinstofflichen Körper des Menschen, der ihn umgibt wie eine Hülle aus Energie. Diese Aura enthält alle Gefühle, aktuelle und vergangene, und ist so etwas wie ein energetisches Gedächtnis und ein unsichtbares Sinnesorgan des Menschen. Wir können diese Aura sehr genau spüren - auch wenn unser Kopf uns hinterher mit anderen Wahrheiten zu füttern versucht. Dieses Spüren ist eben nicht intellektuell, sondern unmittelbar. Es kommt aus einem Bereich unseres Geistes, der mehr umfasst als erworbenes Wissen, das wir irgendwo gelernt haben.

Andere reagieren genauso auf uns - und selbst wenn wir versuchen, anders zu erscheinen als wir sind, spüren Menschen, die uns nahe stehen und vor allem Kinder wie Seismographen das, was unsere innere Wirklichkeit ist und was von uns ausgeht - ohne dass wir auch nur ein Wort sprechen müssen.

Eigentlich ist dies eine wunderbare Eigenschaft, über die wir verfügen - wenn wir nicht so skeptisch wären und meist unserem Verstand mehr vertrauen würden als dieser Fähigkeit. Die folgende Meditation ist eine Einladung zu einer Begegnung mit dieser Wahrnehmung - einer Wahrnehmung des Herzens. Versuchen Sie dabei, Ihren Kopf und Ihre inneren Bewertungsmuster einmal ausgeschaltet zu lassen. Erlauben Sie sich zu spüren, was sich im Bereich zwischen Ihnen beiden ereignet, wenn sich Ihre Ausstrahlungen begegnen.

Diese Meditation kann Sie dazu bringen, dass Sie auf eine neue Art zu Ihrem Partner hin spüren lernen. Und dadurch Ihrer Beziehung eine neue Dimension hinzufügen: Die Dimension des „Wir" - dessen, was in dem Raum zwischen Ihnen geschieht. Einem energetischen Raum, an dem Sie beide gleichermaßen beteiligt sind und der Sie auch beide berührt und betrifft.

Diese Meditation ist ebenso gut für eine erste Berührung mit diesem „Wir"-Raum geeignet wie für Menschen, die schon über viele Erlebnisse dieser Art hatten. Auch spirituell erfahrenen Menschen kann sie einen unmittelbaren Einblick in den augenblicklichen Zustand Ihrer Beziehung zueinander geben - auf eine Weise, die deutlicher sein kann als viele Worte es vermögen. Dennoch ist es wichtig, sich hinterher mit Worten auszutauschen - Worte für das zu finden, was Sie empfunden haben, macht Ihr Erleben nicht nur Ihnen selbst klarer, sondern gibt auch dem anderen eine Möglichkeit, an Ihnen Anteil zu nehmen.

Haltung:
Bitte verlassen Sie nach der Begrüßung wieder Ihren Meditationsplatz und stellen Sie sich in den beiden äußersten Ecken des Raumes gegenüber auf. Schauen Sie sich an, wie Sie jetzt stehen, wie Sie den anderen vor sich sehen, was Sie dabei in sich selbst spüren können.

Gehen Sie nun, Schritt für Schritt, ganz langsam aufeinander zu. Halten Sie dabei Augenkontakt. Gehen Sie bitte wirklich langsam - wie im Zeitlupentempo. Halten Sie nach jedem Schritt einen Moment inne. Und richten Sie dann Ihre Wahrnehmung auf den Raum zwischen ihnen. An irgendeinem Punkt werden Sie merken, dass sich etwas zwischen Ihnen verändert - die Atmosphäre scheint vielleicht nach und nach irgendwie dichter zu werden, vielleicht spüren Sie auch ein Prickeln, eine Wärme oder dass Ihnen irgendetwas unangenehm ist. Spüren Sie in den Raum zwischen Ihnen hinein - was verändert sich, wenn Sie noch einen Schritt näher kommen? Wird es angenehmer - unangenehmer?

Zwingen Sie sich nicht, etwas zu spüren, wenn Sie nichts spüren. Kommen Sie dann einfach einen oder zwei Schritte weiter. Dann noch näher. Spüren Sie Ihre Schritte, und wie es sich anfühlt, wenn Sie nicht einfach loslaufen, sondern ganz bewusst langsam Ihre Schritte setzen. Gehen Sie dann wieder einen Schritt zurück - verändert sich etwas?

Vielleicht genießen Sie dieses Schritt für Schritt näher kommen, vielleicht mögen Sie nicht mehr Nähe, vielleicht haben Sie den Impuls, ganz schnell näher an den Partner heran zu kommen. Viele Paare erleben es als eine fast unerträgliche Spannung, die zunimmt und zunimmt, bis man sich endlich gegenüber steht oder sich in den Arm nimmt - so als ob der Vollzug der Nähe die Spannung im Raum zwischen ihnen lösen würde. Manche Paare können dabei auch eine tiefe Erfahrung machen - wenn Sie beispielsweise merken, dass Sie an einem bestimmten Punkt nicht näher kommen wollen oder wie es ist, wenn der Partner oder Sie selbst ein unterschiedliches Tempo im Annähern haben.

Wenn Ihnen danach ist, kommen Sie bis zur körperlichen Begegnung zusammen - und dann gehen Sie langsam wieder zurück, bis Sie den Abstand spüren, der sich für Sie beide richtig anfühlt. Vielleicht ist der Punkt, an dem Sie stehen bleiben, der Abstand, der Ihrer augenblicklichen Nähe zueinander entspricht. Nehmen Sie wahr, wie sich das für Sie anfühlt. Vielleicht sind Sie ein wenig traurig, wenn der Abstand noch so groß ist, vielleicht sind Sie froh, wenn Sie nicht näher kommen müssen oder Ihr Partner nicht noch näher kommt.

Experimentieren Sie, einen Schritt vor, wieder einen zurück - und nehmen Sie dabei wahr, was zwischen Ihnen geschieht. Machen Sie dann eine Geste, die Ihrer momentanen Befindlichkeit entspricht. Nehmen Sie wahr, wie die Geste Ihres Partners auf Sie wirkt. Erlauben Sie sich aufeinander zu reagieren, sich zu signalisieren, wie Sie sich fühlen - aber ohne Worte! Halten Sie nur intensiven Augenkontakt.

Wenn es sich richtig anfühlt, beenden Sie die Meditation. Heben Sie die Hände zum Indischen Gruß und verneigen Sie sich voreinander in einer Geste des gegenseitigen Respekts und der Achtung. Kommen Sie dann zu Ihrem Meditationsplatz zurück.

Danach:
Bitte sprechen Sie hinterher unbedingt über das Erlebte. Sprechen Sie von dem, was Sie in dem Raum zwischen Ihnen gefühlt haben, und auch darüber, was Sie bei Ihrem Partner gesehen oder gespürt zu haben glauben und wie Sie darauf reagiert haben. Vielleicht wird Ihnen selbst ein innerliches Reaktionsmuster klar, während Sie davon erzählen.

Schreiben Sie Ihrem Partner aber bitte nicht zu, dass er so oder so gewesen sei. Wenn Sie Ihre Eindrücke äußern, äußern Sie sie als Vermutungen oder Phantasien - nicht als Tatsachen. Auf diese Weise hat Ihr Partner die Möglichkeit, seine eigenen Hintergründe und Erfahrungen daneben, nicht dagegen zu stellen. Es geht bei Ihrem Austausch nicht darum, dass irgendjemand „Recht" hat, sondern darum, sich gegenseitig besser kennen zu lernen. Dazu aber ist Offenheit nötig, ehrliches Interesse und Anteilnahme.

Paarmeditation 7: Die „Ja"-Umarmung

Wenn wir uns nah sind, erleben wir manchmal glückselige Momente von Verzauberung: Unser Körper scheint jeder Berührung entgegenzukommen, wir fühlen uns, als ob wir uns ausdehnen würden, auf den anderen zu. Jeden Kontakt mit unserer Haut erleben wir ganz intensiv, sind mit unserem ganzen Bewusstsein an dieser Stelle, öffnen uns diesem Wohlgefühl. Andererseits kennen wir auch andere Berührungen: Wie oft geben wir jemandem die Hand - als Geste, einfach so, weil es sich so gehört. Kein Gedanke an Ausdehnung - eigentlich bleiben wir ganz bei uns, verschlossen, wollen uns auch gar nicht öffnen. Und wir kennen auch ein inneres Zurückweichen - wenn uns jemand berührt, den wir innerlich ablehnen. Dann ist es so, als würden wir alle Energie von der Peripherie des Körpers nach innen ziehen - weg von der Berührung, weg von dem Kontakt. Manchmal wird uns dann sogar übel, oder wir fangen an zu frieren, uns wird eiskalt.

Ob eine Berührung also als positiv, neutral oder sogar negativ erlebt wird, hängt also offenbar mit unserer inneren Haltung dem Moment oder dem Menschen gegenüber zusammen. Normaler-weise haben wir keinen Einfluss darauf, wie wir die Nähe, die Berührung erleben - unser Körper scheint von selbst zu reagieren, losgelöst von unserem Bewusstsein. Und dennoch gibt es eine Instanz in uns, die die Signale gibt, die dem Körper „sagt", was er tun soll. Und wenn wir erst einmal merken, dass wir solch eine Instanz haben, dass wir entscheiden können, ob und wie weit wir uns dem anderen öffnen w o l l e n und dieses nicht einfach mit uns geschieht, dann haben wir auch die Freiheit, dies öfter und öfter bewusst zu tun - uns auch vor unangenehmen Einflüssen abzuschirmen, oder um uns dem anderen bewusst zuzuwenden.

Was wir dazu benötigen, ist eine Wahrnehmung unserer feinstofflichen Hülle, der Aura - dass wir sie öffnen können, dass wir sie zum anderen hin ausdehnen können, dass wir sie verdichten können, dass sie sich verändert, je nachdem wie unsere innere Haltung zum anderen ist. Schauspieler nutzen diese Fähigkeit, wenn sie sich vor einem Auftritt vorstellen, dass sich ihre Ausstrahlung, ihre Präsenz über die ganze Bühne, den ganzen Zuschauerraum erstreckt. Kampfsportler nutzen sie, indem sie ihre Aura mit ihrem Bewusstsein so verdichten, dass sie geschützt in eine Auseinandersetzung gehen.

Um das wahrzunehmen, brauchen Sie eigentlich nur etwas Experimentierfreude - und die Bereitschaft, sich auf bisher ungewohnte Sinneswahrnehmungen einzulassen. Ihren Partner und sich selbst können Sie dabei besser kennen lernen - und gleichzeitig eine Voraussetzung dafür schaffen, den gemeinsamen energetischen Raum, das „Zwischen", besser erforschen zu können.

Haltung:

Setzen Sie sich voreinander, Knie an Knie. Wenn Sie möchten, stellen Sie Ihren Timer auf zwei Minuten ein. Schauen Sie sich in die Augen. Schauen Sie nicht nur bis zur Oberfläche. Schauen Sie wirklich hin - mit dem „Seelenblick".

Machen Sie aus, wer der Gebende sein soll und wer der Empfangende. Sie werden später die Rollen mehrmals tauschen. (Wenn Sie möchten, stellen Sie den Timer jetzt an).

Gebender Partner: Stellen Sie sich vor, Sie öffnen sich dem anderen ganz. Denken Sie innerlich „Ja!". Stellen Sie sich vor, alle Zellen Ihres Körpers öffnen sich, Ihre ganze Energie fließt dem anderen entgegen. Geben Sie Ihrem Partner eine energetische Umarmung, hüllen Sie ihn ganz ein in Ihre Energie.

Nehmender Partner: Nehmen Sie auf, was geschieht. Spüren Sie, wie Ihnen die Energie Ihres Partners entgegen kommt? Spüren Sie die Öffnung? Welche Qualität hat diese Energie? Wie würden Sie sie beschreiben? Seien Sie ganz achtsam und aufmerksam.

(Wenn der Timer piept, stoppen Sie ihn.) Atmen Sie einige Male tief ein und aus .Spüren Sie nach - wie fühlt sich die Energie jetzt zwischen Ihnen an?

(Aktivieren Sie den Timer erneut.) Wechseln Sie jetzt die Rollen: Der gebende Partner wird zum empfangenden Teil und umgekehrt.

(Wenn der Timer erneut piept, stoppen Sie das Geräusch). Atmen Sie einige Male tief ein und aus. Spüren Sie nach - wie fühlt sich die Energie jetzt zwischen Ihnen an?

(Aktivieren Sie den Timer erneut.) Tauschen Sie erneut die Rollen.

Gebender Partner: Stellen Sie sich vor, dass Sie Ihre Energie jetzt ganz dicht machen. Denken Sie innerlich ein klares „Nein!". Stellen Sie sich vor, Sie sind wie von einer festen Hülle umgeben, die Sie vollkommen schützt und abschirmt. Spüren Sie dabei, was energetisch geschieht.

Empfangender Partner: Nehmen Sie wahr, was sich in Ihnen verändert. Wie kommt diese Energie jetzt zu Ihnen? Kommt Sie bis zu Ihrem Körper? Hält sie vorher an? Was für eine Reaktion darauf spüren Sie in sich? Fühlen Sie sich Ihrem Partner nah oder nicht?

(Wenn der Timer piept, stellen Sie ihn aus). Atmen Sie einige Male tief ein und aus. Spüren Sie nach, lassen Sie alle Spannung los.

(Stellen Sie dann den Timer wieder an). Tauschen Sie die Rollen. Machen Sie die „Nein"-Erfahrung mit getauschten Rollen.

(Wenn der Timer piept, stellen Sie ihn aus). Atmen Sie einige Male tief ein und aus. Spüren Sie nach, lassen Sie bewusst alle Spannung aus Ihrem Körper gehen.

Und nun, seien Sie beide Gebende und Empfangende gleichzeitig. Lassen Sie bewusst Ihre Energie zum anderen hin fließen, geben Sie sich gegenseitig eine „Ja"-Umarmung. Umhüllen Sie den anderen, lassen Sie Ihre Energie durch seinen Körper fließen. Öffnen Sie sich gleichzeitig der Energie des Partners. Empfangen Sie sein „Ja", empfangen Sie seine Energie. Erlauben Sie sich, dies so lange zu genießen, wie Sie möchten.

Danach:

Wenn Sie die Meditation beenden wollen, atmen Sie tief ein und aus, mehrmals. Schließen Sie dann die Augen. Spüren Sie in Ihrem Inneren, was sich verändert hat - wie Sie sich jetzt fühlen, wie sich der Raum in Ihrem Inneren anfühlt, wie der Raum zwischen Ihnen. Wenn es für Sie richtig ist, öffnen Sie die Augen.

Danken Sie einander. Und dann, tauschen Sie sich aus. Erzählen Sie sich möglichst genau, wie es war mit dem „Ja" und mit dem „Nein", wie es war als Gebender und Empfangender. Was Ihnen leichter gefallen ist. Und was schwerer. Und wie die abschließende Meditation des Ineinander-Fließens für Sie war.

Paar-Meditation 8: Meditatives Zuhören

Wenn wir normalerweise zuhören, springt schnell unsere eigene Filterstelle im Kopf an: Wir vergleichen das Gesagte mit unseren eigenen Erfahrungen, wir beurteilen, klassifizieren, reagieren, wir wehren ab oder stimmen zu. Oft glauben wir sowieso schon zu wissen, was der andere sagen wird, dann wieder verstehen wir nicht, weil wir etwas ganz anderes gehört haben als unser Gesprächspartner gesagt hat. Eigentlich sind wir beim Zuhören weitaus die meiste Zeit mit uns selbst beschäftigt. Das, was der andere sagt, dient uns nur als Sprungbrett dafür, unsere eigenen Gedanken über unsere eigene Welt anspringen zu lassen. Kein Wunder, dass Menschen so oft an einander vorbeireden! Jeder möchte dem anderen etwas von sich erzählen, aber wenn beide das zur selben Zeit tun, ist niemand mehr da, der wirklich zuhören kann.

Echtes Zuhören ist darum ein Geschenk, sogar ein sehr außergewöhnliches. Und, das ist ein Geheimnis echten Zuhörens: Es ist ein Geschenk nicht nur an den anderen, sondern auch an sich selbst. Denn in dem Moment, in dem wir wirklich zuhören, uns wirklich der Realität des anderen Menschen mit ungeteilter Aufmerksamkeit zuwenden, sind wir für diese Zeit nicht in unserer eigenen Gedankenwelt. Sondern in der vollen Achtsamkeit und Resonanz. Damit aber auch nicht mehr in unserem Ego, sondern in der Bewusstheit, in einem Zustand der Ego-Losigkeit - bis unsere Reaktion auf das Gehörte einsetzt.

Echtes Zuhören ist also eine Art Meditation, ein Moment, der uns ganz ins Jetzt, ganz in den Augenblick bringen kann. Aber es ist noch mehr: Wenn es uns wirklich gelingt, uns dem anderen mit unserer vollen Bewusstheit zuzuwenden, erfahren wir auch ihn in einer Unmittelbarkeit, die wir sonst nie kennen - ohne Wertung, ohne Abwehr können wir seine Wirklichkeit in uns aufnehmen. Auch wenn sie uns noch so fremd ist. Das bedeutet nicht, dass wir ihm zustimmen müssen. Es bedeutet nur, dass wir uns dieser Art zu denken, zu fühlen und zu sein mit vollster Anteilnahme und vollstem Interesse zuwenden. Und damit für diesen Moment eins mit ihm werden. Zuhören ist in diesem Sinn eine sehr aktive Tätigkeit. Nicht ein passives Die-Ohren-Öffnen und alles hereindringen lassen, was eben kommen will. Sondern ein aktives Offen-Sein.

Das scheint ein Widerspruch in sich, ist es aber nicht. Das Mittel nämlich, mit dem wir uns so dem anderen zuwenden können, ist unser Körper. Und zwar nicht der materielle, äußere Körper, zu dem auch unsere äußeren Sinne und damit auch die Ohren gehören. Sondern der „innere Raum", der „innere Körper", den wir fühlen und spüren können, wenn wir die Augen schließen und die Wirklichkeit unseres Inneren beginnen wahrzunehmen. Je mehr wir uns mit diesem „inneren Raum" vertraut machen, je mehr merken wir, dass dort neben Empfindungen wie Spannung oder Entspannung, Gefühlen wie Freude oder Ärger, Gedanken und Bewertungen wie Übereinstimmung oder Ablehnung auch noch etwas anderes ist: Raum, ungefüllter, weiter Raum.

Raum, in den wir atmen können, Raum, den wir unmittelbar erfahren können, Raum, der für manche pulsiert, dessen Energie sich ausdehnen und zusammenziehen kann. Diesen Raum können wir erfahren, egal, wo wir hinspüren, ob in die inneren Finger und Hände, das innere Herz oder das innere Becken. Dieser Raum, in dem wir dann sind - oder besser: der wir dann sind - ist nicht persönlich, nicht gefüllt mit unserer Geschichte, unseren Erfahrungen der Vergangenheit oder den Hoffnungen auf die Zukunft. Sondern er ist überpersönlich, transpersonal. Und er ist unendlich weit, reines Sein.

Wenn wir uns aus diesem Raum heraus dem anderen zuwenden, erfahren wir ihn unmittelbar. Wir öffnen unseren inneren Raum, um zu erfahren, dass es keine Öffnung ist, sondern eine Erweiterung, eine lebendige Erfahrung unserer Ausdehnung hin zum anderen. Es bedeutet nicht, eine Beziehung zum anderen aufnehmen. Sondern sich bewusst zu werden, dass wir in Beziehung zum anderen sind, in lebendiger Interaktion auf energetischer Ebene, zeitlos, ungetrennt. Es ist eine zutiefst spirituelle Erfahrung, aus diesem Bewusstsein heraus zuzuhören - und es kann die gesamte Beziehung transformieren.

Haltung:

Bitte setzen Sie sich gegenüber, Knie an Knie. Wenn Sie nicht im Schneidersitz sitzen können, setzen Sie sich auf einen Stuhl, ziemlich auf die vordere Kante, sodass Ihre Füße flach auf dem Boden stehen können. Reichen Sie sich die Hände.

Schauen Sie sich einige Atemzüge lang in die Augen. Nehmen Sie die Gesichtszüge Ihres Partners/Ihrer Partnerin wahr, schauen Sie genau hin. Wenn Sie möchten, schauen Sie dann in die Augen wie in ein Fenster. Tiefer als nur auf das Äußere, versuchen Sie einen Blick in das Innere des Menschen vor Ihnen zu tun. Schließen Sie dann Ihre Augen.

Spüren Sie, wie es ist, wenn Sie die Augen nun nach innen wenden. Nehmen Sie sich einen Moment Zeit, Kontakt mit Ihrer inneren Wirklichkeit aufzunehmen. Vielleicht merken Sie, dass Sie noch beim Äußeren verweilen, mit Ihren Empfindungen, Ihren Gefühlen, Ihren Gedanken. Das ist absolut in Ordnung, beurteilen Sie möglichst nicht, was Sie tun, nehmen Sie es nur wahr. Es gibt Empfindungen in Ihnen, es gibt Gefühle, es gibt Gedanken - wunderbar. Spüren Sie, dass all dies gleichzeitig in Ihnen sein darf, wie Zimmer in einem Haus.

Spüren Sie dann, dass es darüber hinaus noch mehr gibt, etwas, dass die Empfindungen, Gefühle oder Gedanken sein lässt: Raum. Wie ein Haus mit vielen Zimmern - die Zimmer sind da, aber sie sind nicht das Haus. Spüren Sie hin: Woraus besteht es, dieses Haus? Nehmen Sie den Raum wahr, der plötzlich entsteht in Ihrem Inneren. Atmen Sie in diesen Raum hinein. Ihr Körper dehnt sich aus, zieht sich zusammen, im Rhythmus Ihres Atems. Aber der Raum in Ihrem Inneren bleibt davon unberührt, er verändert sich nicht. Er ist. Und gleichzeitig durchdringt er die Grenzen Ihres Körpers.

Ihre Körpergrenzen, die Ausdehnung und Zusammenziehung Ihres Körpers geben Ihnen eine Wahrnehmung nur auf einer weiteren Dimension Ihres Seins, wie auch Empfindungen, Gedanken und Gefühle. Ihr innerer Raum ist mehr. Sie können diesen Raum erforschen, mit Ihrem Bewußtein. Gehen Sie auf diese Reise. Merken Sie dann, wenn Sie die Dimension dieses Raumes wahrzunehmen beginnen, dass dieser Raum viel größer ist als Sie denken, fühlen oder empfinden können - er ist unendlich.

Lenken Sie die Bewusstheit dieser Weite, dieses Raumes an verschiedene Stellen Ihres Körpers - in die Hände, in die Füße, in Ihren Unterleib, in Ihr Herz. Bleiben Sie in Kontakt mit sich. Spüren Sie sich, von innen.

Bitten Sie nun Ihren Partner, Ihnen etwas zu erzählen. Es spielt keine Rolle, was, ob es ein tiefes Thema ist oder einfach etwas vom Tag. Während Ihr Partner erzählt, bleiben Sie in Kontakt mit Ihrem „inneren Raum". Stellen Sie sich vor, dass Sie Ihren „inneren Raum" dem anderen öffnen - Ihre inneren Hände, Ihre inneren Füße, Ihr inneres Herz. Sie sind bereit. Sie sind bewußt. Und Sie nehmen mit Ihrem ganzen Sein wahr, was Ihnen Ihr Partner erzählt. Stellen Sie sich vor, Ihre Finger hören zu, Ihre Füße, Ihr Herz, Ihr Rücken. Natürlich ist das nur eine Vorstellung und wenn Sie nicht zu den visuellen Menschen gehören, strengen Sie sich nicht an, etwas zu sehen. Wichtiger ist Ihre Erfahrung Ihres Seins.

Wenn Sie irgendetwas nicht verstehen oder Sie etwas besonders interessiert, fragen Sie nach. Auch wenn Sie einfach mehr wissen oder sich vergewissern wollen, dass sie alles richtig verstanden haben. Bleiben Sie in Ihrem inneren Raum, auch wenn Sie selbst etwas sagen oder etwas fragen. Spüren Sie sich. Atmen Sie in Ihren inneren Raum hinein.

Wenn Ihr Partner geendet hat und Sie beide noch weitermachen wollen, wechseln Sie die Rollen. Erlauben Sie sich nun selbst, aus Ihrem inneren Raum heraus etwas mitzuteilen. und spüren Sie, wie es ist, wenn Ihnen mit vollster Aufmerksamkeit, ohne Wertung und Reaktivität zugehört wird. Sprechen Sie so lange, wie es sich richtig für Sie anfühlt. Danken Sie dann Ihrem Partner, für sein Sprechen und für sein Zuhören.

Spüren Sie sich noch einen Moment in Ihrem inneren Raum. Lassen Sie das Gehörte und Gesagte nachschwingen, spüren Sie, an welcher Stelle es vielleicht Widerstände oder Reaktionen gibt. Atmen Sie dann bewusst einige Male tief ein und aus. Öffnen Sie bitte Ihre Augen, schauen Sie sich an. Schauen Sie nicht nur in die Augen. Schauen Sie in die Welt des Anderen. Danken Sie dann Ihrem Partner.

Danach:

Spüren Sie, was Ihnen leicht und was Ihnen schwer gefallen ist an der Meditation. Erzählen Sie dies Ihrem Partner. Und hören Sie, wie er sich gefühlt hat. Wenn Sie dabei bewusst bleiben, können Sie wahrnehmen, wann Sie aus dem Kontakt mit Ihrem „inneren Raum" herausfallen und wieder in Ihren normalen Geistes- und Gedankenzustand zurückkehren. Achten Sie darauf, wie sich Ihre Bewusstseinsebene ändert, während Sie so sprechen. Spüren Sie den Unterschied. Danken Sie sich gegenseitig, dass Sie beide sich helfen können, Ihr Bewusstsein zu erweitern.

Wenn Sie die Meditation öfter durchführen, werden Sie wahrscheinlich nach und nach den Unterschied wahrnehmen, wie es ist, mit dem inneren Raum zuzuhören und ohne. Irgendwann werden Sie bewusst und ohne lange Vorbereitung entscheiden können, wie Sie zuhören wollen. Auch Ihre Antworten auf das Gehörte werden wahrscheinlich unterschiedlich sein. Und Sie werden nach und nach leichter Zugang zu diesem „inneren Raum" haben.

Paarmeditation 9: Die Gefühlswelle

Normalerweise sind wir unseren Gefühlen ausgeliefert. Wir reagieren so, wie wir einmal gelernt haben zu reagieren: Auf bestimmte Signale hin fröhlich, auf andere hin verletzt, auf wieder andere gereizt, auf noch andere ängstlich. Haben Sie sich schon einmal bewusst gemacht, wie „automatisch" wir dadurch eigentlich reagieren? Wie wenig souverän, wie wenig autonom? Dass dies alle Menschen so tun, macht es nicht besser. Wenn alle Menschen wie der Pawlowsche Hund auf bestimmte Signale hin bestimmte Reaktionen zeigen, dann ist das vielleicht „normal". Aber nicht frei. Und kein bisschen selbstbestimmt, auch wenn wir uns noch so sehr so fühlen oder auf unsere Freiheit pochen.

Freiheit, wirkliche Freiheit, bedeutet, diese Automatismen zu durchbrechen. Entscheiden zu können, welche Gefühle wir in welcher Situation haben wollen. Oder die energetische hohe Ladung der Gefühle für unsere Bewusstheit, unsere Entwicklung nutzen zu können. Und nicht von unseren Gefühlen beherrscht zu werden. Bisher sind wir nicht die Herrscher in unserer Gefühlswelt. Wir alle sind Sklaven: Sklaven unserer Geschichte, Sklaven unserer Erfahrungen. Jede neue Erfahrung wird von uns daran gemessen: Ist es besser, schlechter, genauso wie damals? Könnte es besser, schlechter oder genauso werden?

Wir stecken fest in unserer Dimension von Zeit, in unserer Dimension von Geschichte. Und sehen deshalb die Welt - und auch unsere Beziehungen - nicht so wie sie sind, sondern nur durch den Filter unserer emotionalen Reaktionen. Konflikte und Missverständnisse sind durch vorprogrammiert: Denn jeder hat ja seine ganz besonderen Signale und Signalkombinationen, auf die er oder sie mit ganz bestimmten Gefühlen reagiert.

Wie schön wäre es doch, wenn wir frei wären, wenn wir wählen könnten, ob und wie sehr wir reagieren wollen! Können wir aber nicht - oder doch? Die folgende Meditation gibt Ihnen einen Geschmack davon, dass es möglich ist. Und eine Idee, dass niemand anderes als Sie selbst diese Gefühle erzeugen. Wenn wir aber einmal gelernt haben, dass wir selbst der Herr in unserem Gefühlshaus sind - dann sind wir nicht mehr so vollständig ausgeliefert. Dann können wir anfangen uns dabei zu spüren, wenn wir reagieren. Und schaffen so eine winzig kleine Distanz zwischen dem, was da mit uns geschieht und uns selbst. Diese kleine Distanz aber ist eine Quantensprung: Wir sind dadurch nicht mehr einfach unsere Gefühle. Sondern können sie beobachten. Und irgendwann wirklich entscheiden, was wir fühlen wollen.

Dies ist keine Aufforderung zur Gefühlskälte. Ganz im Gegenteil. Sich selbst fühlend wahrzunehmen, heißt erst einmal, das gesamte Spektrum aller Gefühle in uns zu akzeptieren. Auch die ungeliebten Gefühle. Ja zu ihnen zu sagen, indem wir sie entdecken und beobachten. Ohne sie wegzuschieben oder zu verdrängen. Das ist schon ein großer Schritt. Der zweite ist, die Gefühle von ihrer Bewertung zu befreien: Dass es gute Gefühle gibt und schlechte Gefühle. Jedes Gefühl ist in seinem Kern reine Energie. Nicht mehr und nicht weniger. Einzig unser Denken, einzig unsere Bewertung, einzig unsere Erfahrung macht unsere Reaktion auf das Gefühl aus. Und steckt es damit in bestimmte Schubladen. Wenn wir uns davon befreien, können wir die Energie des Gefühls erfahren.

Auch davon wird Ihnen die folgende Meditation einen Geschmack geben. Wenn Sie sie öfter üben, werden Sie merken, wie sich in Ihrem Alltag etwas verändert: Vielleicht werden Sie plötzlich anfangen zu lachen, wenn Sie wieder einmal in einem Wutanfall gefangen sind. Oder sie merken, wie Sie sich selbst klein machen und leiden und finden dann kreativ Wege, um sich selbst daraus zu befreien. Ihr Partner und Sie können mit dieser Meditation einen großen Schritt dafür tun, sich mit Ihren Gefühlen nicht mehr länger so zu verstricken wie es sonst so oft in einer längeren Beziehung der Fall ist. Sie können mit ihr die Liebe entdecken, die kein Gefühl, sondern ein Zustand ist, und die von unseren Gefühlen immer wieder zugedeckt wird. Und das Lachen, die Freude - am anderen und am eigenen Leben.

Mit dieser Meditation lassen Sie bewusst Gefühle kommen und gehen, machen Sie größer und kleiner, wie eine Welle. Sie werden sich dabei bewusst, wie sich Wut, Zärtlichkeit, Angst oder Freude anfühlen - und werden vielleicht bemerken, dass sie sich innerlich ähnlich sind. Alle sind Träger stärkerer oder weniger starker Energie, alle füllen Ihren Körper mit Wärme oder Kälte - aber auch die Kälte schafft durch das Zittern, das sie auslöst, wieder Energie. Wenn Sie sich dieser Energie anvertrauen und sich und Ihre Bewertungen loslassen, können Sie bemerken, dass Ihre Gefühle Sie buchstäblich vibrieren lassen - und dies ist auch das Geschenk, das sie eigentlich für uns haben. Diese Vibration „ist", nicht mehr und nicht weniger. Allein das wirklich zuzulassen, kann Ihr Bewusstsein verändern.

Haltung:
Sitzen Sie voreinander, Knie an Knie, die Augen geschlossen. Spüren Sie Ihren Körper, Ihren Atem, spüren Sie den Raum zwischen sich. Atmen Sie lang und tief ein und aus, ein und aus.

Lassen Sie nun vor Ihrem inneren Auge eine Situation kommen, in der Sie wütend über Ihren Partner gewesen sind. Lassen Sie die Situation ganz deutlich, ganz intensiv werden. Spüren Sie den Anlass, Ihre körperliche Reaktion, spüren Sie, wie die Wut Sie ganz ausfüllt. Überlassen Sie sich dieser Energie, spüren Sie, was Sie in Ihrem Körper bewirkt. Versuchen Sie, sich nicht an Sätzen festzuhalten wie „Wie konntest du nur..." oder „Das war ja mal wieder typisch...". Denken Sie stattdessen: „Ich bin so wütend, ich bin so enttäuscht, ich bin so sauer" und fühlen Sie diese Wut in Ihrem Inneren. Lassen Sie die Wut immer stärker werden - und dann, auf ihrem Gipfelpunkt, sich umkehren und abflauen, nach und nach. Spüren Sie, wie sich die Energie langsam auflöst, was sich in Ihrem Körper verändert.

Erinnern Sie sich dann an eine Situation, in der Sie ängstlich waren - in Ihrer Partnerschaft oder in einer anderen Beziehung. Auch hier: Lassen Sie das Gefühl stärker werden, lassen Sie es sie ganz ausfüllen. Spüren Sie Ihre körperliche Reaktion, spüren sie, wie die Angst Sie ganz ausfüllt. Versuchen Sie sich nicht zu beruhigen, sondern denken Sie: „Ich bin voller Angst, ich b i n Angst". Und spüren Sie sich dabei. Lassen Sie die Angst noch größer werden - und dann, auf ihrem Gipfelpunkt, sich umkehren und abflauen, nach und nach. Spüren Sie, wie die Energie sich langsam auflöst, und was sich in Ihrem Körper dabei verändert.

Lassen Sie nun in Ihrem Inneren eine Situation kommen, in der Sie sich ganz liebevoll, ganz zärtlich gefühlt haben. Sehen Sie vor Ihrem inneren Auge die Situation, lassen Sie sich ganz von ihr ausfüllen. Halten Sie sich aber nicht an der Situation fest, sondern spüren Sie Ihre Reaktion in Ihrem Inneren. Nehmen Sie wahr, wie Zärtlichkeit und Liebe Sie ganz ausfüllen. Lassen Sie diese Gefühle stärker und stärker werden - und dann, auf ihrem Gipfelpunkt, sich umkehren und abflauen, nach und nach. Spüren Sie, wie die Energie sich langsam auflöst, und was sich in Ihrem Körper dabei verändert. Ja, in Ihrem Körper, nicht in Ihrem Geist, nicht dem, was Sie vielleicht geistig festhalten wollen. Sondern dem, was ist.

Spüren Sie dann dem, was Sie erlebt haben, noch etwas nach. Wenn Sie einmal all die Benennungen Ihrer Gefühle weg lassen - wie würden Sie dann Ihrem Partner beschreiben, was in Ihnen geschehen ist?

Atmen sie dann einige Male tief ein und aus. Und ein und aus. Wählen Sie dann ein Gefühl für Ihre Partnerschaft, jetzt, für diesen Moment, für diese Begegnung. Lassen Sie dieses Gefühl in Ihnen stärker und stärker werden. Spüren Sie es - und öffnen Sie dann die Augen und schauen sich an. Lassen Sie einfach geschehen, was geschieht zwischen Ihnen - ohne zu wissen, ohne zu benennen. Erlauben Sie sich gegenseitig, die Energie Ihres Gefühls zu spüren, wie immer sie auch ist.

Wenn Ihnen danach ist, reichen Sie sich dann die Hände. Und lassen das, was da ist, noch einen Moment schwingen, ohne etwas zu tun. Atmen Sie bewußt ein und aus. Und danken sich dann gegenseitig.

Danach:
Wenn Sie mögen, erzählen Sie sich gegenseitig, was Sie erlebt haben. Achten Sie beim Sprechen darauf, dass Sie so wenig wie möglich „darüber" sprechen. Sondern mehr davon, was sich wie angefühlt hat. Beschreiben Sie Ihre Erfahrung, so detailliert wie möglich.

Paarmeditation 10: Sich gegenseitig mit Licht umgeben

Dies ist eine Meditation, mit der Sie sich gegenseitig Kraft für den Tag schenken können. Es ist eine Meditation, die Sie gerne jeden Tag praktizieren können - auch vor anderen spirituellen Übungen. Sie wird Ihre gesamte Energie auf ein anderes Niveau heben, sodass Sie auf einer höheren Frequenz schwingen. Auf diese Weise werden Sie negative Schwingungen nicht mehr so leicht erreichen, Sie werden sich über längere Zeit wohl und geschützt fühlen. Auch Ihr Immunsystem wird besser arbeiten, sodass Sie Krankheiten besser abwehren können.

Licht ist eine Energie mit einem sehr hohen Schwingungsniveau. Physikalisch geht man davon aus, dass wir, wenn wir uns auf der Schwingungsfrequenz von Licht bewegen, unser Alter und unser gesamtes Sein verändern würden. Wir würden unsere selbst erschaffene Welt verlassen und uns in einen anderen Raum katapultieren, der parallel zu unserem eigenen existiert. Könnte es sein, dass dies der Raum der Liebe ist? Oder wenigstens einer, der diesem näher ist als unser eigener?

Versuchen Sie es doch einfach. Was in jedem Fall geschieht, wenn Sie diese Meditation üben, ist, dass Sie anfangen werden, Ihren Partner anders zu sehen. Jeder von uns ist in seiner tiefsten Qualität Licht, nur verdunkelt unsere eigene Herzens-Mauer die Wahrnehmung dieser Wahrheit. Wenn wir nun bewusst um den anderen Licht schaffen, hellen wir auch unser eigenes Dunkel auf. Wir sehen dann nicht nur den anderen so wie er wirklich in seiner Essenz ist, sondern das Licht reflektiert auch auf uns selbst zurück.

Haben Sie deshalb keine Angst, dass Sie „ausbrennen" könnten, wenn Sie diese Meditation machen. Oder dass Sie danach weniger Energie haben als vorher. Nicht nur, dass Ihr Partner Ihnen ja gleichzeitig auch Licht schickt - das Licht, das Sie selbst erschaffen, wird auch Sie selbst erleuchten und befreien.

Haltung:
Setzen Sie sich voreinander, Knie an Knie. Spüren Sie Ihren Atem, atmen Sie bewusst lang und tief ein und aus. Schauen Sie sich in die Augen, schauen Sie mit dem Seelenblick. Treten Sie ein in den Raum der Seele Ihres Partners, öffnen Sie ihm Ihre eigene Seele. Dies können Sie sogar tun, wenn Sie gerade in einem Konflikt miteinander sind. Öffnen Sie sich dann dafür, dass Sie den anderen in seiner Verletztheit erkennen wollen, lassen Sie zu, dass Ihr Partner sehen kann, was unter Ihrem Zorn, Ihrer Zurückweisung, Ihren Tränen steckt.

Während Sie den anderen weiter anschauen, lassen Sie Ihre Augen innerlich weich werden. Schauen Sie weiter hin, aber konzentrieren Sie sich auf einen Punkt irgendwo hinter Ihrem Partner. So, als könnten Sie durch ihn hindurch sehen. Nach und nach werden Sie bemerken, dass sich um den Kopf Ihres Partners ein Kranz aus Licht bildet. Lassen Sie dies zu, erlauben Sie, dass dieses Licht intensiver wird. Konzentrieren Sie sich auf dieses Licht, ohne dass Sie sich oder Ihre Augen anspannen.

Stellen Sie sich vor, dass von Ihnen aus Bündel Licht in Richtung auf Ihren Partner fließen. Es ist nicht wichtig, ob Sie wirklich das Licht sehen, stellen Sie sich einfach vor, dass es geschieht. Vielleicht spüren Sie in sich eine Wärme, die Sie ausschicken, vielleicht spüren Sie, dass es eine Veränderung in Ihrem Herzchakra gibt. Vielleicht sehen Sie tatsächlich, dass sich das Licht um Ihren Partner intensiviert. Was immer auch geschieht, bleiben Sie dabei. Verstärken Sie diesen Prozess mit Ihrem Atem: Bei jedem Ausatmen schicken Sie Licht, mit jedem Einatmen nehmen Sie auf, was von Ihrem Partner zu Ihnen kommt. Wenn irgendetwas Sie ablenkt, Gedanken, innere Bilder, Gefühle, kehren Sie bitte zu Ihrem Atem und dem Fließen und Empfangen des Lichts zurück.

Machen Sie diese Übung so lange, wie sie sich gut für Sie anfühlt.

Danach:
Danken Sie einander. Sie haben sich wirklich etwas Gutes getan. Wenn Sie möchten, tauschen Sie sich darüber aus, was Sie während der Meditation empfunden haben.

Paarmeditation 11: Herzens-Atem

Bewusst und achtsam zu atmen, Atemzug für Atemzug, gilt als eine der grundlegendsten Techniken, um ins Hier und Jetzt zu kommen. Diesen Atem mit dem Herzschlag zu verbinden, und zwar in einem 4:1-Rhythmus, ist eine traditionelle Heilmethode im Yoga, mit der Stress und Ängste beseitigt werden können. Hier wird diese Meditation für Paare angewandt. Sie hilft dabei, sich grundlegend auf den anderen einzuschwingen, seine eigene Wirklichkeit mit der des anderen zu verbinden, sich von Herz zu Herz füreinander zu öffnen.

Bei dieser Meditation kommen Sie in Kontakt mit dem Herzschlag des anderen - und Sie passen Ihren Atem seinem Herzschlag an. Dieses Miteinander hat eine tiefgreifende Wirkung: Einmal wird nach und nach der Herzschlag beider Partner langsamer, regelmäßiger, gleichmäßiger und synchronisiert sich immer mehr. Außerdem stellt sich der Atem des einen Partners auf den anderen und dessen Herzschlag ein, und da der Atem mit dem Fließen der Lebensenergie verbunden ist, strömt auch die Lebensenergie eines Partners hingewandt zum anderen.

Beide Atem- und Energiefelder werden harmonisiert. Letztlich ist die Atempause noch entscheidend. Beide Partner halten den Atem vier Herzschläge nach dem Einatmen und vier Herzschläge nach der Ausatmen an. In diesem Atempausen wird nur das Herz des anderen „gehört", schlägt fast wie im eigenen Körper. Paare finden dadurch zu einem Gefühl tiefer Verbundenheit.

Insgesamt können Paare durch diese Meditation miteinander eine tiefe Entspannung erfahren. Und eine Möglichkeit, sich jenseits von Worten aufeinander einzulassen. Diese Meditation eignet sich auch als Anfang Ihrer gemeinsamen Meditation, wenn Sie sich erst einmal aufeinander einschwingen wollen, ehe Sie zu der eigentlichen Meditation übergehen.

Ein Tipp: Bevor Sie diese Meditation zum ersten Mal üben, probieren Sie bitte die Handhaltungen mit geöffneten Augen aus.

Haltung:

Bitte setzen Sie sich voreinander hin, Knie an Knie. Legen Sie bitte Ihre Hände auf Ihre Oberschenkel, die Handflächen nach oben. Schließen Sie Ihre Augen. Spüren Sie Ihren inneren Raum - nehmen Sie wahr, wie Sie atmen, welche Gedanken, welche Gefühle Sie bewegen. Was Sie in Ihrem Körper spüren können, und um Sie herum. Nehmen Sie wahr, wie viel Raum in Ihnen ist - dass dieser Raum unendlich groß ist.

Kommen Sie dann mit Ihrer rechten Hand ein Stück nach vorne und greifen Sie damit das Handgelenk der linken Hand Ihres Partners, so dass Sie den Puls fühlen können. Er befindet sich normalerweise auf der Daumenseite des Handgelenks. Suchen Sie den Puls, bis Sie ihn mit Zeige-, Mittel- und Ringfinger klar fühlen können.

Erlauben Sie, dass Ihr Partner mit Ihrer linken Hand dann dasselbe tut. Drehen Sie dazu Ihren linken Arm ein wenig nach innen, so dass die Daumenseite Ihres Handgelenks nach oben zeigt. Sie brauchen sich nicht zu verbiegen, es reicht, wenn Sie Ihren Arm ein wenig drehen.

Verändern Sie Ihre Sitzhaltung, so dass Sie bequem Ihre Hände halten können.

Fühlen Sie dann den Puls Ihres Partners. Und beginnen Sie zusammen mit dem Puls zu atmen:

Einatmen zusammen mit vier Herzschlägen Ihres Partners. Den Atem anhalten mit den nächsten vier Herzschlägen. Ausatmen mit den nächsten vier Herzschlägen. Den Atem aushalten mit den nächsten vier Herzschlägen.

Und dann von vorn.

Während Sie mit Ihrem Atem dem Herzschlag Ihres Partners folgen, konzentrieren Sie sich nach und nach auf den Punkt zwischen Ihren Augenbrauen.

Machen Sie diese Meditation etwa fünf Minuten lang.

Danach:

Kommen Sie langsam mit einem tiefen Atemzug zurück zu sich. Spüren Sie nach, wenn Sie nicht mehr im Kontakt sind, wie sich das für Sie anfühlt. Atmen Sie weiter lang und tief.

Öffnen Sie dann langsam die Augen. Danken Sie einander. Wenn Sie wollen, können Sie sich erzählen, wie die Meditation für Sie war - es kann aber auch sein, dass Sie überhaupt nicht sprechen wollen, sich aber tief verbunden fühlen. Sie können die Meditationszeit nach und nach auf elf Minuten ausdehnen.

Paarmeditation 12: Mein Herz für dich

Mit dieser Meditation können Sie die ganze Fülle Ihres Herzens erfahren. Und sie Ihrem Partner zum Geschenk machen. Oft denken wir, Liebe beinhalte nur positive Gefühle. In der Fülle des Herzens aber ist alles enthalten - die Zärtlichkeit ebenso wie die Wut, die Angst ebenso wie die Freude. Alle diese Gefühle sind Wege zu Ihrer Liebe. Wenn wir sie zulassen - und erkennen, dass es dem anderen ebenso geht, dann können wir mehr Vertrauen in die vielfältigen Ausdrucksformen der Liebe finden. Und die Angst vor unseren ungeliebten Gefühlen nach und nach verlieren. Denn dadurch, dass wir sie in uns nicht akzeptieren, verschließen wir unser Herz - für uns selbst. Und müssen dann in unserem Partner das bekämpfen, was wir in uns selbst nicht mögen. Wenn Sie möchten, legen Sie zu dieser Meditation eine sanfte, meditative Musik auf.

Haltung:
Bitte setzen Sie sich voreinander hin, Knie an Knie. Auch wenn Sie auf Stühlen sitzen, lassen Sie bitte Ihre Knie sich berühren. Schauen Sie sich in die Augen, schauen Sie wirklich in die Seele Ihres Partners. Erlauben Sie, dass auch Sie „gesehen" werden - öffnen Sie sich dem Blick Ihres Liebsten, soweit es jetzt in diesem Moment geht Wenn Sie zwischendurch eine Pause brauchen, schließen Sie Ihre Augen einen Moment lang und öffnen Sie sie dann wieder, wenn es sich richtig für Sie anfühlt.

Formen Sie nun aus Ihren Händen eine Schale, indem Sie die Außenkanten der kleinen Finger aneinander legen. Die Finger selbst sind leicht gebeugt, als ob Sie mit den Händen Wasser schöpfen wollten. Halten Sie diese Schale vor Ihr Herzzentrum. Die Fingerspitzen zeigen zu Ihrem Partner.

Atmen Sie einige Male tief ein und aus. Stellen Sie sich dann vor, in der Schale Ihrer Hände ruht Ihr Herz - nicht das körperliche Herz, sondern das Herz als Zentrum Ihrer Gefühle, und Ihre ganze Liebe. Sagen Sie sich innerlich, während Sie Ihrem Partner in die Augen schauen:

„Ich bringe dir mein Herz,
mit seiner ganzen Fülle.
Mit seiner Angst und seiner Freude.
Mit seiner Zärtlichkeit und seiner Leidenschaft.
Mit seiner Wut und seiner Sehnsucht.
Mit seiner Kraft und seiner Verletzlichkeit.
Und mit seinem tiefen Wunsch, sich ganz zu öffnen".

Wiederholen Sie innerlich diese Worte immer wieder. Nehmen Sie wahr, was sich in ihrem Inneren verändert, während Sie diese Worte aussprechen. Vielleicht können Sie spüren, dass in Ihrem Herzen die ganze Fülle Ihrer Liebe vorhanden ist.

Nehmen Sie auch wahr, wie stark Sie Ihren Partner mit seinem Herzen an sich heranlassen können. Schauen Sie ihn dabei an, schauen Sie direkt in sein Herz, in seine Liebe.

Bleiben Sie etwa zehn Minuten in dieser Meditation.

Atmen Sie dann zum Schluss einige Male tief ein und aus. Schließen Sie dann die Augen, spüren Sie in sich hinein. Nehmen Sie wahr, was sich verändert hat, was Sie gesehen haben, wie Sie selbst auf Ihre Worte, auf Ihre Gestik, auf den Ausdruck im Gesicht Ihres Partners reagiert haben.

Öffnen Sie dann die Augen wieder, danken Sie einander.

Danach:
Wenn Sie mögen, tauschen Sie sich aus über das, was Sie während der Meditation erlebt haben. Sagen Sie sich gegenseitig, welche Gefühle in Ihrem Herzen Ihnen am leichtesten gefallen sind, zu welchen Sie am schwersten einen Zugang hatten. Machen Sie die Meditation öfter. Sie werden merken, dass es für Sie nach und nach selbstverständlicher wird, zu wissen, dass auch Ihre abgelehnten Gefühle ein Ausdruck Ihres Herzens sind.

Teil II: Vertrauen

„Wenn ich dein bin, bin ich erst ganz mein"

Michelangelo Buonarotti

Einführung

Vertrauen gilt als eine der wichtigsten Säulen in einer Partnerschaft. Wenn Vertrauen erschüttert wird - zum Beispiel, wenn ein Partner fremd geht, wenn er ohne unser Wissen das gemeinsame Geld für etwas ausgegeben hat, was nur ihn betrifft, oder wenn er einem Dritten Peinliches oder Beschämendes über uns erzählt, dann beginnen wir an der Partnerschaft grundsätzlich zu zweifeln. Ebenso, wenn der andere sich uns einfach nicht öffnen will, wenn er skeptisch bleibt oder misstrauisch, was unsere guten Absichten betrifft, wenn es Mauern gibt, die sich einfach nicht überwinden lassen - dann sind wir frustriert und traurig.

Aber warum ist Vertrauen denn überhaupt so wichtig für uns? Wann vertrauen wir - und warum? In der Entwicklung jedes Menschen steht Vertrauen am Anfang unseres Lebens: Wenn wir als Neugeborene von unseren Eltern auf der Erde willkommen geheißen werden, wenn wir Zärtlichkeit erfahren, Pflege und Liebe, dann entwickelt sich in uns das sogenannte „Ur-Vertrauen". Später dann entwickelt sich unser „Selbst-Vertrauen": Wenn wir sein durften, wie wir sind, und nicht für ein Elternteil oder beide Eltern nur in einer bestimmten Weise liebenswert waren. Wenn wir gehen durften und wieder kommen - und trotzdem liebgehabt wurden. Wenn wir „Nein" sagen durften und unsere Grenzen geachtet und respektiert wurden. Oder wenn unsere Fähigkeiten gesehen wurden, ohne dass uns deshalb jemand zum Genie oder Versager gemacht hat. Und wenn wir streiten durften, Grenzen spüren - und uns daran reiben durften, manchmal ausbrechen, ohne deshalb abgelehnt zu werden.

Praktisch jeder von uns hat an irgendeiner Stelle dieses Prozesses Einschränkungen erfahren, Wunden davongetragen - ob bewusst oder noch unbewusst. In einer Partnerschaft erfahren wir in der ersten Zeit auf wundersame Weise Heilung für all diese empfindlichen Stellen. Endlich haben wir jemanden gefunden, dem wir ganz vertrauen können! Dem wir uns öffnen können. Der uns versteht und nicht so weh tut wie all die anderen Menschen. Nach der ersten Verliebtheit dann, wenn der Partner scheinbar „anders" wird, setzt die Enttäuschung ein. Unsere Schmerzen kommen wieder, unser Einsamkeitsgefühl. Wir versuchen noch einige Zeit, durch Vorwürfe, Schmollen, Wut oder Depression den anderen dazu zu bewegen, doch wieder so zu werden, wie wir ihn brauchen, uns das zu geben, was uns so sehr fehlt - doch es klappt nicht. Irgendwann sind wir frustriert. Und verzweifelt. Und ganz auf uns selbst zurückgeworfen.

Was hindert uns eigentlich daran, dann aus der Partnerschaft herauszugehen? Einen neuen Traumprinzen, eine neue Wunderprinzessin zu suchen, eine neue Runde Verliebtheit? Ein wichtiger Aspekt davon ist Vertrauen. Nicht das Vertrauen des kleinen und abhängigen Kindes. Sondern ein tieferes Vertrauen. Das Vertrauen nämlich, dass es irgendwie doch möglich ist, genau mit diesem Partner unsere Sehnsucht zu erfüllen. Das Heimatgefühl, das wir mit unserem Partner spüren - und das sich nicht nur auf die gemeinsame Geschichte oder die Wiederholung alter Beziehungsmuster bezieht. Sondern auf ein tiefes Ahnen, dass dieser Partner doch der „Richtige" ist. Mit dem wir den Weg finden können - zu uns selbst, zu unserer Freiheit.

Dieses Vertrauen ist ein spirituelles Vertrauen. Ein Vertrauen, dass den Kern unserer Persönlichkeiten meint, das Selbst. Das der Beziehung einen tiefen Sinn verleiht - und damit auch unserem Leben, unserer eigenen Existenz.

Dieses Vertrauen zu stärken, für Sie beide erfahrbar zu machen, ist die Absicht dieses Abschnittes des Buches. Die Meditationen, die Sie hier finden, bringen Sie in einen ganz besonderen Kontakt zum anderen. Sie werden ihn oder sie sehen in ihrer Verletzlichkeit, ihrer Kraft und Schönheit, die eine Widerspiegelung Ihrer eigenen Verletzlichkeit, Kraft oder Schönheit ist. Sie werden das Gesicht seiner Kindheit entdecken, die Fülle seines Herzens, Ihre tiefe Verbundenheit. Vielleicht auch die Hintergründe Ihres Kummers und Ihrer Frustration. Sie werden Ihre Grenzen spüren, und sie erweitern, wenn Sie mögen. Sie werden manchmal lachen müssen und manchmal weinen dürfen. Sie werden Ihre Freude spüren und Ihren Humor, Ihre Zärtlichkeit und Ihre Zartheit. All dies im Angesicht Ihres Partners. Diese Meditationen sind deshalb auch eine wunderbare Gelegenheit, die Mauern zwischen Ihnen ein Stück niedriger werden zu lassen - oder ganz durchlässig.

Wenn Sie die Meditationen machen, werden Sie stets mit sich selbst in Kontakt sein. Sie werden sich selbst erfahren, ebenso wie den anderen, mit allen Aspekten Ihres Seins. Im Sinne von Martin Buber ein lebendiges „Ich" und ein lebendiges „Du". Spirituell gesehen ist das die Chance von Partnerschaft. Je näher Sie den anderen an sich heranlassen, als lebendiges Gegenüber, mit dem Sie zeitweise auch völlig verschmelzen können, ohne sich zu verlieren, umso mehr finden Sie sich selbst.

Paar-Meditation 13: Das Gesicht deiner Kindheit

Wenn wir uns verlieben, spüren wir auf einer sehr tiefen Ebene, dass wir genau mit diesem Partner unsere wichtigsten inneren Lebensthemen erlösen können. Wir alle tragen als innere Instanz noch das kleine Kind in uns, das hofft, endlich die bedingungslose Liebe zu erfahren, die sein Geburtsrecht ist und die es selbst auf diese Erde mitbringt. In den Augen unseres Liebsten hoffen wir die Liebe zu erkennen, die unsere eigene tiefste Liebe zum Strahlen bringt.

Oft genug jedoch meinen wir nach einiger Zeit im anderen genau diejenigen Verhaltensmuster wieder zu erleben, die wir von einem Elternteil oder beiden Eltern kennen und die uns schon als Kind so verletzt und verschlossen gemacht haben. Das Drama unserer Kindheit scheint sich mit dem Partner genau zu wiederholen. Dabei sehen wir in unserem Partner plötzlich nur noch den Erwachsenen, während wir uns selbst als abhängiges, verletzliches Kind erfahren. Wir sehen uns als Opfer, denken oft, der andere bräuchte doch nur zu wollen, dann wäre alles wieder wunderbar. Was wir nicht mehr erkennen können, ist, dass in unserem Partner genau zur selben Zeit ein ebenso verletzliches kleines Kind darauf wartet, erlöst zu werden. Und während wir aus unserer Kinderperspektive den großen starken Mann oder die verweigernde, fordernde oder vorwurfsvolle Frau sehen, sitzt uns da in Wirklichkeit ein ebenso unglückliches Kind gegenüber, das genauso wie wir selbst hofft, endlich getröstet und geliebt zu werden.

Dieses Kind im anderen wieder zu entdecken, kann uns dabei helfen, von unseren eigenen Erwartungen und Frustrationen endlich Abschied zu nehmen. Zu erkennen, dass wir alle Kinder sind, die sich nach Liebe sehnen, nimmt uns in die Verantwortung, nicht länger auf Erlösung vom Partner zu warten und diese laut oder leise einzufordern. Sondern uns an seine Seite zu stellen - zu jemandem, der genauso in Not ist wie wir selbst. Und der für sich auch entdecken muss, dass eine Suche beim anderen oder bei einem menschlichen Vater, einer menschlichen Mutter vergeblich ist. Wir können uns lediglich unsere Schmerzen zeigen - und darauf vertrauen, dass es in unserem eigenen Inneren wahre Eltern für uns gibt: Die göttlichen Eltern des wahren Selbst, die voll Liebe immer um uns sind, wenn wir uns ihnen anvertrauen - in unserem Schmerz, in unserer Neugier und Fröhlichkeit, und in unserer Verletzlichkeit und Liebe.

Haltung:

Setzen Sie sich gegenüber, so dass ihre Knie sich berühren. Begrüßen Sie einander. Schauen Sie sich in die Augen.

Schauen Sie in das Gesicht vor Ihnen, das Sie schon so gut kennen, das Sie so oft gesehen haben. Sie werden es jetzt gleich auf neue Weise kennen lernen.

Lassen Sie nun, vor Ihrem inneren Auge, während Sie weiter schauen, das Gesicht vor sich jünger werden. Noch jünger, ganz kindlich. Können Sie sehen, wie dieses Gesicht als Kindergesicht ausgesehen hat? Können Sie die Unschuld darin sehen, die Unbekümmertheit, vielleicht auch den tiefen Schmerz, den es schon in seiner Kinderzeit erfahren hat?

Schauen Sie genau hin. Schauen Sie in die Augen, lassen Sie die Nase kleiner werden, die Wangen voller oder schmaler, den Mund, das Kinn. Können Sie dies Kindergesicht finden?

Was hat dieses Kindergesicht wohl gedacht, gefühlt, erfahren? Was spricht aus ihm zu Ihnen? Und was berührt es in Ihnen, was Sie vielleicht auch kennen? Lassen Sie sich Zeit, einige Minuten lang.

Reichen Sie sich nun die Hände. Schauen Sie noch einen Moment weiter. Und dann lassen Sie das Gesicht vor sich wieder erwachsen werden, so wie Sie es immer kennen.

Schließen Sie einen Moment lang die Augen. Holen Sie sich innerlich dies Kindergesicht zurück, das Sie gerade erkannt haben. Und spüren Sie, was Sie da gesehen haben, was Sie am meisten angerührt hat.

Öffnen Sie dann wieder Ihre Augen. Danken Sie einander für das, was Sie miteinander geteilt haben.

Danach:

Nehmen Sie sich Zeit zum Austausch. Sagen Sie einander, was Sie am meisten berührt hat. Versuchen Sie dabei, so stark wie möglich Ihre lebendige Erfahrung in Worte zu fassen, nicht so sehr „über" Ihre Erfahrungen zu sprechen. Spüren Sie Ihre Gefühle und sprechen Sie aus Ihrem Herzen. Finden Sie Worte für das, was Sie berührt hat - und probieren Sie dabei aus, ob nicht etwas ganz Ähnliches in Ihnen selbst ist.

Sie haben dem Kind im Partner ins Gesicht geschaut - und sich gleichzeitig in Ihrem eigenen inneren Kind berührt. Lassen Sie sich Raum, diese Kinder in Ihnen beiden sprechen zu lassen, sich zu erkennen, sich zu fühlen. Sie können auf diese Weise ganz neu und ganz tief zueinander in Kontakt kommen.

Paarmeditation 14: In deinem Schoß

Einer der vertrautesten Momente in einer Partnerschaft ist der, sich ganz zusammengekuschelt in den Schoß des anderen zu legen, sich dort auszuruhen, sich halten und streicheln zu lassen. In diesem Moment fällt alles Angespannte, alles Festgehaltene ab, wir sind eingeladen, loszulassen und auszuruhen.

Dann darf auch der kämpferische, den Alltag bewältigende, kraftvolle Teil des Selbst für eine Weile ruhen, und der empfindsame, sanfte, verletzliche Teil zum Vorschein kommen. Kind sein dürfen beim anderen, im Vertrauen darauf, nicht abgewiesen zu werden, gehalten zu werden von liebevollen Armen, Worte der Zuneigung und der Zärtlichkeit zu spüren - das alles sind heilende Erfahrungen. Besonders, wenn wir in unserem Leben andere Erfahrungen machen oder als Kind gemacht haben.

Nur wenige Paare nehmen sich Raum für diese Art von Zweisamkeit. Sicher, wir kuscheln abends im Bett miteinander, vielleicht auch mal vor dem Fernseher. Aber das ist etwas anderes. Sich bewusst in den Schoß des Partners zu legen, sich halten zu lassen und innerlich klein zu werden, das ist mehr, das ist die Bereitschaft, sich auch mit den eigenen Schwächen und Empfindsamkeiten dem anderen anzuvertrauen.

Meist sind wir so in unserem Erwachsenen-Ich gefangen, dass wir kaum auf die Idee kommen, dem Kinder-Ich in uns nachzuspüren und es wert zu schätzen. Letztlich gehen wir auf diese Weise mit diesem Kinder-Ich um, wie schon immer mit ihm umgegangen wurde: Ohne große Aufmerksamkeit, vielleicht sogar ablehnend oder genervt. Gerade dieses Kinder-Ich aber ist der Teil in uns, der am innigsten verbunden ist mit unserer Seele. Über das Kind in uns kommen wir mit ihr in Kontakt, dürfen spüren, wie rein, wie unschuldig, wie nah an unserem Wesen wir dann sind.

Es kann auch sein, dass Sie dann das Bedürfnis spüren, etwas zu hören, das eine Bestätigung dieses innersten Wesens zum Ausdruck bringt. Eine Bestätigung wie „Du bist wunderbar“, „Du bist mir so willkommen“, „Du bist ganz sicher, ich halte dich“ haben Sie vielleicht in Ihrer Kinderzeit schmerzlich vermisst oder nie gewagt, darum zu bitten. In dieser Vertrautheit ist der Moment dafür da. Wenn Sie diesen Satz selbst aussprechen, und Ihren Partner darum bitten, ihn Ihnen zu sagen, bestätigen Sie das tiefste Bedürfnis Ihres Herzens nach Liebe und Geborgenheit. Wenn Sie ihn dann hören, können Sie Wunden und Verletzungen aus Ihrer Kinderzeit wirklich heilen.

Diese Art der Begegnung mit dem Kinder-Ich in uns habe ich bei den amerikanischen Therapeuten Joyce und Barry Vissell kennen gelernt. Sie öffnet den Kontakt und das Vertrauen zum Partner in einer tiefen und heilsamen Weise.

Haltung:
Machen Sie aus, wer sich in den Schoß legt und wer hält. Holen Sie sich Decken, evtl. Kissen. Haltender Partner, bitte setzen Sie sich nun bequem hin. Am besten ist es, wenn Sie mit dem Rücken abgestützt sitzen, zum Beispiel gegen die Wand gelehnt. Machen Sie sich die Haltung so angenehm wie möglich, vielleicht brauchen Sie Kissen unter Ihren Knien oder unter den Armen oder auch in Ihrem Rücken. Wenn Sie soweit sind, laden Sie Ihren Partner ein, sich in Ihren Schoß zu legen.

Liegender Partner, bitte legen Sie sich in den Schoß Ihres Partners, und zwar so, dass Sie sich ganz in dessen Arme kuscheln. Vielleicht fühlt es sich gut an, wenn Sie sich auf die Seite legen und die Beine ein wenig anwinkeln. Vielleicht wollen Sie auf dem Rücken liegen. Lassen Sie sich halten. Bitte liegen Sie so, dass Sie bei Bedarf Ihrem Partner in die Augen schauen können. Wenn Sie mögen, legen Sie eine Decke über sich, damit Sie warm genug sind.

Und dann schließen Sie bitte die Augen. Lassen Sie vor Ihrem inneren Auge ein Bild Ihrer Kinderzeit entstehen. Nehmen Sie ruhig das Erste, was kommt, Sie brauchen nicht extra danach zu suchen. Spüren Sie diesen kleinen Jungen, dieses kleine Mädchen in sich. Schauen Sie es an, wie es da steht oder sitzt, wie es gekleidet ist, wie es sich bewegt. Spüren Sie, ob es sich wohl gefühlt hat, ob es innen Geborgenheit gefühlt hat und Vertrauen. Oder Angst und Zurückgezogenheit.

Schauen Sie hin - und spüren Sie, was dieses Kind nie gehört hat, welchen Satz, welche Botschaft. Die so wichtig gewesen wäre, damit es in Freiheit und Liebe wachsen kann. Hören Sie diesen Satz. Und dann sprechen Sie ihn bitte aus, einmal, zweimal.

Haltender Partner: Hören Sie diesen Satz, und wenn Sie dazu mehr Einzelheiten wissen möchten, fragen Sie nach. Lassen Sie sich erzählen, wofür dieser Satz so wichtig gewesen wäre, in welcher Lebenssituation. Fragen Sie nicht aus Ihrem Intellekt, fragen Sie aus dem Herzen, mit Ihrem ganzen Mitgefühl. Lassen Sie sich von dem Leid, von dem Schmerz des Kindes anrühren. Spüren Sie in sich Ihre eigene Mütterlichkeit oder Väterlichkeit. Und sprechen Sie dann den Satz aus, so wie Ihr Partner ihn gebraucht hätte, aus Ihrem Herzen. Einmal, zweimal, dreimal.

Liegender Partner, nehmen Sie diesen Satz auf. Spüren Sie, wo er Sie berührt. Ob er noch einmal verändert werden soll. Oder ob daraus vielleicht ein neuer Satz wird, der dem ersten folgen soll. Dann bitten Sie, auch diesen hören zu dürfen.

Haltender Partner: Geben Sie Ihrem Partner die Liebe, die er oder sie in diesem Moment braucht. Und sprechen Sie die Sätze laut aus.

Liegender Partner, schauen Sie jetzt zu Ihrem Partner auf. Schauen Sie in die Liebe in den Augen, spüren Sie, was sie in Ihnen heilt. Wenn Sie weinen, lassen Sie Ihre Tränen fließen. Erlauben Sie sich, einige Minuten so zu liegen.

Und dann kommen Sie bitte langsam hoch. Und wechseln nun die Position: Der haltende Partner wird nun zum kleinen Kind, der sich halten lässt, der bisher liegende Partner hält nun den anderen.

Bitte führen Sie nun die gesamte Abfolge noch einmal mit vertauschten Rollen durch.

Wenn Sie Ihre Sätze gesprochen und gehört haben, lassen Sie sich noch ein wenig Zeit zum Nachspüren. Schauen Sie Ihren Partner an, fühlen Sie die Liebe, die Sie umgibt. Dann danken Sie einander und kommen hoch.

Danach:
Wenn Sie mögen, tauschen Sie sich aus. Erzählen Sie sich dabei, was Sie während der Meditation empfunden haben. Spüren Sie in sich nach, was Sie als Gebender und was als Nehmender vom anderen gespürt haben, aber auch, wo und wie Sie sich selbst gesehen haben. Spüren Sie auch Ihre Liebe, die in der Meditation fühlbar geworden ist. Und zeigen Sie sich, was Sie jetzt füreinander empfinden.

Paarmeditation 15: Ich spüre dich

Diese Meditation ist eine wunderbare Gelegenheit, sich nahe zu kommen und den anderen zu spüren, ohne ihn wirklich körperlich zu berühren. Besonders für Menschen, die in ihrem Leben Grenzverletzungen erfahren haben, ist sie sehr heilend. Denn sie ermöglicht, den anderen sehr nahe an sich heranzulassen und gleichzeitig zu wissen, dass nichts weiter geschehen wird. Das kann den Pegel der Angst vor Berührung senken und mehr Intimität in die Beziehung holen.

Sie kommen bei dieser Meditation auf eine sehr sanfte und gleichzeitig deutlich wahrnehmbare Weise in Kontakt mit dem, was östliche Weisheitsschulen die „Aura" des Menschen nennen - seine energetische Ausstrahlung, in unmittelbarer Nähe des Körpers, aber nicht direkt auf der Haut. Sie können sie als Wärme fühlen, als eine Dichte oder als etwas anderes, für das Sie kaum Worte haben - beinahe jeder bemerkt bei dieser Meditation jedenfalls, dass der Raum direkt über der Haut keineswegs nur „Luft" ist.

Für den, der diese feinstoffliche Energie durch seine Hände aufnimmt, kann dies eine intensive Erfahrung sein. Sie kommen so miteinander auf eine ganz neue Weise in Berührung - voll Achtsamkeit und Zärtlichkeit. Und erschließen sich so eine neue Dimension des Miteinander, langsam und bewusst. Diese Meditation kann Ihnen deutlich machen, wie empfindsam Ihr Partner ist - auch wenn dieser sich sonst sehr „unberührbar" gibt.

Sie sollten bei dieser Meditation so wenig Kleidung wie möglich tragen. Wenn es sich für Sie beide richtig anfühlt, legen Sie Ihre Kleidung vollständig ab. Sorgen Sie in jedem Fall dafür, dass der Raum, in dem Sie diese Meditation machen, warm genug ist. Auch gutes Licht ist wichtig, ohne dass es blendet oder grell ist.

Zünden Sie ausreichend viele Kerzen an oder stellen Sie Tisch- oder Stehlampen auf. Wenn irgend möglich, sollten Sie auf Musik verzichten. Sie kann Sie ablenken, weil es dann zu viele Sinnes-Kanäle auf einmal gibt, die angesprochen werden.

Haltung:
Machen Sie bitte untereinander aus, wer zuerst spürt und wer die Berührungen empfängt. Legen Sie Ihre Kleidung soweit ab, wie es sich für Sie beide richtig anfühlt. Kommen Sie dann zueinander. Stellen Sie sich so hin, dass Sie sich anschauen können. Schauen Sie sich einen Moment in die Augen, schauen Sie wirklich hin. Diese Meditation ist eine sehr ver-

trauensvolle Begegnung - signalisieren Sie sich durch Ihre Blicke, dass Sie bereit sind, sich wirklich darauf einzulassen.

Wenn Sie bereit sind, schließt der empfangende Partner die Augen. Der andere Partner streicht nun sehr langsam und sehr sanft über den Körper des empfangenden Partners, ohne den Körper selbst zu berühren, also ein oder zwei Zentimeter darüber. Beginnen Sie bitte am Kopf, gehen dann weiter zum Hals, den Schultern, zu einem Arm und zur Hand, dann wieder hoch zur Schulter, über die Schultern zum anderen Arm und zur anderen Hand, wieder hoch und dann den Rücken hinab bis zum Po, dann um die Hüften herum nach oben und langsam den Vorderkörper wieder hinunter. Dann die Beine und Füße.

Dies ist nur eine von vielen Möglichkeiten. Finden Sie Ihre eigene Berührungsfolge, wenn Sie dies möchten - wechseln Sie dabei nur nicht abrupt von einem Körperbereich zu einem ganz anderen, sondern bleiben Sie in einer fließenden Streichbewegung ohne Unterbrechung.

Während Sie den Körper langsam entlang streichen, versuchen Sie die Wärme oder Kälte der Haut zu spüren, schauen Sie hin, wie sich vielleicht die vielen Härchen der Haut aufstellen, während Sie über sie streichen. Vielleicht spüren Sie auch Anderes. Öffnen Sie sich dieser Erfahrung, öffnen Sie sich dem Anderen.

Wenn Sie enden wollen, streichen Sie die Energie von den Füßen ein paar Mal hoch zum Kopf - wieder ein paar Zentimeter vom Körper Ihres Partners entfernt. Damit geben Sie mehr Energie - dies ist sehr gut, wenn Sie am Tag noch etwas vor haben. Wenn Sie die Meditation am Ende des Tages zum Ausklingen nutzen, beginnen Sie beim Kopf und streichen am Körper entlang nach unten. Schütteln Sie danach Ihre Hände gut zur Seite aus.

Empfangender Partner, bitte öffnen Sie die Augen - langsam. Spüren Sie noch einen Moment nach. Danken Sie Ihrem Partner. Und dann wechseln Sie die Position. Fühlen Sie sich dabei bitte frei, neue Berührungen zu finden, eine andere Reihenfolge zu wählen- aber bitte bleiben Sie über dem Körper des anderen und unterbrechen Sie Ihre Bewegungen nicht. Bitte wechseln Sie auch nicht von einem Körperteil zum anderen, sondern versuchen Sie, in einer ununterbrochenen sanften und zarten Berührung zu bleiben. Spüren auch Sie die Ausstrahlung Ihres Partners, beenden Sie die Begegnung mit dem Auf- der Abstreichen der Energie. Danken Sie einander, schauen Sie sich in die Augen.

Danach:
Auch, wenn diese Meditation für manche sehr erotisch ist - lassen Sie sie bitte nicht in eine sexuelle Begegnung übergehen, wenn Sie dies nicht vorher mit Ihrem Partner besprochen haben! Das würde dem Raum der Intimität, der durch diese Meditation entstanden ist, eine völlig andere Qualität geben. Sie können diese Meditation allerdings auch bewusst zu einem Teil Ihres Liebesspiels machen. Damit sollten Sie allerdings beide einverstanden sein.

Da diese Meditation Ihre Nähe und Verbundenheit sehr steigern kann, erlauben Sie sich auch danach, wirklich nahe zu sein. Tauschen Sie sich darüber aus, was Sie erfahren haben, seien Sie zärtlich miteinander oder tun Sie etwas, was Ihre Verbundenheit zum Ausdruck bringt. Genießen Sie den Austausch, der dadurch möglich wird.

Paarmeditation: 16: Das „Ja" zu dir

„Ja" zueinander zu sagen, wirklich „Ja", und dieses „Ja auch zu hören, ist eine der tiefsten Erfahrungen, die wir als Menschen machen können. Nicht umsonst hat dieses „Ja" eine so weitreichende Bedeutung, wenn zwei Menschen es vor Zeugen zueinander sagen, dass es als etwas Heiliges gilt und ein Sakrament begründet. In dem Wort „heilig" ist das Wort „heil" enthalten, und in dieser Verbindung schwingt der Erlösungsgedanke mit, die Sehnsucht, dass endlich einmal wirklich jemand ganz und gar „Ja" zu uns sagt, und dass dieses „Ja" uns heilen wird, von all dem Schmerz, all der Einsamkeit, uns heil machen wird, ganz, vollkommen. Für dieses „Ja" zueinander sind wir bereit, viel, manchmal alles aufzugeben, und wie wichtig dieses „Ja" gerade in unserer reizüberfluteten, entgrenzten, aber auch entfremdeten Welt ist, zeigt sich daran, dass Heiraten so wichtig geblieben ist, obwohl es doch inzwischen so viele Möglichkeiten gibt, auch ohne Trauschein zusammenzuleben.

Gleichzeitig aber macht die damit verbundene Verbindlichkeit der Beziehung vielen Menschen Angst. Sie fühlen sich angebunden, gefordert, Dinge zu tun, die sie von selbst nicht tun würden, zur Anpassung gezwungen, zur Auflehnung oder Resignation. Verbindlichkeit scheint das Gegenteil von Freiheit zu sein, eine Art Fessel, die nicht mehr in unsere Zeit passt. Und dennoch: Irgendetwas scheint in uns Menschen zu sein, das sich sehnt nach dieser Verbindlichkeit, dass sich sehnt nach

Sicher-heit, nach Geborgenheit, danach, wirklich Liebe zu finden. Es ist ein tiefer Seelenwunsch, ein Wunsch, der spürt, dass unser Leben nur dann einen Sinn gehabt hat, wenn wir diese Liebe finden und auch in uns zum Ausdruck bringen. Kein frühkindlicher Wunsch nach Rückkehr zur allumfassenden Geborgenheit im Mutterleib, sondern ein reifer Wunsch nach Erfüllung. Genau dazu aber brauchen wir eine verbindliche Beziehung, das spüren wir in unserem Inneren. Denn nur in der Nähe einer Liebes-beziehung können wir auf alle Hindernisse in uns selbst stoßen, die uns von der Liebe abhalten - und sie nach und nach heilen.

Oft sehen wir diese Hindernisse eher in unserem Partner als in uns selbst. Aber wenn wir lernen, uns auch selbst zu betrachten und zu hinterfragen, werden wir sehen können, dass unser Liebespartner ein Spiegel für uns ist - im Positiven wie im Negativen -, an dem wir ständig wachsen und uns weiterentwickeln können. Eine verbindliche Partnerschaft kann so zu einem Weg werden, auf dem wir uns selbst und unsere innerste Wahrheit finden. Dies bedeutet nicht, dass wir um jeden Preis zusammen bleiben müssen. Wenn die eigene Würde und der eigene Selbstrespekt so sehr verletzt werden, dass wir nur noch in Angst oder Beschämung leben, kann es geradezu ein Akt des Ja zu der Verbindlichkeit der Beziehung sein, ein deutliches Nein auszusprechen und im Zweifelsfall auch die Beziehung zu verlassen. Ebenso, wenn wir merken, dass wir die Beziehung eingegangen sind, obwohl wir eigentlich schon von Anfang an wussten, dass unser „Ja" nur halbherzig war. Auch dann heißt Verbindlichkeit, ehrlich sich selbst gegenüber zu sein - und dann auch ehrlich dem Partner gegenüber.

Mit der folgenden Meditation, die ursprünglich von den Yogatherapeuten Rosi und Thomas Wesselhöft entwickelt wurde, können Sie sich gegenseitig bestätigen, dass Ihr Partner wirklich der Mensch ist, mit dem Sie dieses „Ja" leben und finden wollen - zu sich selbst und zum anderen. Das kann Ihnen dabei helfen, zurückzufinden zu dem Ursprung Ihrer Beziehung. Die Meditation kann auch einfach eine Bestätigung dessen sein, was Sie tief in Ihrem Inneren sowieso fühlen. Oder eine Möglichkeit zu merken, dass der andere „es" eben nicht ist. Es ist also eine sehr vielschichtige Meditation, so einfach sie auch scheint. Sie kann ein Prüfstein sein, an dem Sie Ihre Gefühle zum anderen messen können. Oder eine Tür, durch die Sie gehen können, um wirklich wieder beim anderen anzukommen.

Versuchen Sie dabei zu spüren, mit welchen Gefühlen Sie die Worte der Meditation sprechen. Vielleicht finden Sie sie albern, vielleicht erstarren Sie innerlich, vielleicht regen sie irgendetwas tief in Ihrem Inneren an. Lassen Sie die Wirkung zu - und machen Sie die Meditation öfter. Vor allem, wenn Sie eine Klärung Ihrer Beziehung wollen, sollten Sie sie mindestens eine Woche lang täglich machen.

Haltung:
Setzen Sie sich voreinander, sodass Ihre Knie sich berühren. Schauen Sie einander in die Augen, atmen Sie dabei bewusst tief ein und aus. Spüren Sie sich, spüren Sie den Raum zwischen sich. Dies ist Ihre gemeinsame Wirklichkeit, die Wirklichkeit des Jetzt.

Während Sie sich weiter in die Augen schauen, sprechen Sie die Worte:
„Du bist meine Frau" (als Mann)
und spüren sich dabei.
Dann sprechen Sie als Frau die Worte:
„Du bist mein Mann".

Spüren auch Sie sich dabei, während Sie die Worte sprechen. Nun wiederholt der Mann die Worte, danach wieder die Frau. Sie können die Reihenfolge selbstverständlich auch umkehren. Versuchen Sie aber bitte beide die Worte nicht einfach nur bedeutungsleer nachzusprechen. Sondern nehmen Sie wahr, welche Bedeutungsebenen sie haben können:

„Du bist meine Frau" kann Sie beispielsweise erinnern an Ihre Hochzeit, oder an bestimmte schöne oder nicht so schöne Erlebnisse als Paar, die Worte können bestätigen, dass Sie Ihre Partnerin brauchen oder dass sie ein Teil von Ihnen ist. Sie könnten aber auch innerlich den Kopf schütteln, Ihr Nein spüren, Ihre Ablehnung, Ihre Verwunderung oder von allem etwas und noch viel mehr. Genauso, wenn Sie als Frau die Worte „Du bist mein Mann" sprechen. Es gibt kein „richtig" oder „falsch" bei dem, was Ihnen an Gedankenverbindungen, inneren Bildern oder Gefühlen beim Aussprechen der Worte durch Kopf und Herz strömt, sondern nur die Wahrheit Ihrer unmittelbaren Erfahrung.

Wenn Sie mögen, können Sie dabei auch mit verschiedenen Satzmelodien oder Gefühlszuständen experimentieren (Erstaunen, Fröhlichkeit, Ärger beispielsweise) und diese in Ihrem Tonfall zum Ausdruck bringen. Wichtig ist auch hier, dass Sie achtsam mit sich selbst bleiben und wahrnehmen, was die verschiedenen Tonfälle in Ihnen auslösen. Falls die Worte trotz aller Versuche weiterhin aus Ihnen herauskommen als hätten Sie sie nur nachgesprochen, fragen Sie Ihr Bewusstsein, was das wohl für Sie und Ihre Beziehung zu bedeuten hat.

Wiederholen Sie die Worte so oft, bis sie ganz klar aus Ihrem Herzen kommen - ohne irgendeine Störsendung Ihrer Gedanken oder Gefühle. Oder bis Sie deutlich merken, dass sie einfach nicht stimmen. Oder bis Sie einfach für heute genug haben. Bleiben Sie auch dabei bewusst.

Danken Sie einander für das, was Sie miteinander geteilt haben. Wenn es sich richtig anfühlt, reichen Sie sich einen Moment lang die Hände. Dabei atmen Sie bitte tief ein und aus, schließen Ihre Augen und spüren einen Moment lang nach.

Danach:
Wenn Sie die Augen wieder öffnen, wäre es am besten, wenn Sie Ihre Erfahrungen mit der Meditation in einer Art Tagebucheintrag festhalten. Seien Sie offen und ehrlich mit sich. Führen Sie diese Einträge in den nächsten Tagen, wenn Sie diese Meditation wiederholen, fort. Am Ende einer Woche lesen Sie bitte alle Einträge noch einmal durch. Erst dann sollten Sie sich mit Ihrem Partner austauschen. Nur wenn es sich richtig anfühlt, können Sie sich auch die Einträge gegenseitig vorlesen.

Paarmeditation 17: Bitte heile mein Herz

Diese Meditation ist aus einem tiefen Bedürfnis von Paaren entstanden, ihre Herzen gegenseitig zu heilen. Selbst wenn wir unseren Partner aufrichtig lieben, gibt es immer wieder Teile unseres Herzens, die wir ihm verschlossen halten - manchmal sogar, ohne es vielleicht zu wollen. Es sind Bereiche, denen wir uns selbst kaum öffnen, innere Mauern um unser Herz, die wir gezogen haben, um uns zu schützen - und in Wirklichkeit halten sie uns von der Liebe ab, und zwar sowohl von der, die wir empfangen als auch von der, die wir geben können. Denn wenn wir nicht im Innersten glauben können, dass wir wirklich wunderbar, dass wir wertvoll, dass wir liebenswert sind, egal, was wir jemals getan oder gedacht haben, dann setzen wir eine Barriere gegen die Liebe in unserem Herzen - und verschließen uns damit auch für die Liebe unseres Partners.

Um zu diesen Bereichen vorzudringen, brauchen wir ein Gefühl von Geborgenheit, von Gehalten-Werden, von Entspannung. Dies dürfen wir uns erlauben, wenn wir ganz nah sind bei unserem Partner, wenn wir uns halten lassen und tief hineinspüren in unser Herz, wenn wir lauschen, was es jetzt im Moment braucht. Dabei können wir bei jedem Mal andere Informationen über uns und unsere augenblickliche Befindlichkeit bekommen. Wenn wir dies dann aussprechen - und erfahren, dass jemand mit liebevollen Gesten, mit liebe-voller Sprache uns zuhört, entgegenkommt und Liebe in unser Herz schickt - dann können wir nach und nach immer tiefer gehen, vertrauensvoll und in der Sicherheit, so wie wir sind angenommen zu werden.

Wenn wir unser Innerstes einem anderen Menschen öffnen, und dabei auf eine Resonanz voll Liebe stoßen, dann kommen wir plötzlich wieder in Berührung mit unserem ursprünglichen Selbst, unserem ursprünglichen Strahlen, unserer eigenen, unverstellten Liebe. Unser Herz geht auf und das ist auch im Gesicht zu sehen: Es glättet sich, wird gleichsam jünger, strahlender. Unser wirkliches Ich scheint durch die Persönlichkeit hindurch.

Haltung:
Bitte entscheiden Sie, wer von Ihnen zuerst geben und wer empfangen will. Der empfangende Partner legt sich dann in den Schoß des anderen, auf eine Weise, dass Ihr Herzraum zum Partner zeigt.

Machen Sie es sich wirklich gemütlich, legen Sie eine Decke über sich, damit es warm für Sie ist und Sie sich geschützt fühlen. Schließen Sie die Augen.

Gebender Partner, reiben Sie Ihre Hände gegeneinander, um sie mit heilender Energie aufzuladen. Legen Sie dann Ihre erwärmten Handflächen langsam und sanft auf den Herzraum Ihres Partners - etwa in der Höhe der Mitte des Brustbeins.

Sprechen Sie zu Ihrem Partner:

„Ich schenke dir meine Liebe - Du bist behütet und geborgen".

Nehmender Partner, spüren Sie die liebe-vollen Hände auf Ihrem Herzzentrum. Lassen Sie die Worte in sich einsinken wie auch die Wärme und die Botschaft der Hände. Spüren sie dann in Ihr Herz. Lassen Sie von innen emporsteigen, was Ihr Herz, jetzt in diesem Moment am meisten braucht. Es kann ein Gefühl sein, es kann ein Satz sein, es kann auch ein Wunsch sein, der kommen will. Sprechen Sie aus, was Ihr Herz gerade jetzt benötigt.

Gebender Partner: Schenken Sie Ihrem Partner das Gefühl, gehört worden zu sein. Wiederholen Sie dann den Satz:

„Ich schenke dir meine Liebe - Du bist behütet und geborgen"

Nehmender Partner: spüren Sie die Hände und die Worte in Ihrem Herzen. Öffnen Sie sich dieser Botschaft, lassen Sie sie in sich einsinken. Wenn in Ihrem Herzen noch etwas anderes ist, sagen Sie auch dies, hören Sie dann erneut den liebevollen Satz. Fahren Sie so fort, bis Sie buchstäblich nichts mehr „auf dem Herzen" haben. Und spüren Sie dann nur noch die Hände auf Ihrem Herzen.

Wenn es sich richtig anfühlt, kommen Sie hoch. Und wechseln Sie dann die Rolle: Der gebende Partner wird zum nehmenden und umgekehrt.

Schenken Sie jetzt Ihrem liegenden Partner mit Ihren Händen Ihre heilsame Liebe, schenken Sie ihm Schutz und Geborgenheit bei sich, sodass er oder sie alles sagen kann, was auf seinem Herzen lastet. Bitte nehmen Sie nicht dazu Stellung. Entlasten Sie nur sein Herz - das ist Liebe genug.

Wenn auch Ihr Partner sein Herz erleichtert hat, danken Sie einander.

Danach:
Nehmen Sie die heilsame Energie und Begegnung mit, wenn Sie sich jetzt aufrichten. Ihr Herzraum wird sich wahrscheinlich so anfühlen als ob die Hände Ihres Partners noch darauf liegen würden - offen und doch auf sanfte Weise geschützt. Nehmen Sie wahr, dass diese Geborgenheit und Liebe wirklich für Sie da ist - und erinnern Sie sich dann und wann während des Tages wieder daran.

Paarmeditation 18: Deine Hände

Unsere Hände tun so viel in unserem Leben - sie er-greifen und be-greifen, sie holen heran, sie prüfen, sie tasten oder halten - unendlich viele Hand-Griffe und Hand-lungen, Tag für Tag. Auch in unserer Beziehung sind die Hände des anderen für uns so wichtig: Sie können uns Geborgenheit geben und Halt, sie können uns abweisen oder heranziehen, sie können uns streicheln oder uns Lust schenken - und manchmal auch Gewalt antun.

Hände haben uns in dieses Leben geholt, sie haben uns die ersten Informationen gegeben über die Welt, in die wir gekommen sind - ob sie uns willkommen geheißen hat oder nicht, ob sie uns wohlgesonnen war oder eher ablehnend gegenüber stand. Hände haben uns gepflegt und gesäubert, gebadet, gewaschen und angezogen - unendlich viele Male. Hände haben uns berührt an der wichtigsten Nahtstelle, die unser Bewusstsein von uns selbst prägt - an der Haut, dem Organ des lebendigen Kontaktes zwischen Innen- und Außenwelt. Hände haben so unsere Identität, unser Bewusstsein unseres Ich geformt. Und sie haben uns auch ein Bewusstsein gegeben über unsere eigenen Grenzen - darüber, wo Ich aufhöre und Du beginnst. Darüber, ob diese Grenze respektiert wurde oder überschritten, ob wir ein Recht auf uns selbst hatten oder für andere da sein sollten.

In nahen Beziehungen lassen wir wieder zu, dass Hände uns berühren und erkunden, dass sie uns so nah kommen wie früher nur die wichtigsten Bezugspersonen. Berührungen durch die Hände unseres Liebsten wecken deshalb intensive Gefühle in uns - sie können Kindheitserfahrungen beleben, aber auch heilen. Durch zärtliche Berührung, einfühlsame Massagen, durch Streicheln und Gehalten-Werden, durch respektvolles Annähern und Verweilen können wir eine tiefe Erfahrung des Geliebt-Werdens machen - ganz ohne Worte, und dennoch ganz intensiv.

Ebenso ist es aber möglich, dass wir gerade durch die Hände unseres Partners auch das Gegenteil erfahren - und das ist dann besonders schmerzlich. Denn die Qualität der Hände, denen wir uns anvertraut haben, spricht uns an in einer Erfahrungsebene, in der es noch keine Worte gab, die unser tiefstes Bewusstsein erreicht - und uns deshalb auch tiefer verletzen kann als es manche Worte können. Hände, die erstarren, wenn sie unsere Haut finden, Hände, die kalt und hart sind in der Berührung, die sich zurückziehen, wenn wir sie eigentlich brauchen würden, die uns zurückweisen oder sogar schlagen - solche Hände erschrecken und verängstigen uns in unserem Kinder-Ich, und lassen uns innerlich auf weiten Abstand gehen, hinein ins Niemandsland des Rückzugs in uns selbst.

Die folgende Meditation kann Sie in eine intensive Erfahrung der Qualität Ihrer Beziehung zu Ihrem Partner führen. Sie kann sehr zärtlich sein und sehr erotisch - aber auch erschreckend und distanziert. Entscheiden Sie selbst, wie weit Sie sich darauf einlassen wollen. Wie alle anderen Meditationen auch kann sie bei jedem Mal, wenn Sie sie machen, anders sein - sie spiegelt überdeutlich, wo Sie mit Ihrem Partner jetzt in diesem Moment sind. Sie kann ein Geschenk sein an sich selbst und an den anderen, an Ihre Liebe - aber auch ein Erkennen bewirken, das tiefer geht als alle Gespräche bisher es konnten. Es ist wichtig, dass Sie hinterher ausführlich darüber sprechen können - planen Sie also Zeit dafür ein.

Legen Sie vor Beginn der Meditation Papier und Schreibzeug bereit.

Haltung:
Setzen Sie sich voreinander, sodass Ihre Knie sich berühren. Schauen Sie einander an, ein bis zwei Minuten lang. Sie müssen nichts Besonderes tun, lassen Sie einfach Ihren Atem fließen und werden Sie sich der Gegenwart des anderen bewusst. Legen Sie dann Ihre Hände auf Ihre Knie - ein Partner mit den Handflächen nach oben, der andere mit den Handflächen nach unten auf die Hände des Partners.

Schließen Sie dann beide Ihre Augen. Der Partner, dessen Handflächen nach unten zeigen, umschließt zunächst einmal die Hände des anderen, spürt ihre Qualität, ihre Festigkeit oder Weichheit, danach der andere Partner. Gehen Sie dann mit Ihren Fingern, Ihren Fingerspitzen, Ihren ganzen Händen den Formen der Hände des anderen nach. Und lassen Sie innerlich in sich Erinnerungen und Bilder aufsteigen über das, was Sie in Ihrer Partnerschaft von diesen Händen alles schon erfahren haben - Zärtlichkeit, Liebe, Leidenschaft, Ablehnung, Zurückweisung, Demütigung... Wie haben diese Hände Ihre Beziehung gestaltet? Was können sie geben? Und was suchen Sie in Ihnen? Wie können Sie sich diesen Händen öffnen? Wie sehr wollen Sie selbst die Qualität dieser Hände erfahren, was wollen Sie ihnen geben oder zeigen? Wie zurückgezogen oder offen sind Sie selbst diesen Händen gegenüber? Welche Gefühle steigen in Ihnen auf, während Sie sie berühren und erkunden?

Fahren Sie mit dem Erkunden fort solange es sich für Sie richtig anfühlt. Dann lassen Sie Ihre Hände noch einen Moment aufeinander ruhen. Spüren Sie dem nach, was während der Erkundungsphase in Ihnen geschehen ist, welches vielleicht die wichtigste und tiefste Erfahrung für Sie war. Lassen Sie dafür Worte in sich emporsteigen, atmen Sie dabei tief ein und aus.

Ziehen Sie dann langsam Ihre Hände zu sich selbst zurück, sodass ihre Handflächen auf Ihren eigenen Beinen liegen und nach oben weisen. Öffnen Sie die Augen und schauen Sie sich einige Atemzüge lang an.

Danach:
Nehmen Sie nun jeder Papier und Schreibstift. Schreiben Sie über das, was Sie in der Meditation erfahren haben, ein kurzes Gedicht oder einen kurzen Text mit dem Titel: „Deine Hände". Das Gedicht muss sich nicht im klassischen Sinne reimen, versuchen Sie nur, Ihre Empfindungen, inneren Bilder und Gedanken in Worte zu fassen. Ein Gedicht ver-dichtet Ihre Gefühle und ermöglicht Ihnen gleichzeitig, andere Worte als die Ihrer Alltagssprache zu finden. Erlauben Sie sich, offen und ehrlich zu sein und gleichzeitig Ihr Herz sprechen zu lassen.

Setzen Sie sich wieder zusammen und lesen Sie sich Ihre Gedichte gegenseitig nacheinander vor. Sprechen Sie nicht über Ihre Gedichte, bevor Sie beide vorgelesen haben. Danken Sie einander dann für Ihre Gedichte - auch wenn Ihnen das, was Sie gehört haben, vielleicht weh tut.

Sprechen Sie, wenn Sie wollen, dann im Einzelnen über Ihre Erfahrungen. Versuchen Sie dabei, wirklich von sich selbst zu sprechen und jede Interpretation des anderen beiseite zu lassen. Berichten Sie, was Sie wahrgenommen haben und was Sie dabei empfunden oder gedacht haben. Bleiben Sie bei sich. Ihre Wahrheit ist wichtig und richtig - aber es ist Ihre Wahrheit, nicht die absolute Wahrheit. Versuchen Sie bitte, dem anderen seine Wahrheit nicht auszureden oder sie als „falsch" zu bewerten. Wenn Sie etwas ganz anderes empfunden haben, sprechen Sie dies aus. Vielleicht können Sie sich ja auch bestätigen und erzählen, wie schön die Übung für Sie war. Berichten Sie auch dann ganz im Einzelnen, was Sie wahrgenommen und dabei empfunden haben. Was daran besonders schön war, so detailliert wie möglich. Sie können damit Ihrem Partner ein wirkliches Geschenk machen, dass Sie ihm möglichst genau erzählen, was an ihm wie auf Sie wirkt.

Paar-Meditation 19: Ich öffne dir meine Mauer

Wenn wir in eine Partnerschaft gehen, gehört dazu Vertrauen. Vertrauen, dass der andere Anteil nimmt an dem, was wir erlebt haben, an dem, was uns beschäftigt, an unserem Leben schlechthin. Vertrauen auch, dass dieser Partner es gut mit uns meint, unser Vertrauen nicht missbrauchen wird. Und dennoch gibt es Teile in uns, die wir dem anderen auch nach Jahren kaum öffnen: Teile, die wir selbst an uns nicht mögen, Teile, für die wir uns schämen, Teile, die uns nach unserer Ansicht nicht liebenswert machen. Wenn es darum geht, wirklich gesehen zu werden, auch in unseren Schattenseiten, dann haben wir immer noch eine Mauer um uns gezogen. Vor allem, wenn wir etwas einzugestehen haben oder aufzudecken, was uns unangenehm ist.

Diese Mauer aber ist genau die Stelle, an der wir uns selbst vor der Liebe verschließen. Um die wir unser Ego, unsere Persönlichkeit gebaut haben. Damit niemand merken soll wie verletzlich wir sind und wie wenig wir oft an uns glauben, haben wir uns in einer Rolle, einem Bild von uns eingerichtet: Dem Bild vom leistungsstarken Karrieretyp oder dem Versager, der Einfühlsamen und Opferbereiten oder dem Macher und

Planer, der kreativen Chaotin oder der weltfremden Wissenschaftlerin. Irgendwann glauben wir wirklich, dass wir das sind, was wir als Rolle um uns geschaffen haben. Dieses Bild von uns kann so stark sein, dass kaum jemand eine Chance bekommt, unsere wirklichen Gefühle zu sehen. Und oft nehmen wir sie selbst nicht einmal mehr wahr. Sondern nur die Gefühle, die mit dem Erhalt unserer Rolle zusammenhängen.

Unser Partner jedoch spürt mit traumwandlerischer Sicherheit, wo die Löcher in unserem System sind. Wo wir widersprüchlich sind oder manipulierend. Und weist uns darauf hin, oft wieder und wieder. Gegen unseren ganzen Widerstand. Dies geschieht meist nicht bewusst, ist aber trotzdem wie ein Hämmern gegen unsere inneren Mauern. Dann stehen wir vor der Wahl, ob wir uns wirklich öffnen wollen oder die Mauern verschlossen halten. Ob wir uns zeigen und bereit sind, in unseren inneren Spiegel zu schauen, den wir in unserem Partner haben. Oder ob wir unser System aufrechterhalten wollen - und dann an dieser Stelle stehen bleiben.

Wenn wir uns einmal entschieden haben, und wirklich zu öffnen, kommen wir in Kontakt mit unserer ganzen Verletzlichkeit. Mit unserem Leid und unserer Freude, mit unserer Wut und unserer Leidenschaft, mit all unseren Gefühlen, die unmittelbar und echt sind. Mit den „Gefühlen hinter den Gefühlen", wie die amerikanische Familientherapeutin Virginia Satir sie nannte. Und wenn wir dabei bewusst bleiben und nicht erwarten, dass sie gleich wieder verschwinden oder der anderen sie heilen soll, dann können wir in ihnen verweilen - und das Geschenk kennen lernen, das darin verborgen liegt: Das Geschenk der Liebe.

Denn als wirklich Liebende sind wir vollständig ausgeliefert, vollkommen wehrlos, vollkommen abhängig - und vollkommen frei. In gewisser Weise sterben wir - zumindest das, was wir als Persönlichkeit bezeichnen, vergeht. Aber wir gewinnen dabei das Leben.

Mit der folgenden Meditation können Sie bewusst Ihre inneren Herzensmauern öffnen, ganz langsam. Sie können Ihre Ängste dabei kennen lernen. Und Sie können Ihrem Partner darin begegnen.

Wenn Sie an Herz-Kreislauf-Problemen leiden, sollten Sie vor dieser Meditation Ihren Arzt befragen.

Haltung:

Bitte setzen Sie sich voreinander hin. Schauen Sie sich in die Augen. Atmen Sie lang und tief ein und aus. Schließen Sie dann die Augen. Bilden Sie aus Ihren Armen eine „Mauer": Halten Sie Ihre Handflächen vor Ihr Gesicht, mit etwa fünf Zentimeter Abstand, sodass die Handflächen sich an den Außenseiten der kleinen Finger berühren und wie ein aufgeschlagenes Buch auf Augenhöhe in Richtung Ihres Gesichtes zeigen. Ihre Ellenbogen drücken Sie dabei bitte zusammen, und legen auch die Unterarme soweit wie möglich aneinander. Auf diese Weise aktivieren Sie den Herz-Meridian, der am äußeren Unterarm entlang zum kleinen Finger läuft.

Bitte atmen Sie jetzt bewusst lang und tief durch die Nase. Stellen sich dabei vor, dass Sie bei jedem Atemzug von der Stelle zwischen den Augenbrauen in Ihre Hände ausatmen. Auf diese Weise entsteht ein Energiefeld zwischen Ihren Händen und Ihrer Stirn, das Sie vielleicht als Wärme spüren können. Dieses Energiefeld aktiviert den Punkt Ihrer Intuition und des inneren nichtintellektuellen Wissens.

Atmen Sie bitte zunächst ein bis zwei Minuten allein mit geschlossenen Augen in den Raum zwischen Ihren Händen und Ihrem Gesicht. Spüren Sie dabei, während Sie atmen, Ihre Befürchtungen, was geschehen könnte, wenn jemand hinter Ihre Mauern blickt - wofür Sie sich schämen, weshalb Sie sich nicht für liebenswert halten. Wenn jemand sieht, wie es wirklich in Ihnen aussieht - Ihre Angst vor der Zukunft, Ihre Angst, dass sich die Erfahrungen des Gestern wiederholen, Ihre Angst vor Einsamkeit, Ihre Angst vor zu großer Nähe. Halten Sie die Ellenbogen aneinander gelegt, sie halten Ihre Angst fest, atmen Sie, atmen Sie tief.

Lassen Sie all die Geister kommen, die in Ihnen sind. Atmen Sie tief, halten Sie die Ellenbogen aneinander. Ich habe solche Angst! Angst, zu dir wirklich ganz ehrlich zu sein, Angst, dass du mich verletzt wie so viele vor dir. Angst, mich dir wirklich zu zeigen, Angst, nicht schön genug zu sein, nicht sexy genug, Angst, arm zu werden oder arbeitslos, Angst, die Hoffnung zu verlieren oder meine große Sehnsucht zu spüren. Atmen Sie, atmen Sie tief, halten Sie die Ellenbogen aneinander.

Dann öffnen Sie bitte langsam Ihre Augen und lassen dabei Ihre Hände und Arme auseinandergehen, so als ob sich langsam ein Vorhang vor einer Bühne öffnet.

Nehmen Sie das Bild, das Sie jetzt vor sich sehen, in sich auf, schauen Sie Ihrem Partner in die Augen. Öffnen Sie Ihre Mauer, und nehmen Sie wahr, wie Ihr Partner langsam auch seine Mauer öffnet. Schauen Sie in die Zartheit, die genauso in Ihnen ist, in die Verletzlichkeit, in die Angst, vielleicht auch in das Misstrauen und die Verschlossenheit, die all dies bedecken und schützen sollen. All dies kennen auch Sie. Erkennen Sie sich in Ihrem Partner, schauen Sie hin. Öffnen Sie sich für sich selbst und für Ihren Partner. Atmen Sie in Ihr Herz ein und in Ihren gemeinsamen Herzraum aus.

Wenn die Hände sich etwa auf Schulterbreite geöffnet haben, drehen Sie sie bitte herum, sodass sie zu Ihrem Partner zeigen. Legen Sie die Handflächen aneinander und schauen Sie sich an. Es wird wahrscheinlich etwas anstrengend sein, die Arme und Hände so zu halten, aber atmen Sie bitte beide lang und tief weiter. Erlauben Sie sich loszulassen. Gerade die Anstrengung der Arme wird dies von Ihnen fordern. Es geht nicht darum, dass Sie Ihre Kraft dabei einsetzen, sondern darum, dass Sie alles zulassen, was geschieht. Wenn es weh tut, zeigen Sie Ihren Schmerz. Wenn Sie versuchen, damit fertig zu werden und mit sich kämpfen, zeigen Sie Ihre Wut. Wenn Sie das alles komisch finden, lachen Sie - aber bleiben Sie in der Haltung, schauen Sie weiter hin. Irgendwann wird sich alles verändern - und Sie werden sich tiefer öffnen können, den Fluss der Liebe spüren. Öffnen Sie sich dieser Liebe, öffnen Sie sich Ihrem Partner. Atmen Sie dabei in Ihr Herz. Ihr Herz ist das Zentrum der Begegnung zwischen Ihnen.

Bleiben Sie so etwa sieben Minuten lang. Heben Sie dann gemeinsam die Arme hoch, mit einem abschließenden Einatmen. Und mit dem Ausatmen lassen Sie die Hände und Arme los und schütteln Sie sie kräftig aus. Lassen Sie dabei wirklich alles los, schütteln Sie die Hände, die Arme, Ihren ganzen Körper, schütteln Sie sich bis in die Fundamente Ihres Seins, bis Ihr ganzer Körper vibriert. Schütteln Sie auch Ihren Unterkiefer, Ihren Mund, lassen Sie dabei auch Ihren Atem los: hecheln Sie, blubbern Sie, was Ihnen kommt. Und dann strecken Sie bitte mit einem tiefen Einatmen noch einmal Arme und Hände hoch, spreizen Sie Ihre Finger bis in die Fingerspitzen. Legen Sie Ihre Hände aneinander, schauen Sie sich an. Atmen Sie aus, während Ihre Arme langsam gemeinsam einen weiten Kreis nach unten beschreiben. Schließen Sie dann die Augen, halten Sie Ihre Hände - und spüren Sie Ihr Herz.

Danach:

Atmen Sie einige Male tief ein und aus. Öffnen Sie dann die Augen, schauen Sie Ihren Partner an und danken Sie sich gegenseitig - wenn es sich richtig für Sie anfühlt, mit einer Herz-zu-Herz-Umarmung, sodass Ihre Herzzentren sich berühren. Und erzählen Sie sich gegenseitig, wie diese Meditation für Sie war.

Paar-Meditation 20: Das Haus unserer Liebe

Wir alle haben eine oft unbestimmte Vorstellung davon, wie unsere Partnerschaft beschaffen ist. Wir suchen zwar einen Partner, der zu uns „passt" - aber was bedeutet eigentlich dieses „Passende"? Was wollen Sie zusammen erreichen, welche Dinge sind Ihnen wichtig, was wollen Sie nach außen repräsentieren, wofür treten Sie ein, wie soll sich das in Ihrer Partnerschaft spiegeln? Aber auch: Welche Dinge lassen Sie lieber unangetastet oder sprechen nicht mehr darüber, um Ihre Beziehung und Ihre Liebe nicht zu gefährden? Diese Meditation nutzt das Bild vom inneren Haus als Sinnbild für unsere Partnerschaft. Das innere Haus ist eine tiefe Symbolik, die in vielen spirituellen Traditionen eingesetzt wird und die unsere Seele repräsentiert. Das Symbol vom inneren Haus ist deshalb ein inneres Bild, das oft mehr sagt als viele Worte. Mit dieser Meditation können Sie erkunden, wie Ihre Partnerschaft zur Zeit beschaffen ist. Und was Sie sich wünschen, damit Sie noch besser wird.

Haltung:
Legen Sie für diese Meditation einen Malblock und Farbstifte bereit. Lesen Sie sich den Meditationstext zur Einleitung gegenseitig vor. Und folgen Sie dann Ihrer Intuition:

Schließen Sie einen Moment die Augen. Atmen Sie lang und tief. Lösen Sie alle Verspannungen, die Sie bei einer kurzen inneren Reise durch Ihren Körper entdecken können. Atmen Sie dazu mehrmals tief aus.

Stellen Sie sich nun vor Ihrem inneren Auge das Haus Ihrer Partnerschaft vor. Lassen Sie ein Bild erscheinen. Beobachten Sie sich dabei, wie Sie auf das Bild reagieren - gefällt Ihnen dieses Haus, mögen Sie es nicht, wollen Sie lieber ein anderes? Wie sieht es aus? Wenn von selbst kein Bild erscheint - erschaffen Sie sich eines. Wie würden Sie das Haus Ihrer Partnerschaft zeichnen?

Wandern Sie nun mit Ihren inneren Augen durch dieses Haus. Wie sind die Fundamente des Hauses beschaffen - welches sind die Fundamente, auf denen Ihre Partnerschaft ruht? Welche Werte, welche Ideen tragen Sie? Und wie tragfähig ist dieses Fundament? Könnte ein Wirbelsturm es umpusten?

Unter dem Haus gibt es auch einen Keller - liegen bei diesem Haus buchstäblich „Leichen im Keller" - alte Verletzungen, die Sie nie ansprechen?

Gehen Sie nun im Haus durch die Zimmer. Jedes Zimmer hat sein eigenes Thema, seine Möbel, seine Farben. Da gibt es ein Zimmer für Ihre gemeinsamen Gespräche, ein Zimmer für ihre Erotik, ein Zimmer für

Zärtlichkeit, ein Zimmer für die Zeit, die Sie miteinander verbringen, ein Zimmer für Sie ganz allein, ein Zimmer für die Seele Ihrer Partnerschaft - wie groß ist jedes Zimmer? Und wie sind die Zimmer Ihres gemeinsamen Beziehungs-Hauses eingerichtet - gemütlich oder karg, mit hellen oder dunklen Farben, bunt oder eher nüchtern, mit bequemen Möbeln oder spitzen Gegenständen? Wofür gibt es überhaupt kein Zimmer? Oder gibt es welche, die noch unrenoviert, ungestaltet sind? Wenn Sie durch alle Zimmer gehen - in welchem halten Sie sich am liebsten auf?

Und was zeigen Sie davon nach außen? Wie ist die Fassade des Hauses? Und wie ist sein Dach? Was beschützt Ihre Partnerschaft? Und wie ist dieses Dach: gut und sicher? Oder fehlen schon einige Ziegel?

Wenn Sie so innerlich durch das Haus Ihrer Partnerschaft gestreift sind, atmen Sie einige Male tief ein und aus. Öffnen Sie dann die Augen - und nehmen Sie sich den Zeichenblock. Malen Sie - so gut oder schlecht Sie können, das ist völlig unwichtig - dieses Haus, das Sie innerlich gesehen haben. Schreiben Sie zu den Fundamenten, wie sie sind, welche Werte und Ideen Sie tragen. Schreiben Sie über jedes Zimmer ein Thema - und gestalten Sie es aus. Zeichnen Sie die Fassade - und schreiben Sie hinein, was Sie nach außen zeigen. Zeichnen Sie das Dach - und gestalten Sie, wodurch Sie sich geschützt fühlen.

Danach:
Wenn Sie fertig sind, zeigen Sie sich gegenseitig Ihre Zeichnungen. Und erzählen Sie sich, was Sie gesehen haben und darstellen wollen. Es kann sein, dass das Bild Ihres Partners sehr von Ihrem abweicht. Dass er andere Werte für wichtig hält, dass sein Fundament, seine Ziele ganz andere sind als Ihre, dass er andere Schwerpunkte setzt, dass er auch die Zimmer anders sieht. Versuchen Sie bitte, dies als seine Realität zu sehen. Und nicht als „die" Wahrheit. Wenn Sie innerlich darauf warten, Ihre Zwillingsseele zu finden oder Ihren Partner unbedingt zu Ihrem Bild bekehren wollen, werden Sie wahrscheinlich in Machtkämpfen enden.

Unterschiedliche Bilder bedeuten jedoch nicht, dass Sie nicht zusammen passen. Sie bedeuten nur, dass Sie wahrscheinlich kreative Wege finden müssen, um daraus ein Ganzes zu machen - indem Sie zum Beispiel das übergeordnete Thema finden. Oder merken, dass Ihre Unterschiedlichkeiten Pole innerhalb eines Spannungsfeldes sind, die irgendwie sogar zusammengehören, indem sie sich ergänzen oder herausfordern. Unterschiedliche Bilder können auch bedeuten, dass Sie viel miteinander reden müssen, um sich besser verstehen zu lernen. Oder sich vielleicht eine Menge nicht gesagt haben. Dass Sie sich vielleicht sogar erst einmal richtig kennen lernen müssen. Es gibt viele Paare, die glauben, sich genau zu kennen, ohne es wirklich zu tun. Mit dieser Meditation haben Sie ein wichtiges Handwerkszeug dazu in der Hand.

Paar-Meditation 21: Meine schönste, meine dunkelste Seite

Wir alle wissen, dass Menschen aus zum Teil sehr widersprüchlichen Eigenschaften bestehen. Mehr noch, dass dieselbe Eigenschaft, je nach Situation und Umfeld, manchmal wunderbar sein kann und manchmal überaus lästig.

Energie und Tatkraft beispielsweise kann in einem beruflichen Kontext sehr erwünscht sein. Zu Hause dagegen kann dieselbe Eigenschaft dazu führen, dass ein Partner sich unverstanden fühlt. Etwa, wenn dieser energische Mensch stets eine schnelle Lösung parat hat und kaum auf die Gefühle des anderen eingeht. Einfühlsamkeit dagegen kann eine wunderbare Eigenschaft sein, wenn man jemandem zuhört. Sie kann aber auch dazu führen, dass ein Mensch mehr Verständnis für andere hat als für sich selbst und zum Beispiel seinen Kindern keine Grenzen setzen kann.

Eigenschaften haben also stets positive und negative Ausprägungen - je nachdem, in welchem Zusammenhang sie auftreten. Oder wie sie von anderen bewertet werden. Das wird besonders deutlich in einer Partnerschaft: Da geschieht es nicht selten, dass sich genau die Eigenschaft, die uns einmal an unserem Partner angezogen hat, im Laufe der Zeit in ihr Gegenteil verwandelt: Der ruhige, besonnene, verlässliche und treue Partner wird auf Dauer zum trägen, unbeweglichen, langweiligen Klotz, der kreative, witzige, geistvolle Partykönig zum nervigen Unruhegeist und ewigen Nestflüchter. Dabei hat sich an dem Menschen gar nichts verändert. Nur wir beziehen uns in einer anderen Weise auf ihn.

Die Erfahrung zu machen, dass Eigenschaften gleichermaßen positiv wie negativ sein können, kann unser Bild von uns selbst und von unserem Partner sehr verändern. Normalerweise sind wir in unserer Einschätzung sehr festgelegt: Der andere „ist" für uns so, wie wir ihn sehen, verändert er sich für uns, dann hat er uns „getäuscht" oder „zeigt jetzt sein wahres Gesicht". Dabei kann es sein, dass sich nur verschiedene Aspekte derselben Eigenschaft zeigen. Oder unsere Bewertung dessen, wie der Partner ist, sich geändert hat. Sich von den vorgefertigten Bildern von uns selbst und von anderen Menschen zu befreien, schenkt und ein enormes Maß an innerer Freiheit. Wir können dann neugierig und aufmerksam schauen, was sich da vor unseren Augen entfaltet. Oder was wir selbst in uns oder im anderen entdecken können.

Solange wir dies nicht tun, sind wir festgelegt. Aber auch unsere Festlegung zu erforschen, kann uns weiterbringen. Von dort aus nämlich können wir anfangen zu hinterfragen, ob wir wirklich so sind wie wir uns sehen. Oder ob unsere Bewertung unserer Eigenschaften eigentlich so stimmt oder ob es nicht auch noch anderes geben könnte. Und wenn wir dasselbe unserem Partner schenken, wird unsere Beziehung jeden Moment neu und aufregend sein.

Die folgende Meditation bringt Sie in Verbindung mit Ihren Bewertungen Ihrer Eigenschaften, mit dem, was Sie für Ihre Identität halten. Und der Möglichkeit, ein wenig aus ihr auszusteigen. Sie bringt Ihnen gleichzeitig die Chance, auch Ihren Partner mit ganz neuen Augen zu sehen.

Die Grundlage Ihrer gemeinsamen Arbeit ist hier eine Phantasiereise. Es ist deshalb besonders schön, wenn Sie sich den Text der Reise auf Band sprechen und dieses gemeinsam anhören. Sie sollten für diese Meditation außerdem Zeichenpapier und Wachsmalstifte bereit legen.

Haltung:

Bitte kommen Sie zusammen und begrüßen Sie sich auf Ihrem Meditationsplatz. Dann nehmen Sie sich jeder eine Decke und legen sich bequem hin. Legen Sie sich dazu auf den Rücken, Ihre linken Seiten aneinander und die Füße des einen Partners neben dem Kopf des anderen. Dann reichen Sie sich die linken Hände. Die andere Hand liegt locker neben Ihrem Körper, die Handfläche nach oben. Lassen Sie behutsam Ihre Fußspitzen auseinander fallen und schieben Sie Ihren Hinterkopf ein wenig von sich weg, sodass Ihre Wirbelsäule sich streckt. Diese Haltung heißt im Yoga „Toter Mann" und sie erlaubt Ihnen, sich zu entspannen und gleichzeitig sehr wach zu bleiben.

Schließen Sie dann Ihre Augen. Spüren Sie den Boden unter sich und die Einladung, sich jetzt zu entspannen. Geben Sie dieser Einladung ein wenig nach, lassen Sie sich sinken, der Erde entgegen, auf der Sie liegen... Spüren Sie bitte Ihren Atem, wie er durch Ihren Körper fließt, ein und aus.... Nehmen Sie wahr, was sich in Ihnen bewegt, an Gedanken, Empfindungen, Erinnerungen, Gefühlen... Atmen Sie einmal tief ein und aus.

Lassen Sie dann vor Ihrem inneren Auge ein Bild erscheinen - stellen Sie sich vor, Sie gehen durch einen Wald. Schauen Sie, welche Bäume dort wachsen, sehen Sie, wie das Sonnenlicht durch die Blätter fließt, riechen Sie den würzigen Duft des Waldes...

Dann kommen Sie auf eine Lichtung. Dort sehen Sie ein Haus mit zwei Türen. Eine der Türen öffnet sich, heraus kommt eine Gestalt. Es ist die Gestalt Ihres größten Vorzuges, Ihrer schönsten inneren Seite. Schauen Sie hin - wie bewegt sich diese Figur, was für Kleidung trägt sie, welches Gesicht hat sie Was macht sie so positiv, was ist ihre schönste Eigenschaft? Aber dann auch - was ist Ihre destruktive Seite? Was hat sie vielleicht auch an sich, was in bestimmten Situationen eher negativ sein kann? Lassen Sie dazu Bilder in sich aufsteigen, bleiben Sie ganz einfach offen für alles, was sich Ihnen zeigt.

Dann verschwindet die Gestalt wieder in dem Haus. Im selben Moment öffnet sich die andere Tür und eine andere Gestalt kommt aus der Tür. Es ist die Gestalt Ihres schlimmsten inneren Fehlers, Ihrer negativsten Seite. Schauen Sie auch sie an, wie sie sich bewegt, welches Gesicht, welche Figur sie hat, welche Kleidung sie trägt. Was macht sie so negativ, in welchen Situationen kommt das zum Tragen? Aber dann auch: Welche Stärke besitzt sie, welche Kraft? Auch wenn es Ihnen schwer fällt, dies zu sehen? In welchen Situationen könnte gerade diese Eigenschaft wichtig sein? Lassen Sie auch dazu Bilder in sich aufsteigen.

Und dann verschwindet die Gestalt wieder in der Tür. Langsam löst sich das ganze Haus auf, und Sie stehen mit Ihren inneren Bildern auf der Lichtung. Spüren Sie Ihre Fülle. Langsam gehen Sie dann zurück durch den Wald bis ins Freie und kommen dann mit Ihren inneren Bildern zurück.

Öffnen Sie nun langsam die Augen. Ohne miteinander zu sprechen, zeichnen Sie die beiden Figuren je auf ein Blatt Papier. Zeichnen Sie so anschaulich, wie es Ihnen möglich ist, am besten in Farbe.

Zeigen Sie sich dann gegenseitig, was auf den Bildern zu sehen ist. Wenn Sie sich trauen, wäre es am schönsten, wenn Sie aufstehen und dem anderen die Figuren vorspielen, sie also buchstäblich „werden". Auf diese Weise verkörpern Sie sie noch mehr, nehmen Sie noch mehr in Ihr Bewusstsein auf. Dies ist wichtig für Sie selbst, aber auch für ihren Partner, damit er/sie jenseits des Verstandes aufnehmen kann, was gemeint ist.

Danach:
Sprechen Sie dann gemeinsam darüber, was diese Eigenschaften in Ihrer Partnerschaft bedeuten. Wie sie wirksam werden. Und was Sie von beiden wirklich brauchen können. Vielleicht sogar, wie Ihre jeweiligen Eigenschaften sich gegenseitig ergänzen.

Paarmeditation 22: Ich brauche deine Liebe

Sich gegenseitig zu brauchen, ist nicht sonderlich populär in dieser Zeit. Wir legen Wert darauf unabhängig zu sein, betonen unsere Individualität und Eigenständigkeit. Jemanden zu brauchen bedeutet nach unserem Sprachverständnis, von ihm abhängig zu sein, nicht ohne den anderen leben zu können und ist beinahe gleichbedeutend mit süchtig sein.

Tatsächlich sind wir weniger süchtig, wenn wir uns eingestehen, wie nötig wir den anderen brauchen, und süchtiger, wenn wir dies nicht tun. Wieso? Lassen Sie uns gemeinsam anschauen, was eigentlich Sucht ist. Sucht ist die Betäubung unseres tiefen Schmerzes mit irgendeiner Droge, weil unser Bedürfnis nach Liebe, wirklicher Liebe, nicht erfüllt wird. Einer Liebe, die nicht geprägt ist von bestimmten Erwartungen, von stummen Vorwürfen und Schuldzuweisungen, moralischen Verpflichtungen oder inneren Konflikten, von Macht und Ohnmacht, Hass oder Verachtung. Wenn wir diese Liebe nicht finden können, oder selbst nicht aus unserem Muster herauskommen, das Liebe mit diesen Erwartungen, Vorwürfen, Verpflichtungen oder Konflikten zu verbinden gelernt hat, dann brauchen wir irgend etwas, dass unsere innere Leere füllt, das uns wenigstens für kurze Zeit das Gefühl gibt, bedeutsam, wichtig oder lebendig zu sein. Nicht in der Realität, aber wenigstens in unserem inneren Erleben.

Womit wir uns betäuben, wonach wir süchtig sind, ist eigentlich nicht so wichtig. Ob Alkohol, Haschisch, Heroin oder Ecstasy, ob Kaufräusche oder Statussymbole, ob Erfolg, Sex oder Beziehungen - die Art der Droge zeigt nur, in welche Richtung unser Muster deutet, was wir nicht bewältigt, was wir nicht erfüllt haben. Und wonach wir uns wirklich sehnen. Dabei befinden wir uns mit unserer Sucht in einem ständigen Teufelskreis: Wir brauchen die Droge, um unseren Schmerz nicht mehr zu fühlen, ahnen schon, dass sie uns nur für kurze Zeit befriedigt und dann doch auf uns selbst zurückwirft, dadurch wird der Schmerz wieder spürbarer und unser Mangel an Selbstwert, und wir brauchen erneut die Droge, damit wir uns wieder betäuben können. Oft genug schämen wir uns außerdem noch dafür, dass wir nicht ohne die Droge sein können. Auch unsere Beziehungen können uns nicht aus diesem Teufelskreis retten, sondern folgen im Gegenteil demselben Muster

Unsere Betonung von Eigenständigkeit und Individualität heute ist deshalb oft gerade eine Folge unserer inneren Abspaltung unserer Bedürftigkeit und unserer Sehnsucht nach Nähe. Viele Erwachsene haben als Kinder die Scheidungen ihrer Eltern erlebt, die sie selbst in tiefe innerliche Konflikte gestürzt haben, viele andere beruflich eingespannte Eltern, die zwar Geld, aber wenig Zeit für Zuwendung hatten. Viele hatten selbst suchtkranke Eltern, die sich mit irgendeiner Droge betäubt haben und für ihre Kinder nicht zugänglich waren. Oder aber Eltern, die ihre Kinder für ihre eigenen unerfüllten Hoffnungen an das Leben missbrauchten. Eigenständigkeit und Individualität können deshalb geradezu Bewältigungsmuster für Menschen sein, die gelernt haben, Nähe mit Konflikten, Einsamkeit oder Schmerz zu verbinden und die dieser Nähe deshalb unbewusst lieber aus dem Wege gehen. So positiv dies subjektiv für den Einzelnen sein mag, dass er oder sie diese Bewältigungsmöglichkeit gefunden hat, so zeigt sich doch spätestens in einer Liebesbeziehung, dass der eigentliche Entwicklungsschritt in eine andere Richtung geht: In die nämlich, sich der Nähe zu stellen.

Damit aber kommen wir in Kontakt mit dem, was unter unserer Oberfläche von scheinbarer Freiheit und Autonomie liegt. Denn wenn wir wirklich frei und autonom wären, dann könnten wir uns doch tief in eine Beziehung begeben, könnten uns wirklich einlassen, könnten uns wirklich unserer Bedürftigkeit stellen, ohne das Gefühl, dass wir dann nicht mehr vorhanden wären oder uns verlieren würden. Genau das aber können wir bisher nicht.

Der Schritt in das „Brauchen" der Liebe des anderen ist deshalb ein Schritt in die wirkliche Freiheit. Denn damit kommen wir in Kontakt mit unseren alten Gefühlen - von Wertlosigkeit und Scham, von Verletzlichkeit und Angst vor dem Verlassen-Werden. Und in die Möglichkeit, all dies in der Liebe zu einem Partner sichtbar werden und heilen zu lassen. Dies auszusprechen, vor sich selbst und vor dem anderen, kann ein erster Schritt in diese Heilung sein.

Haltung:

Setzen Sie sich voreinander, Knie an Knie. Oder stellen Sie sich voreinander hin. Schauen Sie sich in die Augen, spüren Sie sich. Achten Sie auf Ihren Atem, ohne ihn zu verändern. Nehmen Sie wahr, wie es Ihnen im Moment geht, wie Ihre Spannung im Körper ist, wie und was Sie denken.

Ändern Sie nichts, nehmen Sie sich nur wahr.
Sagen Sie sich dann gegenseitig:
„Ich brauche deine Liebe"

Spüren Sie sich, während Sie diese Worte aussprechen. Schauen Sie wirklich Ihren Partner dabei an? Ziehen Sie sich innerlich zurück? Öffnen Sie sich?

Sagen Sie sich erneut die Worte:
„Ich brauche deine Liebe".

Lassen Sie selbst diese Worte in sich einsinken. Lauschen Sie ihnen nach. Spüren Sie, was in Ihnen sie anrühren. Vielleicht fallen Sie Ihnen besonders schwer. Spüren Sie nach, was Sie damit verbinden. So können sie zu einem Tor Ihrer Erkenntnis werden.

Wiederholen Sie die Worte so oft es sich richtig für Sie anfühlt. Dann danken Sie einander und beenden die Meditation.

Danach:
Spüren Sie dem Gesagten und Empfangenen noch ein wenig nach. Wenn Sie sich darüber austauschen wollen, was Sie während dieser Meditation erfahren haben, sprechen Sie bitte nur von sich.

Paarmeditation 23: Meine Beziehungsmuster

Wir alle kommen mit bestimmten Bildern und Vorstellungen in eine Partnerschaft. Diese Bilder und Vorstellungen sind entstanden durch die frühesten Beziehungsmuster, die wir erlebt haben - die unserer Eltern. Und durch unsere ersten Beziehungen, die wir selbst gestaltet haben - die zu unseren Eltern und Geschwistern, durch Familientraditionen und ausgesprochene oder unausgesprochene Aufträge sowie durch die verschiedenartigen Beziehungen, die wir vor unserer aktuellen Partnerschaft hatten. Besonders wenn wir mit unserem Partner in einen Konflikt geraten, werden diese alten Beziehungsmuster wirksam. Wir fühlen uns dann wie das Kind, das wir einmal waren, reagieren ihm gegenüber aber vielleicht genau wie unser Vater oder unsere Mutter reagiert haben und sehen dennoch in unserem Partner den „Großen", der etwas mit uns tut, und dem wir ohnmächtig ausgeliefert sind.

Natürlich sind die alles heute keine Realitäten mehr - weder sind wir heute noch das „Kind", noch ist unser Partner der „Größe" oder „Böse", noch müssen wir wieder und wieder alte Glaubensmuster wiederholen - wenn wir bewusst genug sind, um eine Wahl zu haben. Denn solange wir unbewusst sind, haben wir keine Wahl, sondern müssen zwanghaft immer wieder dieselbe scheinbare Wirklichkeit reproduzieren. Erkennen ist dazu der erste Schritt, Erkennen dessen, was wir tun, was wir fühlen, was und wie wir denken. Wenn wir uns also auf die Reise zu mehr Bewusstheit und Liebe begeben, ist es ganz wichtig zu erkennen, wann wir wieder einmal in die Falle unserer alten Beziehungsmuster und Gefühle getappt sind. Normalerweise geschieht das nämlich völlig unbewusst. Wir reagieren einfach, meist sehr emotional, und glauben, dass das, was wir empfinden, tatsächlich die Wirklichkeit spiegelt. In Wahrheit aber sind es unsere Interpretationen, die die Situation zu dem machen, was sie zu sein scheint und auf die wir dann mit unseren Gefühlen reagieren. Unsere Interpretationen aber sind das Ergebnis all der Beziehungsmuster, die wir im Laufe unseres Lebens erfahren haben, und unserer Reaktionen darauf. Es sind also Gedanken- und Gefühlsmuster, die nichts mit unserer Essenz zu tun haben, sondern die unser Ich geprägt haben. Und so sinnvoll wie dieses Ich manchmal sein kann, damit wir uns in dieser Welt zurecht finden, so störend ist es, wenn wir wirklich uns selbst leben wollen.

Bewusst aber können wir nur über etwas sein, das wir bemerken. Und um es überhaupt bemerken zu können, brauchen wir ein wenig Abstand. Nur ein winziges Bisschen, gerade so viel, dass wir nicht mehr identifiziert mit uns sind, sondern uns beobachten können. Zu bemerken, wie wir „einschnappen", wie wir reagieren, wie unser Körper anfängt, Gefühle zu mobilisieren, wie unsere Gedanken nur noch in eine bestimmte Richtung laufen. All dies können wir natürlich auch bemerken, ohne es gleich zu „verstehen". Und dennoch, wenn wir erkennen können, womit diese Reaktionen zusammen hängen, wenn wir auch nur ein kleines „Aha" in uns spüren, dann können wir unseren Partner als scheinbare Quelle dieser unangenehmen oder auch angenehmen Reaktionen entlassen und bemerken, dass er nur ein Auslöser ist, damit die Muster unseres eigenen Ich anspringen.

Dabei geht es nicht darum, dass wir uns dafür verurteilen müssen, dass dies so geschieht, und auch nicht für das, was da an Gefühlen und Gedanken in uns hochgespült wird. Wir können diese Muster nehmen als Wegweiser, wo wir selbst noch nicht in Liebe mit uns selbst sind, wo wir noch mehr Liebe brauchen (nicht vom anderen, sondern von uns selbst), wo es Teile in uns gibt, die noch nicht befreit sind. Und schließlich die Muster selbst überwinden, sie als Sprungbrett zu benutzen, damit wir zu unserer eigenen Ganzheit, zu unserer eigenen Essenz finden, damit wir selbst in uns die Ganzheit erleben, uns selbst die Liebe schenken können, deren Ausdruck wir und jedes andere Geschöpf auf diesem Planeten sind.

In der folgenden Meditation gehen Sie auf eine innere Reise. Es ist deshalb schön, wenn Sie sich den Text auf Band aufsprechen und das Band während Ihrer Meditation abspielen, damit Sie innerlich ganz bei Ihren Erfahrungen sein können.

Haltung:
Bitte setzen Sie sich gegenüber, Knie an Knie. Spüren Sie sich, Ihren Körper, Ihre Gedanken, während Sie sich in die Augen schauen. Spüren Sie auch Ihren Atem, atmen Sie lang und tief.

Stellen Sie nun das Band an. Schließen Sie dann die Augen. Stellen Sie sich vor, Sie gehen einen langen Gang entlang, wie durch eine Art Korridor. Am Ende dieses Ganges liegt ein Flur und Sie bemerken, dass Sie in Ihrem Haus, in Ihrer Wohnung angekommen sind, in der Sie als Kind gewohnt haben. Zu ihrer Rechten gehen einige Türen ab, die Sie nie zuvor bemerkt haben. Sie bleiben vor einer dieser Türen stehen, holen einmal tief Luft und öffnen die Tür. Sie sehen nun vor sich einen Raum, in dem sich die Beziehung Ihrer Eltern abspielt. Schauen Sie einmal genau hin - wie gehen die Eltern miteinander um, wie achtungsvoll, wie verachtungsvoll? Wer bestimmt, wer hat das Sagen? Gibt es Streit oder stumme Kämpfe? Und wie werden die ausgetragen? Gibt es Zärtlichkeit, Freude? Und sehen Sie dazu auch sich selbst, als das Kind, das Sie einmal waren - welche Rolle hat dieses Kind in der Beziehung Ihrer Eltern zueinander: Soll es sie zusammenhalten, will es sich nur verkriechen, soll aus ihm einmal etwas Besseres werden, oder fühlt es sich entspannt und geborgen?

Gehen Sie dann wieder aus der Tür. Und öffnen die nächste. Hier steht oder sitzt nun Ihr Vater. Spüren Sie, er sieht nicht Sie als Erwachsenen, sondern Sie als Kind, das die Tür öffnet. Wie schaut er Sie an, wie ist sein Tonfall, wenn er mit Ihnen spricht? Was sind seine unausgesprochenen Botschaften an Sie - wie es ist, Mann zu sein in einer Beziehung, wie Sie als Kind deshalb werden sollen? Und wie fühlen Sie sich selbst dazu - was wollen Sie tun, was wollen Sie aufnehmen, was lehnen Sie innerlich ab oder wogegen müssen Sie sich wehren?

Schließen Sie dann die Tür. Und öffnen die dritte. Dort ist der Raum, in dem Sie Ihre Mutter sehen. Sie schaut auch Sie selbst an - als wären Sie ein Kind, nicht der Erwachsene, der Sie sind. Wie schaut sie, was sagt sie, wie spricht sie zu Ihnen? Und was sind Ihre unausgesprochenen Botschaften an Sie - wie es ist, Frau zu sein in einer Beziehung, wie Sie selbst deshalb werden sollen? Und wie fühlen Sie sich dabei - was wollen Sie tun, was wollen Sie aufnehmen, wogegen müssen Sie sich wehren?

Schließen Sie dann wieder die Tür. Und öffnen Sie die letzte Tür. Dort sehen Sie sich selbst als Kind - was hat dieses Kind über Beziehung gelernt, was hat es verletzt, was musste es tun? Sprechen Sie zu diesem Kind - welche Worte, welche Sätze hat es nie gehört? Welches ist seine tiefste Sehnsucht? Sagen Sie diesem Kind, was Sie ihm jetzt in diesem Moment sagen wollen. Wenn Ihnen danach ist, es innerlich in den Arm zu nehmen, tun Sie es. Wenn Sie spüren, dass Sie eine innerliche Ablehnung haben, spüren Sie auch das. Nehmen Sie einfach wahr, was in Ihnen vorgeht. Spüren Sie auch die Reaktion des Kindes.

Verlassen Sie dann wieder das Zimmer und schließen Sie die Tür. Gehen Sie wieder den Gang zurück, durch den Sie gekommen sind. Atmen Sie einige Male tief ein und aus. Und wenn es sich richtig anfühlt, öffnen Sie die Augen.

Schauen Sie Ihrem Partner nun noch einmal in die Augen. Wie viel von den Gefühlen, denen Sie eben begegnet sind, erleben Sie auch mit ihm - entweder bei sich selbst oder bei Ihrem Partner? Wo ist er ähnlich wie Sie es als Kind waren - oder ähnlich Ihrem Vater oder Ihrer Mutter? Und wie geht es Ihnen damit? Spüren Sie, dass Vieles davon zwar stimmt, aber auch mit Ihnen zu tun hat - dass Sie auf bestimmte Wesenszüge Ihres Partners oder Ihrer Beziehung stärker reagieren als auf andere, die auch da sind, die Sie aber eher übersehen.

Schauen Sie sich in die Augen - sehen Sie den Schmerz, das Sehnen und Hoffen, das auch in Ihrem Partner vorhanden ist? In dem Sie beide sich vielleicht sogar begegnet sind - und das Sie sich dennoch nicht erfüllen können? Spüren Sie sich, spüren Sie Ihren Atem.

Und dann schließen Sie noch einmal die Augen. Kommen Sie ganz zu sich zurück. Legen Sie Ihre Hände überkreuz auf Ihre Brust. Nähren Sie Ihr Herz, schicken Sie sich selbst Liebe. Bleiben Sie so, solange es sich richtig anfühlt. Atmen Sie dabei lang und tief ein und aus.
Öffnen Sie dann wieder Ihre Augen, danken Sie einander.

Danach:
Wenn Ihnen danach ist, erzählen Sie einander, was Sie in der Meditation

erfahren haben. Vor allem das, was Sie auf Ihre Beziehung übertragen können - was vielleicht ähnlich ist, was ganz anders als in Ihrer Herkunftsfamilie. Hören Sie auch Ihrem Partner zu, hören Sie auch das Gefühl, das mitschwingt, während er oder sie erzählt. Sie können dabei viel über sich und die Hintergründe Ihrer Beziehung erfahren. Auch wenn manches nicht Ihrer eigenen Wahrnehmung entspricht - versuchen Sie bitte nicht, ihn zu korrigieren. Seine Bilder sind seine Wahrheit. Sie können allenfalls versuchen, Ihre eigene Wahrnehmung neben die seine zu stellen, wenn diese von seiner abweicht. Aber versuchen Sie bitte nicht, Ihren Partner zu Ihrer Sicht zu bekehren. Machen Sie die Meditation ruhig mehrere Male, auch nach einigem Zeitabstand noch einmal oder mehrmals. Sie werden merken, dass sich dabei die Aspekte, die Sie erleben, verändern. Wundern Sie sich nicht darüber, es ist ein Zeichen dafür, dass Sie sich entwickeln und dass Ihnen Anderes ins Bewusstsein steigt. Auf diese Weise kann die Meditation zu einem Wegweiser werden für das, was Sie nun in Ihrem Leben und in Ihrer Beziehung erkennen und heilen können.

Paarmeditation 24: Die Seele unserer Partnerschaft

In der Arbeit mit Paaren gibt es ein Bild, nach dem die Partnerschaft selbst wie eine dritte Person in der Beziehung ist. Sie ist wie ein Kind gebildet aus beiden Beteiligten, sie wird geboren, wächst auf, braucht Liebe und Pflege und durchläuft wie ein menschliches Wesen im Laufe ihres Lebens Höhen und Tiefen. Und oft genug wird sie wie ein Kind in einer Familie verletzt, missachtet, nicht gesehen oder gar mit Füßen getreten.

Die Beziehung als ein eigenständiges Wesen zu sehen, kann helfen, sich in ganz neuer Weise auf sie zu beziehen. Denn oft sehen wir nur die Forderungen oder Vorwürfe des anderen, wenn irgendetwas in der Beziehung nicht „läuft", nicht aber die Beziehung selbst. Dabei ist es das Einlassen auf diese Beziehung, die eine Wende in der Paarbeziehung einläuten kann. Denn wenn wir uns nicht nur auf den anderen beziehen, sondern die Beziehung selbst im Blick behalten, dann werden wir uns unserer eigenen Verantwortung bewusst. Und das geht manchmal leichter als sich auf den anderen einzulassen.

Manchmal behandeln wir die Beziehung auch nicht besser als unser eigenes Innerstes, unsere Seele. Anders als unsere Seele aber, die sich oft nicht äußern kann, es sei denn in Form von Krankheit oder Abgespanntheit, können wir es der Seele der Beziehung ziemlich schnell anmerken, wenn etwas nicht in Ordnung ist. Mehr noch: Wir können sie sogar fragen.

Dies tun wir in der folgenden Meditation: Wir holen die Seele der Beziehung zu uns als Paar und bitten sie, uns etwas über sich zu erzählen. Und dann, jedem der beiden Partner zu sagen, was er oder sie tun sollte, damit es der Beziehung besser geht. Dabei versetzen wir uns abwechselnd selbst in die Seele der Beziehung hinein und sprechen von ihr aus zu uns selbst und unserem Partner. Dadurch, dass wir dies beides tun, können wir vielleicht plötzlich hören, was unser Partner von sich selbst weiß, was er oder sie verändern sollte, was aus seiner Sicht die Beziehung braucht. Das kann der Anfangspunkt für sehr interessante Gespräche sein, die einmal nicht „über den Kopf" oder nach dem ewig gleichen Schema verlaufen.

Sie brauchen für diese Meditation entweder einen weiteren Stuhl oder ein weiteres Kissen, das Sie bitte etwas seitlich entfernt von sich platzieren.

Haltung:
Bitte setzen Sie sich voreinander hin, Knie an Knie. Wenn Sie auf Stühlen sitzen, setzen Sie sich dennoch so nah zusammen, dass Ihre Knie sich berühren.

Schauen Sie sich einen Moment in die Augen. Schauen Sie mit dem Seelenblick. Erlauben Sie sich, einzutreten in die Wirklichkeit des anderen. Und lassen Sie zu, dass auch Sie gesehen werden.

Geben Sie sich dann ein Zeichen, wer von Ihnen als Erster beginnen will. Dieser Partner setzt sich dann bitte auf den Stuhl oder das Kissen der Seele der Beziehung. Spüren Sie sich auf diesem Sitz, werden Sie zur Beziehung. Wie alt sind Sie, wie fühlen Sie sich, welche Qualität haben Sie, welche Farbe, welchen Duft. Wie werden Sie behandelt, wie geht es Ihnen damit? Werden Sie geachtet und hochgeschätzt, gepflegt und in den Mittelpunkt gestellt? Oder laufen Sie mehr so mit? Werden für selbstverständlich genommen, oder überhaupt nicht gesehen? Spüren Sie sich als Beziehung.

Und dann sagen Sie bitte erst dem einen anwesenden Partner und dann sich selbst auf dem jetzt leeren Sitz, was jeder von ihnen tun sollte, damit es Ihnen als Beziehung besser geht. Sie werden es wahrscheinlich genau spüren, sprechen Sie es aus. Sagen Sie den beiden vor Ihnen einmal richtig Ihre Meinung, loben Sie sie oder tadeln Sie sie, und machen Sie Verbesserungsvorschläge. Wenn Sie nichts mehr zu sagen haben, kehren Sie bitte zu Ihrem Platz zurück.

Und dann ist der nächste Partner an der Reihe, sich auf den Beziehungssitz zu setzen. Tun Sie bitte dasselbe, das eben Ihr Partner getan hat. Und wenn Sie alles gesagt haben, was aus Ihrer Beziehungssicht zu beiden Beteiligten zu sagen war, setzen Sie sich wieder auf Ihren Sitz.

Spüren Sie beide dann noch einmal nach, was Sie zu hören bekommen haben. Schließen Sie dazu Ihre Augen. Spüren Sie hin zur die Seele Ihrer Beziehung - wie möchte sie sich wohl entwickeln? Fühlen Sie es in Ihrem Inneren. Und öffnen Sie dann die Augen. Danken Sie einander für das, was Sie miteinander erfahren haben.

Danach:
Tauschen Sie sich nun darüber aus, was Sie gehört und gefühlt haben. Vielleicht war das, was Ihr Partner als Beziehungsseele zu sich selbst gesagt hat, für Sie aufschlussreicher als das, was Sie selbst zu hören bekommen haben. Und vielleicht haben Sie zu sich selbst Dinge gesagt, die Ihren Partner überrascht haben. Sprechen Sie darüber, aber wenn möglich, ohne dass Sie sich Ihre Wahrnehmungen ausreden. Sprechen Sie nur von sich selbst, schildern Sie, wie es Ihnen geht. Wenn Sie mögen, sprechen Sie auch darüber, wie Sie die Vorschläge der Beziehungsseele in die Tat umsetzen wollen.

Teil III: Konflikte

Einführung: Meditieren bei Konflikten?

Kann Meditation wirklich bei Konflikten helfen? Wenn man zornig aufeinander ist, und verletzt oder gekränkt? Wenn man im anderen nur noch das Negative sieht und kaum noch verstehen kann, was einen dazu gebracht hat, sich ausgerechnet diesen Menschen als Lebenspartner zu wählen?

Unsere Erfahrung ist, dass Meditation gerade dann hilft. Es gibt dafür nur eine einzige Voraussetzung: Dass beide Partner den Wunsch haben, aus ihrer gegenseitigen Verstrickung herauszukommen. Meditation hilft nicht, solange ein Partner selbstgerecht darauf beharrt, dass lediglich der andere schuld an der augenblicklichen Situation sei oder dass nur der andere sich ändern sollte, damit der Weg zum Frieden gebahnt sei. Solange ein Partner in sich selbst so gefangen ist, solange hilft nichts, weder Kommunikations- noch Streittraining, und auch nicht Meditation.

Denn in Wirklichkeit haben immer beide Partner Anteil an dem augenblicklichen Konflikt - auf sehr unterschiedliche Weise sicher, aber dennoch gleich verteilt. Denn wer zwingt einen Partner, auf den anderen in einer Weise zu reagieren, die einen Konflikt produziert oder vorantreibt? Wer bringt einen Partner dazu, hämisch zu sein oder herabsetzend, verallgemeinernd oder superkritisch? Wer treibt einen Partner zur Tür hinaus - oder in sein Zimmer? Die Situation, oder der andere, würde ein Partner in einem Konflikt jetzt sicher sagen. Aber kann ein anderer mich überhaupt zwingen, auf eine bestimmte Weise zu reagieren? Ist es nicht vielmehr das eigene Innere, der eigene Schmerz, die eigene Wut, die durch das Verhalten des anderen angesprochen werden? Und haben diese wirklich nur mit dieser Situation zu tun? Oder gab es sie schon früher - durch die eigene Sicht, die eigene Erfahrung der Welt und der Menschen, die sich im Laufe unseres Lebens gebildet haben? Und die jetzt durch das Verhalten des Partners erneut berührt werden?

Bei einem Partnerschafts-Konflikt geht es meist um Existenzielles, nie nur um den eigentlichen Anlass. Das ist der Grund, weshalb Verhandlungs- und Kommunikationsstrategien für Paare so selten funktionieren. Denn es geht nicht um den nicht gemachten Abwasch, sondern darum, dass ich mich dadurch nicht gesehen fühle. Oder dass ich den Eindruck habe, dass alles wieder einmal an mir hängen bleibt. Oder darum, dass mein Partner es nicht einmal bemerkt hat, wie wichtig mir eine aufgeräumte Küche ist, wenn ich nach Hause komme. Es geht also meist darum, welche Bedeutung ich diesem Handeln des Partners gebe, wie ich es interpretiere - um meine eigene Bewertung des Konflikts und darum, welche Handlungsmöglichkeiten er mir eröffnet, in meinem Rahmen, mit meinem eigenen Hintergrund. So sehr wir also denken, dass es der andere ist, der etwas mit uns gemacht hat, so sehr liegen wir falsch damit: Damit machen wir uns zum Opfer. Wenn wir dagegen unsere eigene Interpretation dessen ändern, was da geschieht, oder wenn wir ganz konkret die Situation ändern - dann kommen wir aus unserem Opfer-, Schuld- oder Schamgefühl heraus und erlangen unsere eigene Souverä-nität zurück.

Als Kind sind wir darauf angewiesen, gut betreut und geliebt zu werden. Kinder, denen Nähe, Wärme und Liebe in den ersten Lebensjahren fehlt, verkümmern seelisch und oft auch körperlich. Doch auch wenn alles völlig „normal" verlaufen ist, tragen wir Narben und Wunden unserer Vergangenheit mit uns herum. Denn bedingungslose Liebe und Fürsorge hat praktisch niemand von uns erfahren - auch unsere Eltern hatten ihre Probleme, ihr Schicksal, ihre Bewältigungsstrategien, waren ungerecht, gleichgültig oder manchmal auch lieblos uns gegenüber. Diese „Wunden" bemerken wir lange Zeit nicht einmal - schließlich war das ja unser Zuhause, ein anderes kannten wir nicht. Und: wir haben wir uns ja genau daran geformt, je nach unserem Temperament daran das ausgebildet, was man Persönlichkeit nennt. Sind klug geworden oder naiv geblieben, gutgläubig oder misstrauisch, taktierend, ehrgeizig, scheu oder extrovertiert.

Erst wenn wir uns mit einem Liebespartner zusammenkommen, treffen unsere alten Beziehungsmuster aufeinander. Und wir haben die einmalige Chance, unsere alten Wunden zu heilen. Nicht, indem unser Partner uns erlöst, wie wir in unserer ersten Verliebtheit glauben. Sondern indem wir durch unser Zusammenleben lernen können, unsere alten Überzeugungen, Glaubenssätze und Verhaltensstrategien zu überprüfen und zu verändern.

Jeder Tag zusammen mit einem aufrichtig geliebten Partner setzt die alten Muster in Gang - und jeden Tag erleben wir neu, dass sie so wie „damals" nicht mehr funktionieren. Das kann sehr schmerzlich sein - wenn unser Partner uns nicht „versteht", wenn er nicht so reagiert, wie wir gehofft haben, wenn er nicht das sagt, was wir gerne hören würden. Es kann aber uns aber auch dahin bringen zu verstehen, dass unser Schmerz über unseren Partner meist etwas mit unserem alten eigenen Schmerz zu tun hat - und dass es an uns selbst ist, uns auf ihn einzulassen und ihn zu er-lösen. Dass durch unseren Partner Stellen in unserer Seele berührt werden, an denen wir selbst nicht glauben, liebenswert zu sein. Und dass wir durch die Liebe unseres Partners an diesen Stellen ganz neue Erfahrungen machen können. Wenn wir so weit gekommen sind, dann ist es nur noch ein Schritt zum Quantensprung in das wirkliche Wesen von Beziehung: Wir können erkennen, dass wir nicht deshalb zusammen sind, um durch den anderen glücklich zu werden, sondern darum, uns mit Hilfe des anderen zu befreien. Zu befreien von unseren alten Mustern, zu befreien von den Identifikationen, denen wir anhängen, zu befreien auch von allem, was wir ablehnen und was uns selbst von der Liebe abhält. All dies loszulassen ist der Weg in die Liebe selbst - und in das Erwachen, das von der Liebe begleitet ist.

Oft ist es schwer, in den Auseinandersetzungen, den hässlichen Szenen, dem Schweigen oder Fremdgehen noch den Impuls zu sehen, weiter in die Liebe hineinzutauchen. Es kommt uns dann wie Selbstaufgabe vor, wie ein Verlust all dessen, um das wir jahrelang gerungen haben: Unsere Selbstachtung, unsere Individualität. Wenn wir aber bereit sind, uns selbst immer wieder zu betrachten, unsere Anteile an der Situation zu bekennen, den anderen nicht nur zum Schuldigen zu machen, sondern zu lernen, ihn auch in seiner Not und seiner wahren Schönheit zu sehen - dann beginnt der Edelstein der Liebe zu schimmern und zu strahlen, bis er schließlich in voller Schönheit erglüht.

Unser Partner ist dabei wie ein Lehrer: Gütig und liebevoll, aber auch unerbittlich und streng, wo wir versuchen auszuweichen oder leichtere Wege zu finden. Gerade in Konfliktsituationen. Sie sind die stärkste Möglichkeit zum Erwachen. Denn sie beinhalten immer auch die Chance, wirklich aus unseren Stolz, aus unseren Urteilsschubladen, unseren Wertvorstellungen herauszukommen. Etwas ganz Neues zu probieren - und sich selbst und den Partner darin auf ganz neue Weise zu erfahren.

Bei diesem Probieren neuer Wege, neuer Erfahrungen, neuer Begegnungen wollen Ihnen diese Meditationen helfen. Sie bieten Ihnen eine Fülle ganz ungewohnter Herangehensweisen an Konflikte. Herangehensweisen, bei denen Sie etwas verstehen können von sich selbst und Ihren Mustern - und bei denen Sie gleichzeitig in die unmittelbare Gegenwart katapultiert werden. Damit aber sind Sie auf dem besten Wege, aus Ihrem Konflikt herauszukommen. Denn was Sie darin gefangen hält, sind Reaktionsmuster und Gefühle aus Ihrer Vergangenheit, nicht Ihrer Gegenwart.

Sie sollten diese Meditationen jedoch nicht erst üben, wenn Sie in einer akuten Konfliktsituation sind. Sondern möglichst schon vorher, und möglichst oft. Dann haben Sie bereits ein Gespür dafür, was Ihnen eine solche Meditation bringen kann. Viele davon wirken präventiv, das heißt, sie helfen, Auseinandersetzungen gar nicht erst entstehen zu lassen. Oder weisen kreative Wege aus einem Konflikt.

Wenn Sie aber bereits in einem akuten Konflikt sind, kann es besser sein, wenn Sie erst einmal zulassen, dass Ihre Gefühle sich austoben. Und Sie gleichzeitig nicht von Ihnen weggeschwemmt werden. Die Basis-Meditation „Die Gefühlswelle" ist dafür eine gute Praxis. Wenn Sie dann nur noch traurig sind oder verletzt und irgendwie wieder Kontakt wollen, aber noch nicht wissen wie, dann ist eine der folgenden Meditationen ein guter Einstieg für Sie, gemeinsam auf eine neue Ebene miteinander zu kommen. Und vielleicht sogar verstehen zu lernen, dass Konflikte Ihre besten Helfer sind.

Paarmeditation 25: Die eigene Lösung

Manche Paare haben in ihrer Verliebtheits-Phase ein Spiel gespielt: Du sagst ein Wort, ich sage auch eins, das mir dazu einfällt, dann du wieder eins, und so weiter. Dieses Spiel kann hin und her gehen, kann Spannungen lösen, völlig neue Seiten an Ihnen sichtbar werden lassen, auf spielerische Weise Ihre ganze Kreativität freisetzen. Es können überaus witzige Gedankenverbindungen entstehen, man kann sich darüber köstlich amüsieren - und den anderen dabei sehr gut kennen lernen.

Genau dieses „Spiel" wird in der folgenden Meditation genutzt - aber diesmal zum Entwickeln kreativer Lösungen für Momente des Streitens und der Konflikte. Sie bilden dabei Wortverbindungen - und Gedankenketten entstehen. Sie wissen nie, was als Nächstes kommt - und können so auch nicht in Ihre gewohnten Muster verfallen. Mehr noch: Sie werden in dieser Meditation vielleicht Dinge auf den Punkt bringen, die Sie sonst vielleicht eher nicht sagen würden. Oder die Ihnen gar nicht einfallen. Und über die Sie sich sehr wundern.

Diese Meditation ist eine kreative Möglichkeit, Wege aus einem Konflikt zu weisen. Sie kann Ihrem Partner und Ihnen selbst Informationen darüber geben, wie Sie eigentlich einen Streit erleben, und was Sie sich wünschen, um wieder herauszufinden. Und zwar nicht abstrakt, intellektuell, sondern sehr erlebniszentriert und aktuell. Wenn Sie allerdings gerade sehr aufgebracht sind, sollten Sie diese Meditation nicht zum ersten Mal praktizieren. Üben Sie sie lieber, wenn es Ihnen gerade gut miteinander geht. Wenn Sie darin geübt sind, können Sie sie auch für problematische Momente einsetzen.

Haltung:
Bitte setzen Sie sich gegenüber, Knie an Knie. Schauen Sie sich in die Augen. Wenn Sie mögen, nehmen Sie sich bei den Händen. Spüren Sie den Moment, diesen Übergang vom Alltäglichen zum Besonderen. Wenn Sie sich anschauen, nehmen Sie Ihr Gegenüber wahr. Versuchen Sie, nicht nur die Oberfläche zu sehen. Schauen Sie tiefer.
Und nun sagt einer von Ihnen das Wort

„streiten".

Darauf antwortet der andere mit einem Wort, dass ihm gerade dazu einfällt. Versuchen Sie, nicht zu grübeln oder lange nachzudenken. Sagen Sie einfach, was Ihnen als Erstes in den Kopf kommt.

Wenn Sie Ihr Wort ausgesprochen haben, ist der andere Partner wieder dran. Lassen Sie so Ihre Worte hin und her schwingen. Lassen Sie ruhig auch absurde Worte zu, auch wenn Sie Ihnen scheinbar abstrus erscheinen - auch, wenn Sie lachen müssen, auch, wenn Sie den Kopf schütteln. Machen Sie weiter.

Sie werden merken, dass Sie auch auf diese Weise miteinander reden, aber ganz neu, ganz anders. Während Sie sprechen und hören, nehmen Sie sich und den anderen wahr. Nehmen Sie wahr, wie es Ihnen dabei geht, wie Sie Ihren Partner erleben, auch, was sich Ihnen an Gedankenteppich plötzlich offenbart. Wenn Sie merken, dass Sie beide nur noch Substantive benutzen wie „Krach", „Stille", „Pause" oder ähnlich Abstraktes, versuchen Sie bitte, mehr Worte zu benutzen, die ein Handeln, Empfinden oder eine Qualität ausdrücken, so wie „schweigen", „unantastbar", „klein", „bedrückend". Damit schaffen Sie eine fühlbare Atmosphäre, mit der es sich leichter weitermachen lässt.

Lassen Sie die Worte hin und her gehen, solange Sie möchten, mindestens aber zwei Minuten. Dann schweigen Sie bitte beide. Lassen Sie die ausgesprochenen Worte nun in Ihrem Inneren nachschwingen, schmecken Sie ihnen sozusagen nach. Welches Gefühl bleibt in Ihnen zurück? Was haben Sie von Ihrem Partner gehört? Was haben Sie vielleicht über sich selbst erfahren, was Sie vorher noch gar nicht wussten?

Schauen Sie sich in die Augen. Schauen Sie wirklich hin. Vielleicht sehen Sie in diesen Augen etwas, das Sie vorher nicht gesehen haben. Vielleicht lachen Sie zusammen. Vielleicht kommen Ihnen Tränen. Lassen Sie dies einfach geschehen.

Und dann sagt einer von Ihnen das Wort

„versöhnen".

Der andere Partner antwortet darauf mit einem Wort, das ihm oder ihr gerade dazu einfällt. Darauf wieder der andere Partner. Und so wieder hin und her. Auch jetzt achten Sie bitte darauf, dass Sie möglichst keine abstrakten Begriffe benutzen, sondern lieber Worte, die ein Handeln, ein Gefühl oder eine Eigenschaft zum Ausdruck bringen. Lassen Sie Ihrer Phantasie dabei freien Lauf. Auch wenn Ihnen absurde Worte einfallen. Erlauben Sie sich Ihre ganze Freiheit der Gedankenverbindungen.

Lassen Sie die Worte hin und her schwingen, solange es Ihnen gefällt, mindestens aber zwei Minuten. Dann schweigen Sie bitte beide eine Weile. Spüren Sie innerlich dem nach, was Sie gehört haben. Und auch dem, was Sie selbst gesagt haben.

Was haben Sie empfunden, was fühlen Sie jetzt? Wie haben Sie Ihren Partner erlebt, wie sich selbst? Schauen Sie sich in die Augen. Schauen Sie wirklich hin. Vielleicht sehen Sie etwas in diesen Augen, das Sie vorher nicht darin gesehen haben.

Und dann danken Sie sich bitte gegenseitig.

Danach:
Wenn Sie Lust dazu haben, schreiben Sie jeder für sich die wichtigsten Gedankenverbindungen wie eine Kette auf. Und zeigen Sie sich Ihre Verbindungen dann gegenseitig.

Sie können sich aber auch nur einfach sagen, wie es Ihnen jetzt geht und was Sie während der Meditation empfunden haben. Was Ihnen gut gefallen hat, was nicht, was Ihnen vielleicht Angst gemacht hat oder Freude. Teilen Sie sich mit und hören Sie zu, was Ihr Partner Ihnen zu sagen hat.

Wenn Sie mögen, können Sie nun gemeinsam überlegen, was diese inneren Gedankenverbindungen an neuen Möglichkeiten für eine Streitsituation enthalten. Das können ganz konkrete Verhaltensvorschläge sein, aber auch ein Stichwort, bei dem Sie beide wie auf Kommando an zu lachen fangen, weil es Sie an eine besonders verrückte Wortkette erinnert. Lassen Sie hier Ihrer Kreativität freien Lauf.

Paarmeditation 26: Der Weg durch das Feuer

Menschen haben im Grunde nur zwei unterschiedliche Strategien in Konflikten: Entweder sie bleiben und reden unendlich weiter in dem oft vergeblichen Versuch, den Konflikt doch noch zu lösen. Oder sie ziehen sich zurück, in sich selbst, in ihr Zimmer, in den Schlaf oder nach draußen, um Abstand zu gewinnen, nachzudenken, vielleicht auch manchmal auszuweichen vor der eigenen Wut.

Oft ist es so, dass Frauen eher bleiben, Männer sich eher zurückziehen. Das kann auch umgekehrt sein, kommt aber seltener vor. Der Hintergrund liegt oft darin, wie wir als Kinder gelernt haben zu sein, und das ist bei Männern und Frauen immer noch sehr unterschiedlich. Nach wie vor fühlen sich vorwiegend Frauen und Mädchen in Beziehungen und deren vielfältigen Formen zu Hause, nach wie vor werden viele Jungen in ihrem Prozess des Aufwachsens mit Wettbewerb, Macht und Konkurrenz konfrontiert, die sie isolieren und ihnen wenig erlauben, in der Öffentlichkeit ihre Gefühle zu zeigen.

Bei Paarkonflikten erleben die Frauen oft den Rückzug der Männer als Beziehungsabbruch und reagieren panisch darauf. Umgekehrt erleben die Männer die Fragen der Frauen als bohrend oder vorwurfsvoll - und reagieren ebenso panisch. Die einen verfolgend, die anderen ausweichend. Vor allem bei Konflikten werden diese Ängste aktiviert - und führen dazu, dass die Auseinandersetzungen mit wesentlich mehr emotionaler Ladung geführt werden als dies bei weniger Angst sein müsste. Wenn Frauen sich wirklich darauf verlassen könnten, dass Männer nicht weg sind, wenn sie sich zurück ziehen, sondern dass sie wiederkommen, und wenn Männer sich darauf verlassen könnten, dass sie nicht vernichtet oder verschlungen werden, wenn sie bleiben und sich den Fragen der Frauen öffnen, dann wäre ein Schritt in mehr Beziehung getan.

Die folgende Meditation versucht genau dies zu tun. Sie verbindet die beiden Hauptstrategien: Abstand schaffen und in Kontakt bleiben, und kann so zu mehr Vertrauen zueinander führen. Außerdem bringt sie beide Partner in Kontakt mit dem tieferen Schmerz, der durch den Konflikt aktiviert worden ist, und kann so dazu führen, dass beide bei einem späteren Gespräch mit mehr Klarheit über sich selbst reden können. Dadurch wird die Chance, wirklich zu einem guten Ergebnis zu kommen und den anderen tiefer zu verstehen, wesentlich größer. Und nicht zuletzt öffnet diese Meditation auch wieder den gemeinsamen Raum des Herzens, der sich während eines Konfliktes für beide verschließt.

Sie brauchen für diese Meditation einen Kurzzeit-Timer. Bitte stellen Sie ihn auf zwei Minuten ein und legen Sie ihn so neben sich, dass jeder von Ihnen ihn seitlich gut erreichen kann. Sie können sich den Meditationstext auch auf Band sprechen und ihn während der Meditation abspielen. Lassen Sie dann bei den beiden mittleren Phasen etwa sieben Minuten Zeit.

Haltung:
Bitte setzen Sie sich Rücken an Rücken, entweder auf den Boden oder auf zwei Stühle. Wenn Sie auf Stühlen sitzen, halten Sie die Stuhllehne vor sich und setzen Sie sich so weit zurück, dass Sie mit Ihren Rücken aneinander lehnen. Stellen Sie den Timer ein. Schließen Sie bitte die Augen.

Beginnen Sie damit, dass Sie den Rücken Ihres Partners spüren, auch, wenn Sie sich im Moment verletzt und verärgert fühlen. Wahrscheinlich geht es Ihrem Partner im Moment ebenso. Atmen Sie normal, ein und aus. Vielleicht werden Sie im Moment nur Ihren Ärger oder Ihre Enttäuschung spüren, vielleicht stört Sie Ihr Partner sogar dabei. Versuchen Sie, dennoch die Meditation nicht zu verlassen, bleiben Sie einfach da, ohne irgendetwas zu tun oder zu sagen. Wenn der Timer piept, stoppen und aktivieren Sie ihn erneut.

Formen Sie nun aus Ihren Händen eine Schale und halten Sie diese auf der Höhe des Sonnengeflechts. Das Sonnengeflecht ist ein energetisches Zentrum, das sich verspannt, wenn Sie alte Verletzungsmuster und Bewältigungsstrategien aktivieren. Stellen Sie sich vor, Ihre Handflächen enthalten Ihr Herz, das durch Ihren Streit so verwundet worden ist.

Lassen Sie nun bitte vor Ihrem inneren Auge die ganze hässliche Szene erneut ablaufen, lassen Sie dabei all Ihre Gefühle zu. Denken Sie ruhig an alles, was Sie Ihrem Partner gern an den Kopf werfen würden, die schlimmsten Schimpfwörter. Im Moment brauchen Sie weder spirituell noch heilig zu sein - seien Sie so normal wie Sie eben sind. Atmen Sie nun tief durch die Nase ein und durch Ihre gespitzten Lippen wieder aus. Sie sollten Ihren Atem auf Ihren Handflächen spüren können. Halten Sie dabei die Augen geschlossen. Stellen Sie sich vor, Sie blasen mit Ihrem Ausatmen wie eine Mutter, die bei einem kleinen Kind den Schmerz von einer Wunde wegpustet, ganz sanft auf die Schalen Ihrer Hände. Und Sie lösen mit Ihrem sanften Atem die Verkrampfung des Schmerzes in Ihrem Herzen in der der Schale Ihrer Hände.

Gehen Sie so durch alles durch, was in Ihnen ist - durch alle Sätze, die Sie gehört, alle Gefühle, die Sie gefühlt haben. Durch all Ihre Enttäuschung, all Ihre Traurigkeit, all Ihre Bitternis. Lassen Sie in Ihrem Inneren Worte oder Sätze entstehen, richten Sie sie ruhig an Ihren Partner - und geben Sie sie in die Schale Ihrer Hände. Blasen Sie bei jedem Ausatmen in Ihre Handflächen, als würden Sie damit den Schmerz lindern können.

Anfangs werden Sie vielleicht stark in Ihre Hände pusten, am Ende wird Ihr Atem sanfter und weicher werden. Wenn zwischendurch Ihr Timer piept, stellen Sie oder Ihr Partner ihn einfach mit einer Hand aus und wieder an. Auf diese Weise wissen Sie, wie lange Sie selbst oder Ihr Partner noch bei dieser Meditationsphase bleiben wollen.

Wenn Sie sich innerlich erleichtert fühlen (bitte nicht vorher), nehmen Sie langsam beide Hände hoch und legen Sie Ihre Handflächen nebeneinander, eine tiefer als die andere, auf Ihr Brustbein. Das Brustbein ist der Mittelpunkt Ihres Herzzentrums, des energetischen Zentrums der Umwandlung von Emotionen in Mitgefühl. Stellen Sie sich dabei vor, dass Sie selbst in Ihrem Herzen alle Emotionen, die Sie hegen, alle alten Muster, mit denen Sie auf Verletzungen reagieren, liebevoll annehmen, so bizarr sie auch sein mögen. Ihr Herz weiß: Hinter all diesen Angriffs- und Verteidigungsstrategien steckt die Sehnsucht nach Liebe, nach Verstanden-Werden.

Schenken Sie sich selbst jetzt diese Liebe, dieses Verstanden-Werden - verstehen Sie Ihre Art, wie Sie gelernt haben, diese Sehnsucht zu verbergen, wodurch und wann. Spüren Sie die Wärme Ihrer Hände, die Weite Ihres Herzens - schenken Sie sich selbst diese Wärme, dieses Verstanden-Werden, diese Liebe. Atmen Sie, sanft und tief. Sprechen Sie in Ihrem Inneren Worte, die Verständnis und Anteilnahme ausdrücken. Nehmen Sie sich auch dafür soviel Zeit, wie Sie brauchen - zwei bis vier Minuten.

Und dann richten Sie Ihre Aufmerksamkeit wieder auf Ihren Rücken. Spüren sie an Ihrem Rücken den Rücken Ihres Partners. Werden Sie sich bewusst, dass er in den vergangenen Minuten dasselbe getan hat wie Sie, dass auch er durch seine Verletzungen, seine Schmerzen, seine Wut und seine tiefe Sehnsucht nach Liebe hindurchgegangen ist - genau wie Sie durch Ihre. Spüren Sie an Ihrem Rücken Ihren Partner - und spüren Sie auch, dass zwischen Ihren beiden Händepaaren Ihre beiden Herzen liegen, geschützt nach außen, aber aneinander nach innen - ein gemeinsamer Herzensraum. Atmen Sie nun bitte in diesen gemeinsamen Herzensraum hinein, in Ihr Herz ein und aus Ihrem Herzen in den Herzensraum nach hinten. Bitte fahren Sie damit zwei Minuten fort.

Lassen Sie dann Ihre Hände sinken, legen Sie sie seitlich neben Ihren Körper. Wenn es sich für Sie richtig anfühlt, lassen Sie zu, dass Ihre Hände sich begegnen. Sie können die Hände einfach übereinander legen, Sie können sie sich auch bewegen lassen - tun Sie das, was sich richtig anfühlt.

Nach wiederum zwei Minuten drehen Sie sich bitte zueinander um. Schauen Sie sich an - nicht nur in Ihre Augen, schauen Sie tiefer. Vielleicht können Sie spüren, dass Ihr Partner genauso in Not ist wie Sie selbst, genauso verletzt, genauso ängstlich, genauso blockiert, genauso sehnsuchtsvoll wie Sie.

Nach einigen Minuten danken Sie einander, indem Sie sich zum Beispiel voreinander verneigen. Wenn es sich für Sie beide richtig anfühlt, können Sie sich auch umarmen. Das muss aber nicht sein. Sprechen Sie bitte noch nicht miteinander.

Danach:
Gehen Sie nun schweigend auseinander, mindestens eine Stunde lang. Machen Sie einen langen Spaziergang, legen Sie sich auf Ihr Bett, arbeiten Sie im Garten. Sehen Sie bitte nicht fern, telefonieren Sie auch nicht, gehen Sie auch noch nicht zum Alltag über. Lassen Sie zu, dass die Meditation Ihre heilende Wirkung in Ihrem Inneren entfaltet. Wenn es sich für Sie richtig anfühlt, schreiben Sie auf, was für Sie während der Meditation wichtig war. Wenn Sie sich nach einer Stunde wieder treffen, können Sie sich austauschen.

Paarmeditation 27: Reaktionsmuster ändern

Auf Angriffe, spitze Bemerkungen oder Kritik an unserem Verhalten reagieren wir meist gefühlsmäßig, auch wenn wir noch so intellektuell oder überlegen tun. Wir fühlen uns verletzt, eingeschüchtert, wütend oder enttäuscht, dass der andere so mit uns umgehen konnte. Ob wir mit Tränen oder Schweigen, mit Gegenargumenten, scheinbarer Nonchalance, Rückzug oder Heftigkeit reagieren, hat viel mit den Erfahrungen zu tun, die wir früher einmal gemacht haben - mit den Strategien, die wir als Kinder oder Jugendliche entwickelt haben, wenn es Krach gab.

Wenn wir diese Reaktionsmuster bei jedem Angriff, jeder Kritik in uns wieder aktivieren, können wir vielleicht lange Zeit die darunter liegenden Gefühle verdrängen. Aber wirklich wachsen können wir erst, wenn wir uns diesen Gefühlen stellen. Und merken, dass wir heute nicht daran verzweifeln, nicht davon überwältigt werden, ihnen nicht nur ausgeliefert sind. Einer der wichtigsten Schritte dazu kann sein zu erkennen, dass wir heute auf unsere Gefühle einen Einfluss haben. Und das gibt eine enorme Freiheit.

Dazu müssen wir nicht einmal genau verstehen, weshalb wir welche Gefühle haben. Wir müssen nur den Mechanismus kennen, nach dem sie sich entwickeln - und dann entscheiden, was wir damit machen wollen. Gefühle sind nichts weiter als Energie, die wir bestimmten Gedanken und unseren Interpretationen der Welt geben: Gedanken plus positiver Energie gleich gute Gefühle, Gedanken plus negativer Energie gleich schlechte Gefühle. Solche Gedanken können bei einem Konflikt beispielsweise alte innere Botschaften sein: „Da hast du mal wieder alles falsch gemacht" oder „Deinetwegen geht es mir jetzt schlecht". Wenn wir diese Gedanken mit dem alten Gefühl besetzen, dass wir von damals kennen, dann entstehen heute, in diesem Moment, negative Gefühle. Umgekehrt können wir denken: „Oh, das fühlt sich aber gut an!", und wir geben diesem Gedanken positive Energie.

Wie viel Energie wir einem Gedanken jedoch geben wollen, ist zumindest theoretisch unsere eigene Entscheidung. In Indien geht man davon aus, dass uns im Prinzip niemand verletzen kann, es sei denn, wir lassen es selbst zu. Das klingt hart und nach „Selber schuld!", wenn wir verletzt sind, meint aber etwas ganz Wichtiges: Wir können üben, nicht mehr in dieselben Fallen unserer Gefühlsmuster hineinzufallen. Wenn wir einmal erfahren haben, dass wir unsere Gefühle selbst „machen", dann haben wir ein entscheidendes Stück Freiheit gewonnen.

Das kann in einer Partnerschaft zur Folge haben, dass Konflikte nicht immer nach demselben Muster ablaufen. Sondern dass wir irgendwann auch „aussteigen" können. Das innere Wissen: „Ich bin jetzt verletzt, aber ich kann entscheiden, ob ich damit nun weglaufe oder losbrülle oder ganz etwas anderes mache", kann uns in unserem inneren Zentrum halten und die Partnerschaft entscheidend verändern.

Mit dieser Meditation können wir lernen, Gefühle bewusst loszulassen. Zu erfahren, was dahinter ist. Und damit einen Schritt tun, weg von den Vorwürfen an den anderen, weg von der Abhängigkeit davon, dass der andere sich ändern soll, hin in die Freiheit zu uns selbst. Je öfter Sie diese Meditation machen, desto mehr werden Sie merken, dass Sie ein sehr potentes Instrument ist, um nach einem Konflikt wieder in die Wirklichkeit zu kommen. Und dann ohne Vorwurf und Anschuldigung miteinander zu reden.

Haltung:
Setzen Sie sich gegenüber, Knie an Knie. Halten Sie die Augen geschlossen. Atmen Sie lang und tief, ohne Pause zwischen dem Einatmen und dem Ausatmen, durch den geöffneten Mund. Wenn Sie mit geöffnetem Mund atmen, dann aktivieren Sie mehr Gefühle als durch die Nase, die Ihre Emotionen kanalisiert.

Atmen Sie bitte in Ihr Sonnengeflecht. Das Sonnengeflecht ist das Energiezentrum, mit dem Sie Ihre alten Verletzungen aus Ihrer Vergangenheit erreichen und lösen können. Halten Sie sich gegenseitig an den Ellenbogen - damit arbeiten Sie direkt am Ego Ihres Partners und er an Ihrem. Atmen Sie beide tief.

Lassen Sie innerlich Gedanken an Verletzungen in Ihrer Partnerschaft hochkommen. Denken Sie an ein Ereignis, das ein bestimmtes negatives Gefühl oder eine alte negative Botschaft und das dazugehörende Gefühl wieder in Ihnen aktiviert hat, ein Ereignis, wo es wieder einmal war wie immer. Atmen Sie in dieses Gefühl hinein, machen Sie es mit dem Atem größer. Und noch größer. Wenn Sie das Gefühl klein lassen, dann können Sie es noch gut aushalten. Machen Sie es wirklich so groß, dass Sie es kaum noch aushalten können, ein Gefühl, von dem Sie wirklich die Nase voll haben, das Sie nicht mehr wollen, das Sie immer in Ihrem Leben klein gemacht hat.

Machen Sie es wirklich groß, machen Sie es so groß, dass es keinen Weg aus diesem Gefühl mehr gibt. Spüren Sie Ihr Gefängnis. Atmen Sie dabei tief durch den geöffneten Mund. Machen Sie es immer größer. Und dann atmen Sie bitte tief ein, halten Sie den Atem an, halten, halten - und dann wie mit einem Kanonenschlag ausatmen. Noch einmal wiederholen. Schauen Sie dann Ihrem Partner in die Augen. Spüren Sie sich, jetzt in diesem Moment - wo ist das Gefühl jetzt?

Danach:
Erzählen Sie sich bitte gegenseitig, was für Sie in der Meditation geschehen ist. Seien Sie dabei so detailliert wie möglich. Es kann sein, dass Sie gemerkt haben, dass nach dem Kanonenschlag-Atem ein Moment von „Nichts" da war. Damit haben Sie sich genau in diesen Moment katapultiert, in das Jetzt, von dem aus alles möglich ist. Vielleicht nehmen Sie Ihren Partner auch ganz anders wahr. Lassen Sie sich von dem leiten, was in Ihnen geschieht - und sprechen Sie es aus.

Wenn Sie ärgerlich geworden sind, weil Sie denken, so einfach könne es doch nicht sein, vor allem nicht mit bedrohlichen Gefühlen, machen Sie die Meditation erneut - diesmal mit Ihrem Ärger. Spüren Sie, wo er her kommt, lassen Sie ihn größer und größer werden. Und lassen Sie ihn dann mit dem Kanonenschlagatem gehen.

Variation:
Wählen Sie gemeinsam eine Situation und Ihr Gefühl dazu, das Sie gerne loslassen wollen. Üben Sie gemeinsam, Ihre blockierten Gefühle dazu loszulassen.

Paar-Meditation 28: Bitte öffne mein Herz!

Diese Meditation macht unmittelbar sichtbar, wie verschlossen unsere Herzen manchmal füreinander sind - und gleichzeitig spürbar, dass hinter unseren Mauern viel Sehnsucht wartet. Sehnsucht danach, richtig angesprochen, richtig berührt zu werden, damit der Druck der Verschlossenheit weichen, das Herz sich wieder öffnen kann. So sehr wir manchmal auch toben und wüten - innerlich hoffen wir doch, dass der Partner erkennen kann, wie verletzlich wir dahinter sind, und dass er den Weg zu unserem Herzen doch finden möge.

Mit dieser Meditation können wir auf unmittelbar körperliche Weise spüren, was wir brauchen, um uns zu öffnen - Wärme, Zärtlichkeit, umschlossen werden, Halt bekommen, ein Gefühl von Geborgenheit, Humor und Lachen - was auch immer. Wie können aber auch spüren, wie abhängig wir dadurch werden, wenn wir darauf warten, dass der andere diesen Weg findet. Und wir können merken, dass es eigentlich ganz leicht ist, selbst „aufzumachen", den Schritt in die Unabhängigkeit zu tun. Selbst die Entscheidung zu treffen, heißt, wirklich frei zu sein.

Frauen haben es an dieser Stelle auf ihre Weise schwer. Sie haben trotz aller inzwischen erworbenen selbstverständlichen Freiheit immer noch schnell das Gefühl in sich: Sich bei einem Konflikt wieder zu öffnen, das ist doch nichts Neues, das heißt nachgeben. Nachgeben aber ist eine uralte weibliche Reaktionsweise in Konflikten, das haben meine Mutter, meine Großmutter auch schon so gemacht, damit bin ich groß geworden. Und dieses Beziehungsmuster will ich nun echt nicht mehr. Aber: Wie frei sind Sie wirklich davon? Diese Art Nachgiebigkeit ist nämlich hier nicht gemeint.

Diese entstand aus einem Gefühl der Unterlegenheit, die hier gemeinte entsteht durch persönliche Reife und Partnerschaftlich-keit, aus dem Wissen, dass immer beide an einem Konflikt beteiligt sind. Und daraus, dass ich immer nur mich selbst ändern und öffnen kann, nie den anderen. Was dann aus solch einem Bewusstsein entsteht, kann äußerlich leicht wie Nachgiebigkeit aussehen, ist aber etwas ganz anderes.

Aber nicht nur Frauen, auch Männer haben es mit dieser Meditation oft nicht ganz leicht. Es gilt für sie das Beziehungsmuster zu überwinden, Frauen stets umwerben zu müssen, wenn sie erreichen wollen, dass sie sich ihnen zuwenden. Das gibt ihnen zwar scheinbar die aktivere Rolle, ist aber auf Dauer ziemlich anstrengend. Und erlaubt selten, sich wirklich fallen zu lassen. Das Thema: Wieso soll ich schon wieder etwas dafür tun, damit du dich mir zuwendest, gilt also auch für sie, aber vor einem anderen Hintergrund.

Diese Meditation hat mit Manipulation oder Leistung wenig zu tun, dafür umso mehr mit Einfühlung und Verständnis - auch für sich selbst. Sie schenkt Ihnen die Möglichkeit, sich buchstäblich ganz in die Hände des anderen zu begeben, wirklich in die Hingabe zu kommen - als Gebende oder Nehmende.

Haltung:
Bitte setzen Sie sich voreinander hin, Knie an Knie. Entscheiden Sie bitte, wer als erster sein Herz öffnen lassen möchte. Dieser Partner schließt seine Augen, macht aus seiner Hand eine feste Faust und streckt diese mit leicht angewinkeltem Ellenbogen dem Partner entgegen. Dieser behält während der gesamten Meditation die Augen geöffnet.

Vorstellung: Der Partner mit den geschlossenen Augen stellt sich vor: Diese Faust ist jetzt mein Herz, und so fest, wie diese Faust nun geschlossen ist, so verschlossen ist manchmal mein Herz für dich. Eine ganz feste Mauer ist darum gezogen.

Während Sie sich dies vorstellen, spüren Sie auch, wie es sich hinter diesen Mauern anfühlt, im Inneren der Faust, im Inneren des Herzens, im Inneren des Fest-Verschlossen-Seins. Ob Sie darauf warten, dass jemand kommt, oder ob Sie nur mit dem Verschlossen-Sein beschäftigt sind.

Nun versucht der andere Partner, die Faust als Symbol des Herzens dazu zu bewegen, sich wieder aufzutun. Ohne Worte. Spüren Sie dabei alle Ihre Gefühle - Ihre Hilflosigkeit vielleicht oder Ihre Angst, Ihren Ärger oder Ihre Zärtlichkeit. Nähern Sie sich dieser Faust, so wie Sie wollen oder können, und versuchen Sie, sie dazu zu bewegen, dass sie sich öffnet.

Der Partner mit den geschlossenen Augen: Spüren Sie wie mit einer Lupe, was die Annäherung Ihres Partners in Ihrer Faust auslöst - bringt sie Sie dazu, sich noch fester zu verschließen, sind Sie ganz schnell bereit, sich zu öffnen? Erlauben Sie sich, wirklich auf die Berührung des anderen zu reagieren, die Faust nicht vorzeitig aufzumachen, oder machen Sie ein Kampfspiel daraus? Nehmen Sie sich wahr. Vielleicht ist die Art Ihrer Reaktion ganz typisch und wichtig für Sie. Und vielleicht finden Sie heraus, wofür, wenn Sie mit Ihrer ganzen Achtsamkeit bei sich bleiben.

Wenn der eine Partner die Faust geöffnet hat - oder der andere Partner nicht mehr weitermachen möchte, ist dieser Teil der Meditation beendet. Öffnen Sie beide die Augen und schauen sich einen Moment an. Und dann: Wechseln Sie die Rollen!

Danach:
Wenn Sie über diese Meditation sprechen, achten Sie darauf, dass Sie wirklich von Ihren Gefühlen sprechen. Interpretieren Sie nicht, fragen Sie sich nur gegenseitig, was genau Sie in jedem Moment empfunden haben. Was Sie gebraucht hätten, wonach Sie sich vielleicht gesehnt haben. Manchmal geben wir das dem anderen, was wir selbst brauchen, nicht das, was dieser braucht. Hören Sie gut zu, und seien Sie selbst so detailliert wie möglich in Ihrer Beschreibung von sich selbst. Sie können dabei viel darüber lernen, wonach der andere sich bei Konflikten sehnt und wie Sie im Alltag einen Streit beenden können.

Paar-Meditation 29: Was ich an dir schätze

Diese Meditation geht einen ganz neuen Weg in der Lösung von Konflikten. Der Ansatz dazu stammt von dem amerikanischen Therapeutenpaar Joyce und Barry Vissell. Die beiden hatten in ihrer eigenen, mehr als 35jährigen Beziehungsgeschichte erkannt, dass es wenig gab, das ihnen bei einem Konflikt tatsächlich half. Sie hatten aktives Zuhören trainiert - aber wenn sie hochemotional waren, konnten sie nicht mehr aktiv zuhören. Sie hatten Atemtechniken geübt - aber in den Momenten ihrer Konflikte fielen sie ihnen leider nicht ein. Sie hatten alles ausprobiert, was es in der paartherapeutischen Literatur an Lösungsstrategien vorgeschlagen wird. Nichts hatte in der akuten Situation geholfen.

Durch ihre langjährige Meditationspraxis wussten sie, dass partnerschaftliche Konflikte meist etwas damit zu tun haben, wie man eine bestimmte Handlung oder einen bestimmten Satz des anderen interpretiert, nicht so sehr damit, was wirklich geschehen ist. Plötzlich verwandelt sich unser Partner - von unserem Geliebten in unseren schlimmsten Feind. Wir können nicht mehr seine Schönheit sehen, sondern erleben ihn nur noch in seiner Hässlichkeit. Eine ganze Palette von Gefühls- und Bewertungs-mustern wird in uns ausgelöst, unsere eigenen Selbstzweifel, unsere eigenen Verletzungen unserer Liebe aktiviert. Wir werden buchstäblich blind für den anderen, sind gefangen in unserer eigenen Reaktion. Leider kann man es nicht so einfach abstellen - oder doch?

Es geht - wenn wir einen Weg zurück finden ins Land der Liebe. Denn wo Liebe ist, gibt es keine Reaktionsmuster mehr - Liebe ist jenseits von Ego, jenseits von Denken, jenseits sogar von Fühlen. Liebe ist reines Sein.

Die folgende Meditation zeigt ihnen einen Weg zurück in die Liebe. Sie bietet ihnen an, die Schönheit ihres Partners wiederzufinden - einfach dadurch, indem Sie sich darauf konzentrieren. Ausgerechnet, wenn ich ihn so schrecklich finde? werden Sie jetzt sicher sagen? Ja, genau dann. Gerade dann. Denn wenn Sie sich darauf besinnen, was Ihr Partner auch an schönen Seiten hat - neben all den negativen, die bei Ihnen jetzt im Vordergrund stehen - dann löst sich Ihre Wut, Ihre Verletztheit. Wahrscheinlich verwandelt sich Ihr Bild von ihm in Ihrem eigenen Inneren. Sie werden nicht mehr so blockiert sein, vielleicht sogar wieder auf ihn zugehen können. Gleichzeitig tun Sie damit aber auch etwas für sich. Denn da Ihr Partner Ihnen Ihr eigenes Selbst und dessen augenblicklichen Zustand genau spiegelt, bestätigen Sie sich Ihre eigene Liebens-Würdigkeit mit jedem Ausdruck von Liebe, den Sie Ihrem Partner schenken.

Haltung:
Setzen Sie sich voreinander hin, schauen Sie sich an. Auch wenn es schwer fällt, wenn Sie viel lieber den anderen beschuldigen, ihm seine Fehler nachweisen, ihn ins Unrecht setzen möchten - tun Sie nichts von alledem! Seien Sie einen Moment lang still. Schauen Sie sich an.
Und nun sagen Sie sich, was Sie gerade aneinander wertschätzen. Was Sie an diesem Tag bemerkt haben, bevor der Krach einsetzte. Wie der andere Ihnen seine Liebe gezeigt hat - Ihnen Brötchen geholt, eine Zeitschrift mitgebracht, die Sie mögen. Ein Essen gekocht, das Ihnen geschmeckt hat. Oder Ihr Fahrrad repariert, die Wäsche aufgehängt hat. All die vielen tausend Details, die wir so gerne vergessen (außer in der ersten, der Verliebtheitsphase einer Partnerschaft). Benennen Sie auch die Dinge, die Ihnen selbstverständlich erscheinen - in der Liebe ist nichts (oder alles) selbstverständlich!

Es geht dabei nicht um Komplimente. Komplimente wollen etwas bewirken, einlullen oder schmeicheln - seien Sie einfach ehrlich, ohne eine Reaktion hervorbringen zu wollen, sagen Sie Ihre Wahrheit! So klar und detailliert wie möglich. Es geht auch nicht um Blauäugigkeit, oder darum, die Augen vor den negativen Teilen des anderen zu verschließen. Sondern darum, zu erkennen, dass der Andere immer - immer - auch liebenswerte Seiten hat. Und dass diese, ebenso wie die negativen, Ihre eigenen entsprechenden Seiten spiegeln und hervorrufen.

Gehen Sie dann eine Ebene tiefer in Ihr Innenleben. Wann haben Sie gespürt, dass der andere Sie liebt? Wofür könnten Sie ihm danken? Wie finden Sie sein Gesicht, sein Lächeln? Wie die Tatsache, dass er/sie mit Ihnen gerade diese Meditation macht, statt weiter zu streiten? Danken Sie ihm dafür. Und empfangen Sie seine Wertschätzung.

Führen Sie die Meditation fort, so lange Sie möchten, mindestens aber fünf Minuten. Halten Sie Pausen des Schweigens aus, brechen Sie die Meditation dann nicht ab. Es kann sein, dass Sie die Pause brauchen, um auf eine noch tiefere Ebene zu kommen, oder um Ihren Stolz zu überwinden und wirklich die Wahrheit zu sagen.

Danach:

Wenn die Zeit abgelaufen ist oder Sie merken, dass Sie alles gesagt haben, seien Sie einen Moment miteinander still. Schauen Sie sich an. Lassen Sie in Ihrem Inneren alles nachklingen, was Sie selbst gesagt und gehört haben. Spüren Sie hin - spüren Sie Ihre Liebe?

Wenn Sie möchten, können Sie sich dann an den Händen fassen. Und sich gegenseitig danken.

Tauschen Sie sich nicht über das Gehörte und Gesagte aus. Nehmen Sie dies einfach auf. Lassen Sie ein wenig Zeit vergehen, bevor Sie dann über Ihren Konflikt sprechen.

Paar-Meditation 30: Heilung für Konfliktmuster

In jeder spirituellen Tradition gibt es Hilfen dafür, die zahlreichen Verletzungen und Wunden zu heilen, die uns im Laufe unseres Lebens zugefügt worden sind. Egal, ob im Christentum, im Islam, im Judentum, im Buddhismus oder in der indianischen Weisheitslehre - überall weiß man, dass das Festhalten an diesen Wunden und den daraus entstandenen Bewältigungsmustern uns daran hindern, wirklich frei zu werden. Deshalb werden dem Lernenden Übungen aufgegeben, mit denen er sich von diesen alten Mustern und dem alten Groll reinigen kann, die seine Existenz belasten. Bestimmte Gebete, Niederwerfungen, Rückzugszeiten, Meditationen - sie alle dienen dazu, die Seele von ihrem alten Ballast zu befreien. Gleichzeitig sind sie ein Tor - nur derjenige, der diese Mühe auf sich nimmt, der es wirklich ernst meint damit, kann überhaupt den Raum der Liebe und Bewusstheit betreten.

Auch in der Partnerschaft sammeln sich im Laufe der Jahre viele Verletzungen an - kleine, große, scheinbar verziehene und ausdrücklich unverziehene. Nur wenige Paare trauen sich, darüber zu sprechen - zu groß ist die Angst, dann wieder miteinander in einer Situation zu enden, in der es keine Lösung gibt und man sich gegenübersteht wie zwei verfeindete Fremde. Also werden die Wunden weggeschlossen - und dennoch drängen sie sich bei jedem neuen Konflikt ins Bewusstsein, stehen direkt oder indirekt wieder mit im Raum.

Diese unerledigten Verletzungen sind der Hintergrund dafür, dass es bei Konflikten so schnell zu Verallgemeinerungen und Vorwürfen kommt, bei denen die ganze Beziehung oder der ganze Mensch infrage steht. Und dass die Liebe so nicht wirklich blühen kann, sondern wir uns allenfalls für den Augenblick versöhnen - bis zum nächsten Mal.

Diese Wirklichkeit entmutigt viele Menschen, treibt sie genau an der Stelle auseinander. „Wir passen einfach nicht zusammen", „Wir sind zu unterschiedlich", „Wir können einfach nicht miteinander reden", heißt es dann. Und, so weh es tut, man trennt sich. Sucht weiter, den einen Menschen, mit dem man wirklich Liebe leben kann. Dabei ist genau wie im Suchen nach dem eigenen Wesen diese Stelle das Tor, durch das wir gemeinsam wirklich das Land der Liebe betreten können - wenn wir nicht stecken bleiben im Vorwurf, in der Projektion, in der Erwartung, dass nur du dich ändern musst und alles wäre gut. Sondern statt weiter zu kämpfen einzutreten in die Demut des Offenheit, in die Verletzlichkeit des

Herzens, in das Wissen um die eigene Ohnmacht, in die Bitte um Verständnis, auch für die eigene Wut - und die Bereitschaft zu glauben, dass es Dir im Kern nicht anders geht als mir. Auch wenn es nach außen noch so anders aussieht. Ja zu sagen zu mir - und zu Dir.

Hier im Westen haben wir dazu die vielen psychologischen Therapien erfunden. Doch wir können auch von den traditionellen Seelenschulen, von der Mystik lernen. Denn all diese Schulen bringen uns in Verbindung mit der Liebe - helfen uns dabei, die Hindernisse zu überwinden, die wir im Laufe unseres Lebens aufgebaut haben, um uns vor weiterer Verletzung zu schützen, aber auch vor dem Schmerz, weil wir im Tiefsten gar nicht mehr glauben können, dass wir wirklich liebens-werte, liebe-volle, strahlende Wesen sind. Dieses Wissen in uns wiederzufinden, es nach außen scheinen zu lassen, zu spüren, dass es in allen Wesen ist und uns davon anrühren zu lassen, das ist Liebe.

Die folgende Meditation ist eine Bearbeitung einer Meditation aus der Tradition des Kundalini-Yoga, die uns mit diesem Bewusstsein in Kontakt bringt. Sie birgt in sich den Schatz der Arbeit mit inneren Energien und Energiezentren. Wenn wir sie gemeinsam ausführen, können wir unser Museum der Verletzungen nach und nach transzendieren. Diese Meditation ist sowohl für einen aktuellen Konflikt wirksam wie auch als eine Art Reinigungsprozess.

Wenn Sie sich entschließen, sie dafür zu benutzen, sollten Sie sie über eine längere Zeit täglich ausführen - so lange, bis sie merken, dass es in Ihnen keinen Rest Groll mehr gibt. Gleichzeitig werden Sie merken, wie die Liebe zu Ihrem Partner - und zu sich selbst - zunimmt. Sie ist deshalb ein großes Geschenk, für Sie selbst, aber auch für Ihre Liebe. Wenn Sie diese Meditation für einen bestimmten Konflikt ausführen möchten, sprechen Sie sich vorher darüber bitte mit Ihrem Partner ab. Auch dieses ist ein Geschenk aneinander - Sie können dann beide gemeinsam eine neue Haltung zu diesem Konflikt gewinnen.

Haltung:
Setzen Sie sich voreinander, Knie an Knie, die Augen geschlossen. Atmen Sie eine oder zwei Minuten bewusst ein und aus, lassen Sie dann bewusst Ihren Atem los und spüren nur, wie Sie atmen. Legen Sie Ihre Hände mit den Handflächen nach oben auf Ihre Knie. Wenn Sie mögen, können Sie die Spitzen von Daumen und Zeigefinger aneinander legen - die klassische Yoga-Meditationshaltung, in der sich die Energie Ihres Ich (aktivierbar in Ihrer Daumenspitze) mit der Energie des höchsten Bewusstseins (aktivierbar durch Ihre Zeigefingerspitze) verbindet. Es

reicht aber auch, wenn Sie einfach Ihre Handflächen nach oben halten wie eine Schale.

Denken Sie nun an eine Situation, in der Sie sich von Ihrem Partner weit entfernt gefühlt oder mit ihm in einem Konflikt gewesen sind. Sehen Sie die Szene, die Begegnung, die Auseinandersetzung in allen Einzelheiten, und zwar wirklich von Ihrer Sicht aus. Gehen Sie ganz in Ihre Position hinein, fühlen Sie, was Sie dabei gefühlt haben, spüren Sie, was Sie besonders getroffen hat. Versuchen Sie, sich wirklich zu verstehen, fühlen Sie auch, was diese Auseinandersetzung Ihnen für ein Gefühl über sich selbst gegeben hat, wie schlecht, wie ungeliebt, wie wenig wertgeschätzt oder geachtet Sie sich gefühlt haben. Vielleicht auch, woher Sie dieses Gefühl kennen. Sehen Sie die Bilder, spüren Sie Ihr Körpergefühl, hören Sie die Worte.

Wenn Sie dieses Gefühl ganz aktiv in sich tragen, sprechen Sie bitte innerlich wie ein Mantra die Worte:

„Ich liebe mich".

Bei „Ich" richten Sie Ihre Augen innerlich auf Ihr rechtes Auge, so als ob Sie wirklich dorthin schauen und gleichzeitig das Wort aussprechen würden. Bei „liebe" richten Sie bitte Ihre Augen auf das linke Auge und bei „mich auf die Nasenspitze (einen wichtigen Konzentrationspunkt). Während Sie diese drei Worte innerlich aussprechen, bilden Sie also innerlich ein Dreieck. Wiederholen Sie diese Worte immer wieder, formen Sie dabei immer wieder das Dreieck. Nehmen Sie sich dafür mindestens zwei Minuten Zeit.

Nun atmen Sie bitte einige Male tief ein und aus. Und dann gehen Sie bitte innerlich wieder in dieselbe Situation - aber diesmal aus dem Erleben Ihres Partners. Sehen Sie wieder die Bilder, hören Sie die Worte, spüren Sie, wie sein/ihr Körper reagiert. Versuchen Sie zu fühlen, was Ihr Partner gefühlt hat, spüren Sie seine Verletztheit, auch seine Art, eine solche Situation zu bewältigen. Versuchen Sie zu fühlen, wann und wo er sich nicht wertgeschätzt, abgewiesen, gedemütigt gefühlt hat, spüren Sie auch seine Bewältigungsmuster. Vielleicht bekommen sie innerlich auch einen Zugang dazu, woher Ihr Partner dieses Gefühl wohl kennt.

Dann sprechen Sie bitte innerlich wie ein Mantra die Worte:

„Ich liebe dich":

Bei „Ich" schauen Sie innerlich auf Ihr rechtes Auge, bei „liebe" schauen Sie auf Ihr linkes Auge, bei „dich" auf Ihre Nasenspitze. Wiederholen

Sie diese Worte immer wieder, formen Sie innerlich ein Dreieck dabei. Nehmen Sie sich hierfür mindestens zwei Minuten Zeit.

Und dann atmen Sie bitte wieder einige Male tief ein und aus. Gehen Sie dann innerlich zum letzten Mal zu dieser Situation, lassen Sie sie vor Ihrem inneren Auge so erstehen, wie sie hätte sein können, wenn Sie beide aus Ihrem höchsten Bewusstsein gehandelt hätten. Wenn Ihnen selbst nicht unmittelbar ein Bild kommt, bitten Sie Ihr höchstes Bewusstsein, Ihnen die Situation und ihr heilendes Potenzial zu zeigen. Sie aktivieren damit die heilenden Kräfte, auch wenn Sie sie jetzt noch nicht kennen.

Sprechen Sie dann innerlich wie ein Mantra die Worte:

„Lass Liebe sein".

Bei „Lass" schauen Sie wieder auf Ihr rechtes Auge, bei „Liebe" auf Ihr linkes Auge, bei „sein" auf Ihre Nasenspitze. Sie übergeben damit die Situation dem höchsten Bewusstsein, Ihrem Schutzengel, Gott - was immer Ihnen nahe ist. Fahren Sie so etwa zwei Minuten fort, bilden Sie innerlich das Dreieck.

Dann öffnen Sie bitte langsam die Augen. Schauen Sie sich ein bis zwei Minuten in die Augen, atmen Sie dabei lang und tief. Dann danken Sie sich für das, was Sie miteinander geteilt haben.

Danach:

Wenn Sie sich danach fühlen, erzählen Sie sich gegenseitig, was Sie während der Meditation empfunden haben. Es ist aber genauso gut, wenn Sie nur Ihr momentanes Gefühl zueinander teilen. Nehmen Sie sich in jedem Fall irgendwann Zeit, das Erlebte aufzuschreiben.

Paar-Meditation 31: Ich öffne dir mein Herz

Wenn wir im Konflikt miteinander sind, haben wir unsere Herzen füreinander verschlossen. Manchmal spüren wir gar nicht mehr, wie sehr wir uns selbst damit weh tun, wir sind vielleicht froh, dass wir auch allein zurecht kommen, dass wir dem anderen nicht hinterherlaufen müssen, dass es uns gut geht, dass wir Spaß mit Freunden haben, uns an unserem Leben freuen können. Erst wenn wir bereit sind, uns wieder mit unserem Liebsten zu unterhalten, wirklich auszusprechen, was uns gestört, geärgert, verletzt hat, dann merken wir auch, dass wir diesen Teil unseres Lebens, unsere Liebe zu diesem Menschen, in die Verbannung geschickt haben. Und dass dies einen Sinn hat, nämlich den, den Schmerz über die Störung unserer Liebe, die scheinbare Zurück-weisung oder Demütigung, nicht mehr spüren zu müssen. In jeder Auseinandersetzung, in jeder Meinungsverschiedenheit können wir diesen Punkt finden, in dem es um die Wahrheit geht: Ob wir wieder ausweichen wollen, in unser schon bekanntes Muster zu verfallen, mit dem wir dem anderen den „Schwarzen Peter" zuschieben, oder ob wir wirklich ehrlich von dem sprechen, was in uns ist - so schwer das auch fällt. Letzteres bedeutet, den anderen hinter die Fassade sehen lassen, uns wirklich in unserer Verletzlichkeit zu zeigen und den Impuls niederzukämpfen, ihm stattdessen lieber einen Tiefschlag zu versetzen, damit er merken soll, wie weh er uns getan hat. Oder wieder zu schweigen und zu gehen, wie wir es immer getan haben.

Es ist ein ganz entscheidender Moment in jedem Konflikt - und wenn es gelingt, diesen Schritt in die Offenheit und Verletzlichkeit zu gehen, dann ist der erste Schritt zur Lösung getan. Manchmal ist dies im akuten Moment nicht möglich, sondern erst nach ein paar Stunden oder sogar Tagen. Aber wenn wir bereit sind, den Schritt in die Wahrheit zu tun, dann kann diese Meditation helfen, uns wieder füreinander zu öffnen.

Das Geheimnis ist, dass unsere Offenheit und unsere Verletzlichkeit uns nicht schwächer machen, wie wir immer phantasieren. Sondern stärker. Stärker deshalb, weil wir dann „Ja" sagen zu uns selbst. Zu unserem Schmerz, zu unserer Traurigkeit, auch zu unserer Liebe. Und uns damit zu uns selbst bekennen, keinen Teil mehr ablehnen oder wegschließen müssen. Und damit ganz werden. Es kann sein, dass wir damit mehr Schmerz fühlen, nicht weniger. Aber auch, dass wir ihn schneller wieder überwinden können, als wenn wir gegen ihn ankämpfen und versuchen, ihn unsichtbar zu machen.

Die folgende Meditation bringt uns in Kontakt genau mit diesem Schritt. Im Angesicht unseres Partners zeigen wir zunächst all unsere Verschlossenheit, mit den Augen, mit den Händen. Dann öffnen wir uns langsam dem anderen - und lassen uns darin sehen. Das ist ein kostbarer Moment - einer, der deshalb so kostbar ist, weil es beide gleichzeitig tun.

Sie sollten bei dieser Meditation einen Kurzzeit-Timer auf 3 Minuten einstellen. Wenn der Timer piept, ist der erste Teil zu Ende. Sie können dann ohne Zeitbegrenzung fortfahren.

Haltung:
Setzen Sie sich gegenüber, sodass Ihre Knie sich berühren. Schauen Sie sich in die Augen, atmen Sie lang und tief dabei. Sie müssen keineswegs friedvoller gucken als Ihnen zumute ist. Seien Sie so, wie es sich im Moment richtig anfühlt, aber seien Sie achtsam dabei. Machen Sie nun aus Ihren Händen Fäuste. Es ist nicht wichtig, ob die Daumen in den Händen sind oder darüber liegen. Wichtig ist nur, dass Sie Ihre Fäuste fest schließen. So fest, als wollten Sie darin etwas fest verschließen, was wirklich niemand jemals sehen soll. Verkreuzen Sie bitte ihre Arme vor der Brust, die Männer die rechte Faust oben, die Frauen die linke. Spannen Sie auch die Arme fest an.

Schauen Sie sich weiter an. Denken Sie jetzt an all das, was in Ihrer Auseinandersetzung in Ihnen abgelaufen ist, denken Sie ruhig auch alle negativen Gedanken über den anderen. Wenn es nicht um eine aktuelle Situation geht, denken Sie an all die unerledigten Themen und Verletzungen, die noch zwischen Ihnen stehen. Halten Sie dabei die Fäuste ganz fest geschlossen, noch fester, so fest Sie können!

Atmen Sie tief durch den Mund, ohne Pause zwischen dem Ein- und dem Ausatmen. Diese Atmung aktiviert Ihr Zwerchfell, das Tor zwischen dem Energiezentrum der Gefühle und Ihrem Herzen. Geben Sie dem anderen innerlich all die Namen, die Sie ihm an den Kopf werfen wollten, spüren Sie auch Ihre Kraft in Ihren Fäusten. Du kriegst mich nicht! Ich lasse mich nicht... (ergänzen Sie, was Ihnen richtig erscheint). Halten Sie Ihre Fäuste fest, noch fester, bleiben Sie in Ihren Gefühlen und in Ihrer Verschlossenheit. Lassen Sie es aus ihren Augen lodern, aus Ihren Gefühlen und Gedanken. Fahren sie fort, bis Ihr Timer piept.

Atmen Sie dann tief durch die Nase ein und aus. Lassen Sie nun Ihren Atem kommen und gehen, wie er mag. Und nun, ganz, ganz langsam, wie in Zeitlupe, öffnen Sie ihre Fäuste. Wie eine Blume, die langsam Ihre Blütenblätter entfaltet. Schauen Sie Ihren Partner dabei an, schauen Sie in seine Augen. Spüren Sie den Schmerz, der dabei entsteht, wenn Sie Ihre Hände wirklich ganz langsam öffnen, die Spannung aus den Armen langsam gehen lassen. Der Schmerz, der dabei entsteht, ist nicht das Öffnen, das so weh tut. Sondern das Loslassen Ihrer Verschlossenheit. Schauen Sie Ihren Partner an, sehen Sie ihm dabei zu, wie auch er sich langsam Ihnen öffnet. Und wie er vielleicht ebenso wie Sie selbst zu kämpfen hat mit seinem Schmerz.

Spüren Sie Ihr Herz. Öffnen Sie ihre Hände und dann, ganz, ganz langsam Ihre Arme, bis Ihre Handflächen nach oben zeigen. Nehmen Sie wahr, wie die Barrieren vor Ihrem Herzen sich öffnen. Schauen Sie sich weiter an. Spüren Sie Ihr offenes Herz? Spüren Sie Ihre Liebe? Lassen Sie sie fließen, durch ihre Augen, durch ihre Arme, durch Ihre Hände. Dies ist die Kraft Ihrer Liebe.

Schauen Sie sich in die Augen. Lassen Sie zu, dass Ihr Partner wirklich in Ihre Augen schaut. Die Augen sind Ihr Fenster zur Ihrer Seele. Erlauben Sie, dass Sie gesehen werden. Und schauen Sie auch hin. Wie viel Verletztheit, wie viel Kummer ist auch in Ihrem Liebsten? Atmen Sie in Ihr Herz ein und zu Ihrem Partner hin aus. Spüren Sie den Strom der Liebe, der zwischen Ihnen fließt, aus Ihren offenen Herzen?
Wenn es sich richtig anfühlt, danken Sie einander.

Danach:
Sprechen Sie noch nicht sofort miteinander. Lassen Sie zunächst Ihre Körper sprechen. Wenn es gut für Sie beide ist, umarmen Sie sich - das muss aber nicht sein. Finden Sie ansonsten irgendeine Geste, die Ihre Verbindung, Ihre Verbundenheit zum Ausdruck bringt. Und die Bereitschaft, jetzt aufeinander zuzugehen. Lassen Sie sich Zeit, nun noch einmal über alles nachzudenken. Und machen Sie aus, wann Sie miteinander sprechen wollen.

Paar-Meditation 32: Kampf-Kunst

Konflikte auskämpfen - buchstäblich? Nicht mit Worten, nein, richtig kämpfen? Die meisten Menschen zucken da zurück - vor allem die, die bewusst und spirituell leben wollen. Kämpfen ist Ausdruck von Aggression, und Aggression gilt eher als Zeichen dafür, dass man doch noch nicht so weit entwickelt ist wie erhofft. Als etwas, das man vermeiden sollte. Das irgendwie nicht richtig ist. Die Religionen dieser Welt scheinen diesen Menschen recht zu geben: Der Buddhismus bekennt sich ausdrücklich zur Gewaltlosigkeit, auch das Christentum fordert explizit dazu auf, die andere Wange hinzuhalten, wenn jemand zuschlägt.

Tatsächlich gibt es so viel Aggression in der Welt, die unermessliches Leid verursacht: Schläge, Missbrauch, Krieg, Folter - kein Tag vergeht, an dem nicht Zehntausende Opfer solcher Aggressionen werden. Viele von uns haben Formen von solcher Aggression sogar als Kinder persönlich erlebt. Und in unserem genetischen Gedächtnis tragen wir alle die unmittelbaren Erlebnisse weiter, die unsere Ahnen mit Aggression hatten, in der Information unserer Zellen ist unsere Angst vor Aggression durch Generationen weitervererbt.

Und trotzdem kommen wir in der Partnerschaft immer wieder an unsere eigene Aggression heran: Niemand kann uns so wütend machen wie unser Partner, uns ein solches Gefühl von Ohnmacht geben, mit niemandem sonst geraten wir in solche unkontrollierbaren Ausbrüche, Weinen oder Schreien hinein - oder unterdrücken all dies und ziehen uns schmollend oder rationalisierend zurück. Aggression ist offenbar auch Teil der Liebe - wenn auch ihr dunkler Teil, derjenige, für den wir uns oft schämen, den wir am liebsten überwinden würden, den wir weg haben wollen. Denn dass wir auch aggressiv sind, passt nicht zu unserem Selbstbild.

Das Geheimnis aber ist, dass wir die Aggression nur denn wirklich umpolen können, wenn wir ihr nicht ausweichen oder sie in uns selbst ablehnen. Umpolen sage ich, nicht beenden. Denn Aggression ist eine wunderbare Kraft - wenn wir sie im Sinne unseres Lebens verwenden, nicht gegen uns oder andere. Aggression ist die Quelle von Erotik und Spannung zwischen den Geschlechtern, ist die Kraft, Nein zu sagen und sich abzugrenzen, ist die Energie, gegen Widerstände anzugehen und etwas zu erreichen, ist das Feuer des Willens.

Wenn wir Aggression aber in uns bekämpfen, zeigt sie das dunkle Gesicht ihrer Macht, einer ungeheuer großen Macht. Manche Menschen kostet es ihre ganze Energie, diese Aggression in sich niederzuhalten, um nach außen als freundlich, mitfühlend, ja, sogar heilig zu erscheinen. Sie fragen sich dann, wie es kommt, dass sie ständig so ausgelaugt sind, dass sie sich so müde fühlen, auch wenn ärztlicherseits kein Grund dafür besteht. Und irgendwann kommt die unterdrückte Wut, der Ärger oder Zorn, dann doch in ihnen hoch, es kommt zu einem Ausbruch, der genauso schlimm ist wie sie ihn immer befürchtet haben und der ihnen scheinbar recht gibt darin, so etwas nach Kräften zu vermeiden. Oder sie richten ihre Aggression gegen sich selbst, essen zuviel, trinken, gehen auf selbstzerstörerische Sexabenteuer aus oder werden krank.

Die folgende Meditation ermöglicht, mit der eigenen Aggression in Berührung zu kommen - und gleichzeitig dafür Sorge zu tragen, dass niemandem etwas geschieht. Sie ist ein Ritual der Aggression - und gibt so jedem die Chance, sich ihr nach und nach zu nähern. Gleichzeitig kann man mit ihr viel über die eigene Art in Beziehung zu treten erfahren: Ob man stürmisch vorgeht, dabei aber den Selbstschutz vernachlässigt, oder vielleicht mit kühlem Kopf, präzise und klar - es gibt viele Varianten, die man an sich selbst beobachten kann, und die Momente des Selbst-erkennens begünstigen können.

Wichtig ist, dass die Regeln und Formen dieser Meditation genau eingehalten werden, vor allem, um aufkommende Gefühle selbst kanalisieren zu können. Auf diese Weise können Sie die Erfahrung machen, wie sich Aggression in Ihnen anfühlt - in dosierter Weise. Und dennoch vielleicht eine Erfahrung von Kraft und spielerischer Power miteinander machen. Die Meditation ist auch dafür geeignet, bei einem Konflikt die Ebene zu wechseln - vom rein kopfgesteuerten Argumentieren zum körperbezogenen „Schlagabtausch". Das kann auch Menschen helfen, die sich sonst leicht unterlegen fühlen. Und so ein neues Gleichgewicht schaffen.

Sie benötigen für diese Kampf-Meditation zwei einfache Kupferrohr-Ummantelungen aus dem Baumarkt. Es gibt sie in vielen Stärken - suchen Sie sich eine Stärke aus, die sich in Ihrer Hand gut und nicht zu klein anfühlt. Diese Rohrummantelungen sind nicht teuer - Sie können vielleicht auch gleich mehrere kaufen. Sie sind etwa einen Meter lang - wie ein Schaumstoff-Schwert. Bitte wählen Sie für diese Meditation einen Raum, der Platz zum Ausweichen und Angreifen bietet. Es geht auch, die Meditation im Garten oder in einem Park zu machen.

Wenn Sie ganz sicher gehen wollen, dass jemand Sie stoppen kann, wenn Sie doch die Kontrolle verlieren, dann bitten Sie einen Freund, als Beobachter dazu zu kommen. Dieser könnte auch darauf achten, dass die Abfolge genau eingehalten wird. Eine andere Möglichkeit ist, diese Meditation erst nur in Situationen zu üben, in denen Sie nicht emotional „aufgeladen" sind. Auf diese Weise können Sie die Regeln so verinnerlichen, dass die Struktur auch „hält", wenn Sie nicht so ausgeglichen sind.

Haltung:
Bitte stellen Sie sich gegenüber, halten Sie die Rohrummantelung in Ihrer dominanten Hand, ein Stück vom Ende entfernt. Begrüßen Sie einander, indem Sie die Köpfe neigen und Ihre „Schwerter" einmal nach oben und nach unten aneinander halten.

Machen Sie aus, wer beginnt. Der Angreifende versucht den Partner dann mit dem Schaumstoff-Rohr zu treffen. Keine Angst - es tut überhaupt nicht weh! Die Schläger knallen nur sehr laut, wenn man richtig ausholt und dann trifft. Aber: Schläge auf den Kopf sind verboten! Jeder Angreifende hat nur einen Schlag, den der andere irgendwie parieren sollte: Durch abwehrende Bewegungen, durch geschicktes Ausweichen...

Und dann ist der andere dran. Wieder nur ein Schlag, wieder nicht zum Kopf. Und der andere wehrt ab. Wiederholen Sie dieses Muster je zehn Mal. Dann grüßen Sie einander wieder mit erhobenem und dann gesenkten „Schwert".

Danach:
Entspannen Sie Ihren Atem. Spüren Sie dem ein wenig nach, was Sie erlebt haben. Wenn Sie mögen , berichten Sie Ihrem Partner von Ihren Erfahrungen.

Paar-Meditation 33: Genau wie du

Wenn Sie sich festgefahren haben und es scheinbar nicht mehr weiter geht, ist es oft so, dass beide Partner in ihrem Kinder-Ich stecken geblieben sind. Der andere Partner wird dann phantasiert als derjenige, der doch nur zu wollen braucht und alles könnte sich ändern - so als wäre der Partner der allmächtige Erwachsene. Wir stellen uns dann vor, dass wir bestraft werden, abgelehnt, zurückgewiesen von jemandem, der scheinbar mehr Macht hat als wir selbst. In dieser Phantasie hat der andere auch viel mehr Freiraum - was natürlich alles nicht stimmt.
Wir merken auf diese Weise nicht mehr, dass der andere ebenso in Not ist wie wir selbst. Dass sich da kein Überlegener und ein Unterlegener gegenüberstehen - auch wenn es noch so aussieht. Sondern dass sich da eigentlich zwei Kinder anschreien, mit dem verzweifelten Wunsch: Versteh mich doch!

Diese Meditation kann helfen, diese Verstrickung zu lösen. Zu erkennen, dass es dem anderen genauso geht wie uns selbst, nimmt uns wieder in die eigene Verantwortung. Und hilft, den Partner als das zu sehen, was er ist: Ein Mensch, der ebenso auf seinem Weg ist wir, der ebenso in Not ist, ebenso hofft, ebenso wartet.

Wenn wir das erkannt haben, dann kann sich auch die innerliche Verkrampfung lösen, die Starre, der Stolz, die Zurückgezogenheit. Wir können wieder einen Schritt aufeinander zu tun - denn außer uns selbst tut es niemand. Nur Sie selbst können die Situation lösen - das ist die gleichzeitig negative wie auch die positive Erkenntnis aus einem bewältigten Konflikt. Wenn Sie bereit dazu sind, dann haben Sie mit dieser Meditation aber auch ein Werkzeug in der Hand, mit dem Sie aus einer Sackgasse wieder herauskommen können. Es löst Ihren Konflikt sicher nicht von allein - aber es gibt Ihnen das Stück inneren Freiraum, das Ihnen ermöglicht, sich selbst und Ihren Partner wirklich zu sehen. Statt nur mit Ihrer Interpretation des Verhaltens des anderen verschmolzen zu sein.

Haltung:
Setzen Sie sich bitte voreinander hin, Knie an Knie. Halten Sie auf Kniehöhe Ihre Hände einander entgegen: Die linke Handfläche nach oben, die rechte nach unten. Legen Sie Ihre rechte Hand jetzt auf die linke des Partners, Ihr Partner legt seine rechte auf Ihre linke. Zwischen Ihnen beiden entsteht jetzt ein magnetischer Energiekreislauf, der die Energie zirkulieren lässt.

Sprechen Sie folgende Sätze laut aus - einen nach dem anderen. Zunächst spricht ein Partner den ersten Satz, dann der andere. Dann wieder der erste Partner den zweiten Satz, danach der andere. Und so weiter. Sie können auch in der Reihenfolge der Sprechenden zwischendurch wechseln, wenn Ihnen danach ist. Wichtig ist, dass Sie alle Sätze nacheinander sprechen und keinen auslassen, auch wenn Sie zunächst das Gefühl haben, dass einer nicht auf Sie zutrifft. Vielleicht werden Sie beim Sprechen erst merken, was daran wahr ist. Machen Sie nach jedem Satz eine Pause und lassen ihn auf sich wirken. Versuchen Sie, vom Herzen aus zu sprechen und sich auch dort berühren zu lassen.

Beginnen Sie:

Ich bin wütend, genau wie du...
(bitte nachspüren)
Ich bin enttäuscht, genau wie du....
(Bitte nachspüren)
Ich bin traurig, genau wie du.....
(Bitte nachspüren)
Ich habe Angst, genau wie Du....
(Bitte nachspüren)
Ich habe Sehnsucht, genau wie Du...
(Bitte nachspüren)
Ich kämpfe um die Liebe, genau wie du...

Schauen Sie sich am Ende bitte in die Augen. Versuchen Sie tiefer als nur bis zur Oberfläche des Gesichtes zu sehen, bis zum Wesen, das Ihr Partner verkörpert. Nicht umsonst werden die Augen das Tor zur Seele genannt. Atmen Sie lang und tief dabei.

Nach etwa zwei Minuten schließen Sie die Augen wieder. Nehmen Sie einige Atemzüge für sich ganz allein. Öffnen Sie dann Ihre Augen wieder und danken Sie einander.

Danach:
Wenn Ihnen danach ist, tauschen Sie sich aus. Bitte versuchen Sie aber dabei, aus Ihrem Gefühl zu sprechen. Gefühle sind: Ich bin traurig, ich freue mich, ich habe Angst... Beschreiben Sie Ihre aktuellen Gefühle zuerst, dann die Gefühle, die Sie während der Meditation hatten. Hören Sie gut zu, was Ihr Partner Ihnen erzählt - auch wenn es Ihnen schwer fällt.

Paar-Meditation 34: Mein Anteil

Meist haben wir in Konflikten nur den anderen im Blick. Dass wir selbst auf irgendeine Weise auch zu der Auseinandersetzung beigetragen haben, vergessen wir oft. Der andere trägt in unseren Augen ja sowieso die Hauptschuld, warum sollten wir unseren, „minimalen" Anteil daran überhaupt erwähnen? Meist sind wir so damit beschäftigt zu leiden, uns zu verteidigen, verzweifelt zu sein, dass wir keinen Blick mehr dafür haben, dass wir selbst auch in den Konflikt verwickelt sind.

Eigentlich hoffen wir ja sehr, dass die Auseinandersetzung sich lösen lässt, dass wir den anderen erreichen, dass er doch einsehen möge, dass er etwas falsch gemacht hat. Doch meist geschieht das nicht, ganz im Gegenteil: Aus scheinbar nichtigem Anlass eskaliert die Situation, und am Ende sitzt jeder traurig oder mit leerem Gefühl in seinem Zimmer oder hat sogar das Haus verlassen. Das Einzige, was uns selbst in einer solchen Situation geholfen hat, ist das gegenseitige Bekennen dessen, was jeder selbst zu dieser Eskalation beigetragen hat. Das ist ein schwerer Schritt, aber ein sehr wirksamer.

Das Geheimnis nämlich ist, dass das gegenseitige Bekennen des eigenen Teils dem Partner die Möglichkeit gibt, sein Herz wieder zu öffnen. Denn dann kann er oder sie sich in ihrem Anliegen, das hinter jedem Konflikt steckt, endlich verstanden fühlen. Es geht dabei nicht darum, die ganze Verantwortung für die partnerschaftliche Situation zu übernehmen oder sich Asche aufs Haupt zu häufen. Sondern sehen zu lernen, dass Konflikte mehr als einen „Schuldigen" haben, dass sie ganz oft ein sehr diffiziles Gewebe aus Aktion und Reaktion sind, der beide Partner betrifft.

Und dass jeder von beiden - aus dem besten und gerechtesten Opfer-Gefühl heraus - auch immer etwas tut, also nicht nur Opfer ist, sondern auch Täter. Wenn sich ein Partner zum Beispiel verletzt fühlt und den anderen dafür niedermacht, dann mag er subjektiv das Gefühl haben: „Ich habe mich bloß verteidigt, der andere hat mich zuerst angegriffen!" Aber: Niedergemacht hat er dennoch, wenn auch aus scheinbar „gerechten" Motiven. Das ist sein Anteil, und den gilt es in dieser Meditation zu bekennen - ohne Wenn und Aber.

Wir können dabei mit einer ganzen Reihe von inneren Widerständen in Berührung kommen, wenn wir das tun. Einer davon heißt, wie bereits erwähnt, Rechtfertigung des eigenen Verhaltens als Folge dessen, was der andere getan hat, nach dem Motto: „Sicher habe ich das und das gesagt oder getan, aber nur, weil du..." Damit schiebt man die Verantwortung hin zum anderen. In Wirklichkeit kann niemand einen zwingen so zu reagieren wie man reagiert - nur ein inneres Muster in uns selbst kann es. Wie dieses innere Muster genau abläuft, ist uns vielleicht nicht einmal bewußt. Wir können ihm aber auf die Spur kommen, wenn wir wirklich Verantwortung für unseren Anteil übernehmen.

Ein weiteres Widerstandsmuster heißt falscher Stolz. „Wieso, was habe ich denn so Schlimmes getan - ich bin mir absolut keiner Schuld bewusst". Dahinter steckt: Wenn ich dir bekenne, dass ich etwas falsch gemacht habe, dann mache ich mich vor dir klein, und das darf nicht geschehen, das habe ich mir geschworen. Vielleicht ist dieser Schwur im Erwachsenenalter, vielleicht aber auch früher einmal geschworen worden, als wir gesehen haben, wie ein Elternteil vom anderen abgewertet oder sogar verachtet wurde. Meist sind solche inneren Entschlüsse unbewusst - und dennoch sehr wirksam.

Ganz ähnlich ist es mit dem Trotz. „Was, ich soll dir so etwas sagen - das habe ich wirklich nicht nötig!" Trotz entsteht, wenn ich mich unverstanden oder ungerecht bestraft fühle. Trotz bedeutet: ich werde dir nie wieder die Gelegenheit geben, mich zu bestrafen oder mich nicht zu verstehen. Ich werde mich nie wieder schwach oder bedürftig zeigen. Und das würde ich, wenn ich dir bekenne, dass ich auch zu der Situation beigetragen habe. Denn wenn ich das tue, dann zeige ich dir ja, dass ich deine Verzeihung brauche. Und wenn ich mich davon wirklich erschüttern ließe, dann würde meine harte Schale Risse bekommen. Und ich würde sichtbar werden. Das aber darf nicht geschehen.

Ein letztes, ganz wichtiges Muster von Widerstand heißt Schuldgefühle: „Ja, ja, ich weiß ja, ich mache immer alles falsch!" Auch damit übernehme ich nicht wirklich Verantwortung für meinen Anteil - auch, wenn es vordergründig ganz anders aussieht. Dadurch nämlich, dass ich in meiner Schuld versinke, gehe ich völlig aus dem Kontakt, aus der Begegnung. Ich bin nur noch mit mir selbst beschäftigt, kreise nur noch in meinem Universum - und der andere hat keine Chance mehr, zu seinem Recht zu kommen.

Mit dieser Meditation haben Sie die Chance, aus all diesen eingefahrenen Reaktionsmustern auszubrechen. Etwas zu wagen, das Sie wahrscheinlich bisher noch nie gewagt haben. Wenn Sie sich beide darauf einlassen, kann Ihre Beziehung einen neuen Grad von Intimität und Nähe erlangen. Machen Sie diese Meditation zu einem Teil Ihres persönlichen Konfliktbewältigungsprogramms - Sie werden erstaunt sein, wie viele Türen sie öffnet.

Es gibt allerdings auch Menschen, die dazu neigen, ständig mehr Verantwortung für eine Situation zu übernehmen als nötig - und auch gut für sie ist. Oft sind sie mit anderen zusammen, die ihren Teil der Verantwortung nur selten bekennen. Deshalb kommen sie oft aus Ihrem Muster nicht heraus. Diese Meditation ist dennoch für sie geeignet. Lassen Sie dann nur:

- den anderen anfangen
- erlassen Sie dem anderen nichts, bestehen Sie darauf, dass er den Teil seiner Verantwortung ebenfalls übernimmt.

Haltung:

Setzen Sie sich gegenüber, Knie an Knie. Schauen Sie sich in die Augen. Selbst wenn es Ihnen schwer fällt, selbst wenn Sie am liebsten weggehen würden oder weinen oder schreien. Nehmen Sie sich darin wahr. Und bleiben Sie. Sie tun jetzt einen schweren Schritt, und der einzige Trost ist, dass Sie von Ihrem Partner nun etwas zu hören bekommen werden, dass Ihnen mit Sicherheit gut tut. Was Sie fühlen, ist dasselbe, was Ihr Partner jetzt fühlt. Und genauso, wie es Ihnen gut tun wird, was Sie hören, wird es ihm gut tun, was Sie sagen. Atmen Sie tief ein und aus - und bleiben Sie.

Schließen Sie dann Ihre Augen. Spüren Sie in sich hinein, hin zu Ihrem Konflikt. Gehen Sie zu dessen Anfang, zu seiner Eskalation. Irgendwo in sich werden Sie genau wissen, was Sie dazu beigetragen haben: Vielleicht waren Sie bei irgendeinem Wort plötzlich beleidigt, und Sie haben eine heftige Diskussion vom Zaun gebrochen, in der Sie den anderen nur ins Unrecht setzen wollten. Vielleicht haben Sie einfach nicht aufgehört zu schimpfen, obwohl Ihre innere Stimme schon längst „Schluss jetzt!“ gerufen hatte. Oder Sie waren ironisch und abwertend, als der andere Ihnen gerade etwas von seinen Gefühlen erzählt hat.

Vielleicht waren Sie auch vom Tag genervt und so gereizt, dass jeder kleine Anlass Sie auf die Palme gebracht hätte. Wenn Sie bekennen, was Sie zu dem Konflikt beigetragen haben, dürfen Sie ruhig liebevoll mit sich selbst bleiben. Es gibt bestimmt Gründe für Ihr Verhalten, Sie sind deshalb kein schlechter Mensch. Und dennoch haben Sie auch etwas getan, was dem anderen weh getan hat. Das zu sehen, das auszusprechen, darum geht es - um nicht mehr und um nicht weniger.

Öffnen Sie nun Ihre Augen. Stimmen Sie sich kurz ab, wer beginnt zu sprechen. Und dann sagen Sie, was Sie zu sagen haben - ohne Rechtfertigung, ohne Erklärung, warum Sie nur so und nicht anders konnten. Sondern nur, indem Sie bekennen, was Sie erkennen können. Bitten Sie Ihren Partner um Verzeihung für das, was Sie zu dem Konflikt beigetragen haben. Dazu müssen Sie keine Tonne Asche auf Ihr Haupt häufen, nicht die Bedeutung dessen übertreiben, was in Ihnen los war, sich nicht zum Sündenbock der Beziehung machen. Nur ehrlich sein. „Ich glaube, ich konnte heute Abend einfach kein gutes Haar an Dir lassen - tut mir echt leid" - „Entschuldige, dass ich dir deine Argumente ausgeredet habe statt dir mal zuzuhören" - „Ich glaube, ich habe dir mit meinen abfälligen Bemerkungen ziemlich weh getan. Das war nicht okay - tut mir leid."

Der zuhörende Partner: Bitte sagen Sie nichts. Hören Sie nur. Und spüren Sie sich. In Ihnen wird es eine Veränderung geben - nehmen Sie sie wahr. Viele Menschen spüren dabei eine Erleichterung. Deshalb, weil Ihre Wahrnehmung stimmte. Weil Sie nicht mehr allein die Schuld zugewiesen bekommen. Weil Sie aufhören können zu kämpfen. Oder, oder, oder. Es tut einfach gut. Und dann sind Sie selbst dran.

Danach:

Danken Sie einander - Sie sind beide über Ihren Schatten gesprungen. Und lassen Sie die Worte noch eine Weile wirken - schweigend. Dann lösen Sie sich aus der Meditation. Lassen Sie noch eine Zeit vergehen, bevor Sie wieder miteinander reden. Machen Sie vielleicht einen Spaziergang - allein.

Paarmeditation 35: Ich verzeihe

Es gibt manchen Groll in einer Partnerschaft, den wir Jahre, wenn nicht sogar Jahrzehnte mit uns herumtragen. Er scheint nach und nach in Vergessenheit zu geraten, wartet aber in Wirklichkeit irgendwo im Hintergrund, um beim passenden Anlass wieder zum Vorschein zu kommen. Manchmal reicht eine lieblose Bemerkung, manchmal ein ähnliches Ereignis - und schon ist er wieder da.

Wir können daran merken, wie wichtig es ist, uns selbst von Groll zu befreien. Denn er vergiftet - und zwar unser eigenes Leben. Der Mensch, dem unser Groll gilt, weiß inzwischen vielleicht nicht einmal mehr etwas davon, lebt unbeschwert weiter - aber in unserem Körper tut der verborgene oder offene Groll sein vergiftendes Werk.

Manche Menschen werden sogar krank durch ihren jahrzehntelangen Groll, den sie nie wirklich ausgeräumt haben. Manch andere tragen die inneren Wunden, durch die der Groll ausgelöst worden ist, ihr Leben lang mit sich herum, werden erfolglos im Beruf oder haben ständige Schwierigkeiten in Beziehungen. Der unausgeräumte Groll hält sie selbst davon ab, ein freies, lebendiges Leben zu führen.

Die einzige Möglichkeiten, aktuellen oder alten Groll wirklich auszuräumen ist zu verzeihen. Aber nicht oberflächlich, nach dem Motto: „Ist schon in Ordnung, reden wir nicht mehr drüber". Sondern wirklich in der Tiefe. Nur dann hilft verzeihen auch uns selbst, nur dann wird unsere Seele wirklich frei. Dazu ist es zunächst einmal nötig, dass wir uns überhaupt eingestehen, innerlichen Groll in uns zu tragen. Meist glauben wir kaum daran, dass wir so wenig „locker" sind, denken, die alten Geschichten seien lange vorbei. Und auch in einem Partnerschaftskonflikt sind wir oft so froh, wenn wir uns endlich wieder gut verstehen, dass wir gar nicht näher hinschauen.

Als erster Schritt ist es also wichtig einzugestehen, dass ich Groll in mir trage und diesen ausräumen möchte. Mir selbst dann zu bestätigen, dass ich mich tief verletzt fühle. Denn wenn das nicht so wäre, wieso hätte ich dann Groll in mir? Danach erst können wir hinschauen, welcher Teil von uns so verletzt worden ist, oder welche Überzeugung. Welcher Glaube, welche Sehnsucht. Wir können dabei merken, dass hinter unserem Groll, hinter unserem Ärger wahrscheinlich eine Menge Traurigkeit verborgen ist. Und dass das Thema, was mit der Verletzung berührt worden ist, etwas ist, was uns sehr tief geht, was vielleicht sogar eins unserer Lebensthemen berührt. Dorthin zu schauen, sich dazu zu bekennen, macht auch Angst. Angst, sich so verletzlich zu zeigen, Angst, dann nicht mehr gemocht zu werden, Angst, verlassen zu werden. Das Ausdrücken all dieser Schritte gleicht einem Schälen einer inneren Zwiebel, schält buchstäblich eine Schicht nach der anderen ab, bis wir in der Tiefe unserer Seele angekommen sind. Wieso aber ist das so wichtig? Weil wir so oft bei einem Konflikt im Ärger aufeinander stecken bleiben. Diesen dann noch irgendwo „abspeichern" - und nie wirklich frei davon werden. Wenn wir uns stattdessen gegenseitig wirklich sehen und erkennen können, mit dem, was hinter unserem emotionalen Ausbruch steckt, dann können wir nach und nach lernen, dass Ärger oder Groll bei uns selbst und beim anderen immer ein Ausdruck von Schmerz ist. Wir können so unser Bild vom anderen korrigieren, ihn und uns selbst langsam immer mehr so sehen, wie wir wirklich sind. Und so dem anderen - und vielleicht sogar uns selbst - eher vergeben.

In der folgenden Meditation gehen wir darum diese Schritte:

- Eingestehen des Grolls und des Verletzt-Seins
- Ausdruck des Ärgers, bis zum
- Spüren der dahinter liegenden Traurigkeit, der Enttäuschung und des Schmerzes.
- Wahrnehmen und Ausdrücken der Angst, sich so verletzlich zu zeigen.

Wir gehen aber auch noch einen Schritt weiter. Denn um wirklich frei zu werden von der alten Verletzung, brauchen wir noch einen Ausdruck von Liebe. Eine Wertschätzung, eine Bestätigung, dass wir selbst liebenswert sind. Solange wir darauf warten, diese Liebe von einem irdischen Partner, einem irdischen Elternteil, einem anderen Menschen zu bekommen, bleiben wir an dieser Stelle gebunden. Wir warten, dass der andere sich ändert, dass der andere endlich merkt, was er uns angetan hat, dass er Reue zeigt uns seine Schuld bekennt. Und kommen innerlich nicht von der Überzeugung los, dass wir erst dann wirklich Frieden finden, wenn der andere einsichtig ist und uns damit seine Wertschätzung oder Liebe zeigt.

In Wirklichkeit sind wir ständig in Liebe und werden ständig geliebt: Von unserer Seele, unserem höchsten Selbst, von unseren himmlischen Eltern. Wenn wir uns an diese Liebe anschließen, sind wir nicht mehr allein, nie mehr. Und brauchen nicht auf irgendeine Zukunft zu warten, die vielleicht nie kommt. Sondern können uns erlösen, jetzt und hier.

Mit diesem Bewusstsein aber ist es leichter zu verzeihen. Nicht in dem Sinne, dass wir den anderen von seiner Verantwortung freisprechen.

Aber in dem Sinne, dass wir die Bindung lösen können, die durch den Groll weiterhin an diesen Schmerz besteht. Vielleicht können wir eines Tages sogar merken, dass wir genau durch diese Verletzung auf einen Weg gebracht worden sind, der letztlich zu unserer eigenen Befreiung führt.

Sie können die folgende Meditation gut in einem aktuellen Konflikt machen. Sie erfordert nur eins von Ihnen: Die Bereitschaft, aus Ihrem Ärger und Ihrer Verletztheit herauszukommen und wieder einen Weg zum anderen zu finden. Wenn Sie innerlich so weit sind, dann kann Ihnen diese Meditation auf Ihrem Weg sehr helfen. Sie können sie aber auch praktizieren, um miteinander alten Groll aus dem Wege zu räumen. Sodass Sie nach und nach wirklich frei werden - für den anderen und für die Liebe.

Haltung:
Setzen Sie sich gegenüber. Schauen Sie sich an, nehmen Sie dabei wahr, ob und wie Sie sich in die Augen schauen können. Sie brauchen dazu nichts zu verändern. Wenn Sie sich nicht anschauen mögen, ist das auch okay.
Sagen Sie sich bitte nun beide gegenseitig:

„Ich bin bereit, meinen Groll zu lösen".

Bitte sprechen Sie beide diesen Satz wirklich laut und deutlich aus - er bestätigt Ihnen selbst, dass Sie an einer Schwelle stehen. Achten Sie darauf, was in Ihnen geschieht, wenn Sie diesen Satz von Ihrem Partner hören.

Sagen Sie sich dann beide gegenseitig:

„Ich bin bereit, dich zu verstehen".

Nehmen Sie bitte wieder wahr, was dieser Satz Ihres Partners in Ihnen auslöst.

Gehen Sie dann weiter. Machen Sie kurz aus, wer zuerst anfängt. Dieser Partner sagt dann:

„Ich bin so wütend, dass du...
„Ich hasse es, wenn du..."
„Ich finde es unmöglich, dass du..."

Ergänzen Sie die Satzanfänge mit Ihren Wahrnehmungen. Wiederholen Sie die Satzanfänge so oft, bis Ihnen nichts mehr einfällt,

bis Sie wirklich all Ihren Ärger, all Ihren Frust, all Ihren Groll zum Ausdruck gebracht haben.
Lassen Sie nun Sätze kommen, die anfangen mit:

„Ich hätte nie gedacht, dass du..."
„Ich bin so enttäuscht, dass du..."
„Ich bin wahnsinnig traurig, dass du...."

ErgänzenSie auch hier diese Satzanfänge so oft, bis Sie das Gefühl haben, dass Sie wirklich mit Ihrer Traurigkeit in Kontakt sind. Spüren Sie, wie traurig Sie sind, lassen Sie Ihr Gefühl da sein. Wenn Ihnen nach Weinen ist, weinen Sie. Halten Sie nichts zurück. Auf diese Weise bahnen Sie Ihren Weg zum nächsten Schritt.

Nun gehen Sie weiter. Lassen Sie Sätze kommen, die anfangen mit:

„Ich fühle mich dann wie...
„Ich denke dann, du meinst, ich wäre...
„Und so habe ich mich schon so oft gefühlt, immer wenn...

Lassen Sie hier alle inneren Bilder kommen, die in Ihnen dazu aufsteigen. Auch, wenn Sie selbst erstaunt sind, welche Gedankenverbindungen in Ihnen ausgelöst werden. Welche Erinnerungen vielleicht an längst vergangene Zeit. Ergänzen Sie die Satzanfänge so oft Sie mögen, bis Sie alles gesagt haben.

Gehen Sie dann in die nächste Ebene. Sprechen Sie weiter:

„Und jetzt habe ich Angst, dass du...
„Wenn ich dir das alles sage, befürchte ich, du denkst von mir...

Lassen Sie auch hier all Ihre Befürchtungen laut werden, die Sie in sich tragen. Damit bestätigen Sie sich selbst, dass es schwer ist, sich so verletzlich zu zeigen. Und dass es wirklich um ein tiefes Thema geht.
Sagen Sie dann Ihrem Partner:

„Ich brauche deine Liebe".

Mit diesem Satz bekennen Sie sich selbst zu Ihrer Verletzlichkeit. Zu Ihrem tiefen Bedürfnis, geliebt zu werden. Zu dem, was hinterall dem Ärger steht. „Ich brauche deine Liebe".
Schauen Sie sich an. Schauen Sie sich in die Augen. Tun Sie das, was Ihnen im Moment nahe ist. Wenn Sie sich die Hände reichen wollen, tun

Sie das. Wenn Sie sich umarmen wollen, tun Sie dies. Wenn Sie einfach nur so sitzen bleiben wollen, ist auch das in Ordnung.

Wechseln Sie dann die Rollen. Nun geht der andere durch die verschiedenen Schichten:

Ärger
Schmerz, Traurigkeit
Inneres Thema
Angst
Bedürfnis nach Liebe

Hören Sie dem anderen zu. Erleben Sie ihn, wie er sich durchkämpft zu seinem Innersten, zu seiner Seele. Lassen Sie sich anrühren, von dem, was Sie hören und sehen.

Schließen Sie dann bitte beide die Augen. Lassen Sie vor Ihrem inneren Auge ein liebevolles Bild Ihrer inneren Mutter, Ihres inneren Vaters kommen. Es können Ihre wirklichen Eltern sein, aber auch Lichteltern, die im Moment in Ihnen entstehen. Spüren Sie die Liebe, die dort für Sie vorhanden ist - egal, was Sie sich selbst vorwerfen, was Sie getan haben oder ausgehalten haben. Nehmen Sie diese Liebe in sich auf. Spüren Sie, dass Sie da ist - immer, und ohne Einschränkung.

Öffnen Sie dann Ihre Augen. Sagen Sie sich gegenseitig:

„Bitte verzeihe mir, für das, was ich dir angetan habe" und danach:

„Ich verzeihe dir, was du mir angetan hast".

Spüren Sie beide Sätze. Sagen Sie sie nur, wenn Sie sie ehrlich aussprechen können.

(Sonst sagen Sie sich:
„Ich möchte dir gern verzeihen. Aber ich bin noch nicht so weit")

Reichen Sie sich die Hände. Und danken Sie sich für das, was Sie miteinander geteilt haben.

Danach:
Wenn Sie möchten, tauschen Sie sich aus. Sprechen Sie dabei bitte nur von dem, was Sie selbst gefühlt haben, bei dem, was Sie selbst gesprochen haben, und bei dem, was Sie gehört haben. Bitte schreiben Sie dem anderen nichts zu, was Sie selbst empfunden haben. Werten Sie nicht, interpretieren Sie nicht. Bieten Sie dem anderen allenfalls Ihr einfühlendes Verständnis an.

Paar-Meditation 36: Hilfe von Erde und Himme

Himmel und Erde werden in vielen spirituellen Traditionen mit Vater und Mutter gleichgesetzt. Diese Symbolik sagt, dass wir uns wie Kinder an sie wenden können, wenn es in unserem Leben zu Turbulenzen kommt. Die Erde gilt als die weibliche/mütterliche Polarität, als diejenige Kraft, die uns Stabilität und Sicherheit verleihen kann, die uns trägt und aufnimmt und die uns akzeptiert und einlädt, uns ihr anzuvertrauen, ohne irgendwelche Bedingungen zu stellen. Die Erde soll zudem eine beinahe unendliche Kraft der Umwandlung besitzen, sodass sie all unsere Sorgen, Nöte und Lasten wie auch die Seiten von uns, die wir nicht mögen und abgeben wollen, aufnehmen kann, um sie fruchtbar zu machen und zu transformieren.

Der Himmel wiederum gilt als männliche/väterliche Polarität. Er ist unendlich in seinem Potential, kann Klarheit bringen und Weisheit und kann Niedriges in Höheres transformieren. Er kann uns in Verbindung bringen mit unserer eigenen Unendlichkeit - dem Raum in uns, der wirklich ist und nicht geprägt von irgendwelchen Mustern.

Uns mit diesen beiden Polaritäten in uns zu verbinden, kann bei einem Konflikt ganz real helfen. Wenn wir merken, dass es eine Instanz gibt, der wir uns anvertrauen können, die alles aufnimmt, was an Schmerz, Wut, Angst in uns ist, die uns hält und nicht zurückweist, so kann dieses Bewusstsein uns entspannen. Wie sind nicht mehr allein, sondern können etwas von unserer Last abgeben. Und wenn es andererseits eine Instanz gibt, die uns in Verbindung bringt mit einem höheren Wissen, dann können wir vielleicht erkennen, wofür dieser Konflikt gut ist, den wir gerade haben - und vielleicht sogar kreative Wege heraus finden, die wir vorher so nicht hatten. In beiden Fällen gibt es so die Möglichkeit, mit dem sinnlosen Kämpfen aufzuhören, das uns nur noch weiter auseinander treibt.

Die folgende Meditation ist eine Bearbeitung einer Yoga-Meditation. Sie kann Ihnen die Möglichkeit geben zu erkennen, was Sie wirklich abgeben wollen. Und wofür Sie Hilfe brauchen, damit Sie Ihrem Partner wieder begegnen können. Sie könnten diese Meditation auch allein praktizieren. Wenn Sie sie aber gemeinsam machen, werden Sie sich unmittelbar darin begegnen können. Und dadurch Ihre Verständigung auf eine neue Ebene bringen.

Sie sollten sich zu dieser Meditation auf den Boden setzen. Wenn Sie nicht ganz auf dem Boden sitzen können, nehmen Sie sich ein oder mehrere feste Kissen und setzen sich darauf. Sie müssen auch nicht unbedingt im Schneidersitz sitzen. Wählen Sie jedoch eine Sitzweise, bei der Ihre Wirbelsäule einigermaßen aufrecht ist. Dazu können Sie beispielsweise beide Beine ausstrecken. Wenn Sie das tun, sollten Ihre Beine neben denen Ihres Partners liegen, Kniehöhe an Kniehöhe. Sonst sitzen Sie zu weit voneinander entfernt. Es ist auch möglich, dass ein Partner mit gespreizten Beinen sitzt und der andere im Schneidersitz dazwischen. Wählen Sie eine Haltung, die für Sie beide angenehm ist.

Haltung:
Setzen Sie sich voreinander hin. Wählen Sie dazu eine Haltung, die Ihnen angenehm ist und bei der Ihre Wirbelsäule aufgerichtet bleibt. Schauen Sie sich einen Moment in die Augen, spüren Sie sich selbst dabei. Was können Sie erkennen, hinter der Barriere aus Ablehnung, die vordergründig da ist? Vielleicht sind Sie auch gar nicht bereit dazu, etwas zu erkennen. Nehmen Sie einfach nur wahr, was im Moment in Ihnen ist, ohne es zu verändern. Aber spüren Sie Ihre Gefühle, Ihre Verletztheit, Ihren Schmerz, Ihre Wut, Ihre Angst.

Schließen Sie dann die Augen. Bleiben Sie bei Ihren Gefühlen. Nehmen Sie sie ganz in Ihrem Inneren wahr, nehmen Sie auch wahr, wie sie Sie ausfüllen, wie Sie in jedem Winkel Ihrer Persönlichkeit da sind. Spüren Sie auch, wie sie alles verdunkeln, was bisher an Hellem, Lichten, Schönem in Ihnen war.

Und dann legen Sie bitte die linke Hand auf Ihr Herzzentrum etwa in der Mitte des Brustbeins. Die linke Hand ist unsere aufnehmende Hand. Nehmen Sie wahr, wie die Berührung Ihrer Hand Wärme in Ihre Brust, in Ihr Herz schickt. Und dass sie bereit ist, all Ihre Gefühle aufzunehmen und zu heilen.

Legen Sie zusätzlich jetzt Ihre rechte Hand auf den Boden neben Ihnen, sodass die ganze Handfläche den Boden berührt. Die rechte Hand ist unsere gebende Hand. Nehmen Sie wahr, wie die Hand in Kontakt mit der Erde geht, auf der Sie sitzen, die Sie trägt. Nehmen Sie wahr, dass die Erde unter Ihnen Sie einfach so annimmt, wie Sie im Moment sind, ohne etwas zu verlangen, ohne Sie zu beurteilen. Die Erde ist außerdem bereit, all das von Ihnen aufzunehmen, was Sie abgeben wollen. Und es in Ihrer Tiefe umzuformen in etwas Fruchtbares, etwas, aus dem etwas Gutes wird.

Stellen Sie sich dann vor, dass die Gefühle, die Ihnen weh tun und Schmerz bereiten, aus Ihrem Herzen in Ihre linke Hand fließen, von dort in Ihren linken Arm, durch Ihren Körper zum rechten Arm, in die rechte Hand und von dort in die Erde. Lassen Sie in Ihrem Bewusstsein deutlicher werden, was da fließt. Denken Sie innerlich:

„Bitte nimm von mir meinen... „

Ergänzen Sie diesen Satz mit allen Gefühlen, die in Ihnen sind. Benennen Sie die Gefühle, ohne darüber nachzudenken, ganz intuitiv. Sagen Sie innerlich der Erde genau, was Sie Ihr geben wollen, was Ihnen so weh tut, worüber Sie so wütend sind. Spüren Sie, wie sich in Ihrem Inneren von Ihrem linken in Ihren rechten Arm ein Strömen ergibt. Und lenken Sie diesen Strom über Ihre rechte Hand in die Erde. Bitten Sie Mutter Erde um Unterstützung, um Hilfe. Bitten Sie darum, dass Sie zu ihr kommen können wie ein Kind im Schmerz. Spüren Sie, dass die Erde Sie annimmt, und alles aufnimmt, was Sie ihr geben wollen.

Atmen Sie dabei lang und tief. Bleiben Sie so lange dabei, bis Sie das Gefühl haben, dass es nun genug ist. Vielleicht fühlen Sie sich nun leer, vielleicht ein wenig dumpf. Das ist völlig in Ordnung so, ein Zeichen, dass Sie wirklich etwas abgegeben haben.

Und nun legen Sie bitte Ihre rechte Hand auf Ihr Herzzentrum. Und gleichzeitig heben Sie bitte Ihre linke Hand, bis Ihr Arm angewinkelt nach oben zeigt. Ihr linker Ellenbogen befindet sich etwa auf der Höhe Ihres linken Rippenbogens. Und dann formen Sie aus Ihrer linken Handfläche eine Art Teller, eine offene Schale, die zum Himmel zeigt. Die Finger sind dazu aneinander gelegt und entspannt.

Stellen Sie sich nun vor, dass Sie über Ihre linke Hand die Liebe und die Unterstützung des Himmels aufnehmen. Und diesen Strom der Liebe und der Unterstützung durch Ihren linken Arm, durch Ihren Körper und den rechten Arm, durch Ihre rechte Hand in Ihr Herz lenken. Atmen Sie ein, wenn Sie die Himmelskraft in sich aufnehmen, atmen Sie aus, wenn Sie in Ihr Herz fließt.

Sprechen Sie innerlich die Worte:

„Bitte hilf mir dabei, ..."

Ergänzen Sie den Satz mit dem, was Sie benötigen, was Sie brauchen, um was Sie bitten. Machen Sie das immer wieder, oder stellen Sie sich einfach vor, dass helfende, lichtvolle Energie in Sie einfließt. Fahren Sie damit und mit dem nährenden Atem fort, bis Sie sich ganz gestärkt fühlen.

Legen Sie dann noch einige Atemzüge lang Ihre Hände überkreuz über Ihr Herz. Spüren Sie seine Wärme, spüren Sie, wie viel Sehnsucht nach Liebe darin ist. Wie es klopft und lebendig ist.

Und dann senken Sie bitte langsam Ihre Hände ab. Atmen Sie noch einige Male ein und aus. Und dann öffnen Sie Ihre Augen.

Wenn Ihr Partner noch nicht soweit ist, warten Sie, bis er ebenfalls die Augen öffnet. Schauen Sie sich dann noch einen Moment still in die Augen. Schauen Sie auch, was sich vielleicht geändert hat. Was Sie jetzt sehen können. Und dann danken Sie sich gegenseitig.

Danach:
Wenn Ihnen danach ist, erzählen Sie sich gegenseitig, was Sie gerne abgeben wollten und wofür Sie um Hilfe gebeten haben. Fangen Sie bitte nicht an zu diskutieren oder zu analysieren. Lassen Sie zu, dass Sie empfangen, dass auch Ihr Partner sich anvertraut, dass er selbst nicht weiter weiß, oder dass er sich geöffnet hat. Danken Sie einander für die Bereitschaft, Ihren Konflikt zu lösen. Vielleicht hat sich dadurch so viel in Ihnen gelöst, dass Sie klarer sehen. Wenn Sie dann miteinander über Ihren Konflikt sprechen wollen, tun Sie dies bitte, aber wählen Sie dazu einen anderen Ort. Beenden Sie vorher die Meditation.

Paarmeditation 37: Durch die Wand des Schmerzes

In Mozarts Oper „Die Zauberflöte" gibt es eine Szene, in der die beiden Hauptfiguren Tamino und Pamina einige schwere Prüfungen durchschreiten müssen, bevor sie gemeinsam im Sonnenreich Sarastros, dem Reich des Lichts und der Liebe, aufgenommen werden. Eine dieser Prüfungen ist das Durchschreiten einer Feuer-wand, eine weitere das Durchqueren eines tiefen Wassers. Diese beiden Elemente, Feuer und Wasser, stehen für etwas, das alle Liebenden überwinden müssen, um wirklich zu ihrer Liebe zu gelangen: Die Barriere ihrer alten Verletzungen und der darin verborgenen blockierten Wut, und das nochmalige Eintauchen in die tiefen Gefühlmuster, die immer wieder durch den anderen geweckt werden. Symbolisch stehen diese Prüfungen für die Überwindung des Ego. Liebe erfahren wir in dem Moment, in dem es uns möglich ist, die Verstrickungen des Ego zu lösen und die Welt des Schmerzes, in der wir gefangen sind, hinter uns zu lassen.

Gerade in einem akuten Konflikt erfahren wir meist den Partner als die Quelle unseres Schmerzes. Dadurch aber bleiben wir, symbolisch gesprochen, in der Feuerwand stecken. Es gilt, sie zu durchschreiten, zu erfahren, was in ihr brennt, sich von diesem Feuer läutern zu lassen - und zu erfahren, dass es jenseits dieser Wand noch weitergeht, dass es dort sogar etwas ganz Besonderes zu entdecken gibt.

Um diesen Schritt zu tun, brauchen wir nur eins: Die Entscheidung, es zu tun. Uns wirklich zu entscheiden, nicht mehr in unserem Schmerz gefangen bleiben zu wollen. Ihn wirklich überwinden zu wollen, hinter uns zu lassen. Nicht dadurch, dass unser Partner sich ändert. Sondern dadurch, dass wir bereit sind, die Verletzungsmuster zu verlassen, in denen wir gefangen sind. Selbst die Verantwortung zu übernehmen für das, was in uns ist. Ganz einzutreten und uns ergreifen zu lassen von dem, was uns da weh tut. Und zu erkennen, dass es uns heute nicht vernichtet, nicht verzehrt.

Sondern dass wir intakt, lebendig bleiben. Dass wir selbst finden können, was uns heilt. Nicht indem wir uns trotzig abwenden vom anderen, nach dem Motto: „Ich kann auch ohne dich". Nein, in der vollsten Verletzlichkeit, in der vollsten Offenheit, mit der vollsten Akzeptanz dessen, was ist. Aber auch mit dem vollsten „JA" zu uns selbst.

Diesen Schritt zu tun, im Angesicht des Partners, während er genau dasselbe tut, kann den aktuellen Konflikt zu etwas anderem werden lassen: Zu einer Herausforderung für beide, die es zu bewältigen gilt. Jeder für sich, aber dennoch beide wachsend aneinander. Der Schritt durch die Feuerwand kann der Schritt sein, der Sie beide wieder in die Liebe bringt.

Haltung:

Bitte setzen Sie sich voreinander hin. Begrüßen Sie sich, auch wenn Sie wütend aufeinander sind. Es gibt keinen Moment des Lebens, in dem Sie sich gegenseitig die Achtung versagen sollten, selbst dann nicht, wenn Sie innerlich voll Ver-Achtung sind. Die Ver-Achtung ist Ihre, der Ausdruck der Achtung gilt dem anderen. Spüren Sie sich, Ihren Ärger, Ihren Zorn, Ihre Ablehnung, Ihre Verschlossenheit, Ihr Gefühl von Ohnmacht oder sogar Ihren Hass. Und auch die Gefühle Ihres Partners, soweit Sie sie wahrnehmen können. Sie müssen nicht irgend etwas anderes aus sich oder dem anderen machen als da ist. Aber nehmen Sie sich wahr, nehmen Sie auch die Sätze wahr, die sich in Ihrem Inneren vielleicht formen, die Gefühle, die in Ihnen hochsteigen. Spüren Sie, dass dies Ihre Gefühle sind, Ihre Worte, Ihre Sätze? Sagen Sie sich innerlich:

„Was ich jetzt fühle, bin ich".

Wenn Sie jetzt weinen müssen, dann weinen Sie - es löst auch etwas in Ihnen. Schließen Sie dann die Augen.

Treten Sie nun innerlich einen Schritt zurück, sehen Sie Ihre Gefühle wie eine Wand aus Feuer vor Ihnen stehen. Nehmen Sie wahr, wie die Flammen lodern, wie bei einem Waldbrand. Spüren Sie die Hitze, die Sie zu versengen droht. Schauen Sie hin, dies ist die Quelle Ihrer Verletztheit, Ihres Zorns, ihrer Traurigkeit.

Sagen Sie sich innerlich:
„Ich bin bereit, mich meinem Schmerz zu stellen".

Und dann, gehen Sie auf die Flammenwand zu. Lassen Sie sich von ihr ergreifen, fühlen Sie, welche Gefühle darin brennen. Erlauben Sie sich, alles auszudrücken, was in diesem Moment durch diese Flammen in Ihnen ausgelöst wird. Sie müssen nichts wissen, seien Sie Ihr Schmerz, Ihre Wut, Ihre Ohnmacht. Weinen Sie, schreien Sie, zittern Sie. Wenn Ihnen danach ist, mit Fäusten auf den Boden zu schlagen, dann tun Sie dies. Wenn Sie mit den Zähnen fletschen wollen, knurren, brüllen, dann tun Sie dies. Wenn ein Wort kommt, oder ein Satz, sprechen Sie ihn aus, oder schreien Sie ihn. Wenn Ihr Herz Ihnen weh tut, legen Sie Ihre Hände darauf. Öffnen Sie all das, was Sie sonst in sich verborgen halten, was sonst in Ihrem Inneren tobt. Lassen Sie sich dazu einige Minuten Zeit.

Legen Sie dann Ihre linke Hand auf Ihr Zwerchfell. Atmen Sie kraftvoll und schnell durch die Nase ein und aus. Die Betonung sollte bitte auf dem Ausatmen liegen, sonst kommen Sie eine Hyperventilation. Den rechten Arm strecken Sie bitte seitlich aus, der Ellenbogen sollte weitgehend gestreckt sein. Bewegen Sie Ihren Arm nach oben und unten, so, als ob Sie einen Ball prellen wollten oder etwas in den Boden schlagen wollten. Atmen Sie wirklich kraftvoll, immer kraftvoller - Sie durchschreiten gerade Ihre Feuerwand. Sagen Sie sich innerlich dabei immer wieder die Worte:

„Ich bin, ich bin", „Ich bin, ich bin"

Fahren Sie auch damit einige Minuten lang fort. Dann atmen Sie bitte tief ein, ziehen alle Muskeln zusammen, halten den Atem an - und lassen den Atem dann wie mit einem Kanonenschlag gehen. Und noch einmal: Einatmen, den Atem anhalten, alle Muskeln zusammenziehen - und dann den Atem wie mit einem Kanonenschlag gehen lassen.

Legen Sie bitte Ihre Hände wie Schalen auf Ihre Knie. Spüren Sie Ihr Herz. Atmen Sie Licht durch Ihren Scheitelpunkt ein, durch Ihr Herz aus. Lassen Sie mit diesem Atem die Feuerwand hinter sich - und spüren Sie, wie Sie in einen heiligen Bereich eintreten: Den Tempel Ihrer Seele.

Lassen Sie Ihren Atem strömen, sanft fließen, spüren Sie sich. Hören Sie innerlich den Satz:

„Ich bin bei dir"

(Lassen Sie das „Ich" und das „bin" lang klingen, das „bei" ganz kurz und das „dir" wieder lang, sodass sich ein Rhythmus lang-lang-kurz-lang ergibt - er wirkt besonders beruhigend auf Ihre Seele)

Es ist der Satz Ihres göttlichen Selbst, Ihres Schutzengels, Ihrer himmlischen Eltern, was immer Ihnen nahe ist. Lassen Sie sich umfangen von dem Satz, hören Sie ihn, flüstern Sie ihn sich selbst zu oder summen Sie ihn für sich. Spüren Sie, dass Sie nie allein sind, dass in diesem Bereich jenseits der Feuerwand die Liebe für Sie nie aufhört. Wenn Ihnen dabei Tränen kommen, lassen Sie sie zu.

Und während Sie weiter atmen, lassen Sie vor Ihrem inneren Auge nun die Augen Ihres Partners erscheinen - so wie Sie sie schon einmal gesehen haben, wenn Sie sich ganz nah sind. Sehen Sie, wie die Augen Ihres Partners Sie anschauen - wissend, vielleicht ein wenig traurig, voll Mitgefühl. Atmen Sie Licht ein und atmen Sie aus in diesen Kontakt zu Ihrem Partner, spüren Sie gleichzeitig Ihren Raum, Ihre Seele. Bleiben Sie dabei, solange es sich für Sie gut anfühlt.

Wenn Ihnen danach ist, öffnen Sie die Augen. Schauen Sie zu Ihrem Partner hin, auch wenn er die Augen noch nicht geöffnet hat. Nehmen Sie wahr, wie Sie sich jetzt ihm gegenüber fühlen, was sich verändert hat. Wenn Sie beide die Augen geöffnet haben, schauen Sie sich an. Schauen Sie sich wirklich an - gemeinsam haben Sie eine weite Reise getan. Danken Sie einander dafür.

Danach:

Wenn Sie mögen, nehmen Sie sich bei den Händen. Spüren Sie sich nur. Reden Sie möglichst wenig, und wenn, dann nur aus Ihrem Herzen. Es ist aber auch gut, wenn Sie schweigen. Bleiben Sie so einige Minuten beieinander. Geben Sie sich ein Zeichen, wann Sie die Meditation beenden wollen. Verabschieden Sie sich mit dem Indischen Gruß.

Erzählen Sie sich erst später, was in der Meditation für Sie geschehen ist. Lassen Sie die Meditation zunächst in Ihrem Inneren wirken.

Paarmeditation 38: Das verletzte Kind

Wenn wir in einem Konflikt feststecken, tobt, weint oder leidet meist in uns eine Seeleninstanz: Das sogenannte „Innere Kind". Wenn wir nicht schon einmal damit in Berührung gekommen sind, können wir uns als Erwachsene kaum vorstellen, dass es sie überhaupt in uns gibt. Das sind doch nur Vorstellungen, unsere Vergangenheit ist doch lange vorbei, denken wir. Das stimmt zwar, zeitlich betrachtet. Aber innerlich ist dies anders.

In unserem Inneren, in unserer Seele, gibt es keine Zeit im äußeren Sinn, sondern nur Erfahrungen. Positive Erfahrungen lassen uns wachsen, fließen, geben uns ein Gefühl von Lebendigkeit und Freiheit. Erfahrungen, die negativ waren, blockieren den Fluß der Lebensenergie und verfremden die Wahrnehmung neuer Erfahrungen. Überall dort, wo wir negative Erfahrungen gemacht haben, die sich nicht lösen ließen, bleiben wir blockiert, reifen praktisch nicht weiter, sondern bleiben stecken. Solange jedenfalls, bis diese negativen Erfahrungen geheilt sind, sich transformiert haben in Positives. In der Gestalttherapie spricht man von „unerledigten Geschäften" - wenn etwas nicht abgeschlossen werden kann, bleibt es wie ein Stapel unerledigter Post auf unserem inneren Seelenschreibtisch liegen, bis wir daran gehen es abzuarbeiten.

Als Kinder sind wir prägenden Erfahrungen besonders ungeschützt ausgeliefert, egal, ob sie positiv oder negativ waren. Alles, was an Gefühlen, Erlebnissen, Berührungen oder Mitteilungen zu uns gekommen ist, erreicht uns ganz unmittelbar, trägt dazu bei, welches Bild wir von uns selbst entwickeln, welche Beziehungsmuster wir aufnehmen oder unter welchen wir leiden, und wie wir die Welt sehen. An den Stellen, an denen wir positive Erfahrungen über uns gemacht haben, öffnen wir uns der Welt. Dort, wo uns etwas weh getan hat, ziehen wir uns buchstäblich zusammen, verspannen uns und bilden mit dieser Verspannung eine schützende Schicht über unserer Seele.

In späterer Zeit verfestigen sich diese Schutzschichten zu einer Art Panzer, zu einem ganz bestimmten Körperbau, zu einem ganz bestimmten Charakter, mit dem wir nicht mehr so schmerzliche Erfahrungen machen. Dennoch: Wenn wir in unseren Begegnungen und Beziehungen auch in späterer Zeit wieder verletzt, eingeschüchtert, zurückgewiesen werden, werden zusammen mit den Schutzmechanismen all die unbewältigten Erfahrungen und Schmerzen angerührt, die wir in unserer besonders sensiblen Prägungsphase erfahren haben. Auch wenn dies nicht besonders angenehm ist, hat es dennoch einen positiven

Hintergrund: Nämlich den, unseren Panzer endlich wieder zu öffnen, unsere Lebensenergie in Fluss zu bringen und diese negativen Erfahrungen endlich zu heilen.

Manchmal können wir unter den Schutzmechanismen und unserer Verpanzerung nicht mehr erkennen, was sie ursprünglich eigentlich einmal ausgelöst hat. Wir können die angerührte Verletzung nicht mehr sehen, sondern erleben uns und auch den anderen, den Partner, nur noch so, wie er oder sie sich zeigt. Damit begegnen wir aber nicht dem wirklichen Selbst des anderen, sondern nur dem „falschen Selbst", dem Teil, den auch er als Schutzmantel über das wirkliche Selbst gebreitet hat, seiner „Persönlichkeit". Das Fatale ist, dass wir auf dieses „falsche Selbst" reagieren, genauso wie unser Gegenüber auf unser „falsches Selbst" - und genauso wie wir uns dann bei Konflikten oft „falsch gesehen" und „unverstanden" fühlen, fühlt sich auch unser Gegenüber nicht gesehen und unverstanden.

Was uns wirklich helfen kann, ist, das verletzte Kind in uns selbst wieder zu finden, es zu umarmen und zu lieben. So lange, bis es sich endlich wieder entspannen, bis es endlich wieder Vertrauen fassen kann. Und auch, in unserem Partner das verletzte Kind zu sehen - hinter all den Abwehrmechanismen, die wir selbst und unser Partner entwickelt haben. Wenn uns dies gelingt, wenn wir wirklich in Kontakt kommen mit dieser Seeleninstanz in uns und unserem Partner, dann wird plötzlich Verzeihen und Liebe ganz einfach.

Die folgende Meditation kann genau dies für Sie tun. Wenn Sie sie öfter praktizieren, bevor Sie in einem Konflikt mit Ihrem Partner sind, können Sie auch in einem Konflikt leichter wieder zu Ihrer Liebe finden.

Haltung:

Setzen Sie sich voreinander, Knie an Knie. Spüren Sie Ihren Körper, folgen Sie Ihrem Atem. Nehmen Sie wahr, wohin er in ihrem Körper fließt, nehmen Sie auch wahr, welche Teile Ihres Körpers nicht von Ihrem Atem erreicht werden. Schauen Sie dann Ihrem Partner in die Augen. Nehmen Sie wahr, was Sie darin anrührt, wenn Sie hineinschauen, oder was in Ihnen ausgelöst wird. Vielleicht spüren Sie sogar, ob Ihre eigenen Augen eher Offenheit oder Verschlossenheit ausstrahlen, ob Sie sich für Ihren Partner öffnen können oder nicht.

Schließen Sie dann Ihre Augen. Stellen Sie sich vor, Sie gehen eine Treppe hinunter. Am Fuße dieser Treppe stehen Sie dann auf einer Straße - es ist die Straße, in der Sie einmal gewohnt haben, als Sie ein Kind waren. Schauen Sie sich um, nehmen Sie wahr, wie die Atmosphäre in dieser Straße ist. Und dann kommt Ihnen ein Kind entgegen, und Sie sehen, Sie sind es selbst, so, wie Sie aussahen, als Sie noch ein Kind waren.

Schauen Sie hin, wie dieses Kind aussieht, welchen Gesichtsausdruck es hat. Sagen Sie diesem Kind, dass Sie gekommen sind, um bei ihm zu sein. Nehmen Sie wahr, wie dieses Kind darauf reagiert. Vielleicht kommt es Ihnen entgegen, wenn Sie die Arme nach ihm ausstrecken, vielleicht mag es nicht. Sprechen Sie mit dem Kind, zeigen Sie ihm Ihre Liebe. Niemand weiß besser, wie es dem Kind damals gegangen ist als Sie. Sagen Sie dem Kind, was es nie gehört hat, was es braucht, damit es sich ganz willkommen, ganz geliebt fühlt in dieser Welt. Wenn es sich für Sie beide richtig anfühlt, sprechen Sie diesen Satz, diese liebevolle Bestätigung wirklich aus. Das laute Aussprechen wird Sie wesentlich tiefer mit Ihren Gefühlen in Kontakt bringen. Vielleicht beginnen Sie an dieser Stelle zu weinen, weil es Ihr eigenes Herz ist, was so berührt wird. Lassen Sie Ihre Tränen fließen, Sie heilen einen tiefen Schmerz. Bleiben Sie bei Ihrem Inneren Kind, solange es Ihnen gut tut, dann versprechen Sie ihm, dass Sie wiederkommen werden.

Gehen Sie dann die Treppe wieder nach oben, bringen Sie Ihre Gefühle zu Ihrem Inneren Kind mit. Atmen Sie einige Male lang und tief, dann öffnen Sie Ihre Augen.

Schauen Sie dann Ihren Partner an. Stellen Sie sich vor, wie das Gesicht vor Ihnen jünger wird, wie es sich in das Gesicht eines Kindes verwandelt. Schauen Sie, was in diesem Gesicht steht, wie viel Schmerz es erlitten hat, wie es wohl geweint haben mag, wie einsam es vielleicht war. Schauen Sie das Gesicht an wie eine liebevolle Mutter, ein liebevoller Vater. Vielleicht können Sie Ihre Liebe zu dem Kind in diesem Gesicht spüren. Erlauben Sie Ihren Gefühlen, in Ihren Augen sichtbar zu werden.

Und nehmen Sie gleichzeitig auf, wie Ihr Gegenüber seiner Liebe zu dem Kind in Ihnen Ausdruck gibt. Was diese Zuneigung in Ihnen bewirkt. Öffnen Sie sich dem, was Sie sehen und fühlen. Bleiben Sie nun bei diesem Gefühl, bei dieser Zuneigung, solange es sich richtig für Sie anfühlt, mindestens fünf Minuten.

Spüren Sie gleichzeitig Ihre eigenen Widerstände, noch tiefer zu gehen und erlauben Sie sich, diese Widerstände in der Liebe des Blickes vor Ihnen schmelzen zu lassen. Erlauben Sie sich, die Liebe zu empfangen, die wirklich Ihnen gilt - und geben Sie die Liebe, die dem Wesen des Menschen, dem Kind in dem Gesicht vor ihnen gilt. Wenn es sich richtig anfühlt, geben Sie sich gegenseitig ein Zeichen und schließen Sie die Augen.

Spüren Sie einen Moment in sich nach, was dieser intensive Austausch in Ihnen bewirkt hat. Lassen Sie all das, was Sie fühlen, in sich einsinken.

Atmen Sie, lang und tief. Verteilen Sie mit dem Atem die Liebe, die Sie fühlen und empfangen haben, über Ihr ganzes Sein, über Ihren Körper, über Ihre Seele.

Öffnen Sie dann langsam die Augen.

Danken Sie Ihrem Partner, empfangen Sie seinen Dank. Er gilt wirklich Ihnen, ebenso wie Ihr Dank wirklich ihm gilt.

Danach:

Wenn Ihnen danach ist, reichen Sie sich die Hände. Spüren Sie gemeinsam, wieviel Liebe Ihre Inneren Kinder noch brauchen, wie sie vielleicht kämpfen, nur weil sie ihre tiefe Bedürftigkeit, ihr tiefes Sehnen, ihre Angst und ihr Misstrauen nicht zeigen mögen.

Reden Sie jetzt nicht soviel, wenn überhaupt nur einige Sätze, ganz aus Ihrem Herzen.

Paarmeditation 39: Ich zeige dir meine Wunden

Die folgende Meditation ist eine grundlegende Arbeit, die Paare miteinander machen können, um sich gegenseitig zu heilen. Sie ist deshalb so grundlegend, weil Konflikte jeder Art aus den ungeheilten Aspekten unserer Persönlichkeit, unserer Familie oder sogar unseres Volkes resultieren. Jeder Mensch hat im Laufe seines Lebens zahlreiche Wunden davongetragen, ist verletzt worden, gedemütigt, zurückgestoßen, körperlich, geistig oder seelisch. Manche dieser Wunden sind nicht so spürbar, andere prägen unser ganzes Leben.

Zu wissen, wo Sie selbst und Ihr Partner seine Wunden hat, wodurch sie immer wieder berührt werden, kann sehr helfen, das gegenseitige Verstehen zu vertiefen. Normalerweise verletzen wir ja den anderen, ohne dies zu wissen - und auch, ohne dies zu wollen. Je besser wir den anderen mit seinen ganz persönlichen Eigenarten und Verletzlichkeiten kennen, umso leichter werden wir vielleicht Mittel und Wege finden, das zum Ausdruck zu bringen was uns wichtig ist, ohne den anderen zu verletzen. Je mehr wir selbst wissen, wo unsere eigenen Wunden sind, desto leichter wird es uns fallen, nicht einfach darauf zu reagieren und vielleicht zurückzuschlagen, sondern andere Wege zu finden, wie wir mitteilen können, was uns immer wieder verletzt.

Diese Wunden zu finden und darüber zu sprechen, kann für Sie und Ihren Partner eine tiefe Selbsterkenntnis bedeuten. Sich dieser Erkenntnis zu stellen, kostet viel Mut. Sich darin auch noch seinem Partner zu zeigen, noch mehr. Und dann auch noch zuzulassen, dass er dazu beiträgt, sie zu heilen, fordert die Bereitschaft, wirklich nichts zurückzuhalten. Wenn Sie sich entschließen, diese Meditation miteinander zu machen, kann jedoch Ihr Vertrauen zueinander wesentlich zunehmen. Damit Sie sich aber ganz sicher fühlen, sollten Sie vereinbaren, dass Sie nichts aus dieser Meditation jemals im Streit gegeneinander benutzen werden.

Dies ist keine Meditation, die Sie in einem akuten Konfliktfall machen sollten - eher eine, die zukünftige Konflikte vermeiden hilft. Oder die nach einem Konflikt Bewusstsein darüber schaffen kann, weshalb dieser unvermeidlich war. Machen Sie sie bitte nur dann, wenn Sie bereit sind, sich Ihrem Partner wirklich zu öffnen.

Nehmen Sie sich für diese Meditation mindestens zwei Stunden Zeit, besser noch einen halben Tag. Sie benötigen dazu zwei Stücke Tapete in der Länge Ihres Körpers, Mal- und Filzstifte (für jeden von Ihnen sollte ein Stift in Rot dabei sein) sowie Tesakrepp.

Es ist eine Meditation in mehreren Phasen. In der ersten Phase helfen Sie sich gegenseitig, in der zweiten sind Sie mit sich ganz allein, in der dritten Phase begegnen Sie sich wieder.

Haltung:
Für Phase 1: Nehmen Sie bitte die beiden Stücke Tapete. Einer von Ihnen legt sich jetzt auf ein Stück Tapete, die Beine ein wenig auseinander, die Arme neben den Körper. Der andere zeichnet mit einem Filzstift Ihren Umriss auf die Tapete. Wenn Sie fertig sind, wechseln Sie die Rollen. Nehmen Sie das andere Stück Tapete, und der, der eben gezeichnet hat, legt sich nun darauf. Der andere Partner malt mit einem Filzstift den Umriss des Körpers nach.

Phase 2: Ziehen Sie sich mit Ihrem Tapetenstück, einigen Stiften und Tesakrepp in eine freie Stelle des Raumes oder in einen anderen Raum zurück. Sie sollten so weit voneinander entfernt sein, dass Sie nicht durch das, was der andere tut, abgelenkt werden.

Nehmen Sie beide dann, getrennt voneinander, Kontakt zu diesem Umriss vor Ihnen auf: Das sind Sie, das ist Ihr Körper, der Ihre ganze Geschichte verkörpert, die Sie bisher erlebt haben. Der alle schönen Ereignisse gespeichert hat, aber auch alle negativen. Schauen Sie hin - es geht nicht darum, ob Sie Ihren Umriss mögen oder nicht. Wenn Sie ihn nicht mögen, spüren Sie ein wenig nach, wann dieses negative Bild von Ihnen selbst entstanden ist. Spüren Sie in die Geschichte Ihres Körpers hinein - in Ihre Geschichte.

Nehmen Sie sich die Mal- und Filzstifte. Malen Sie in den Umriss Ihres Körpers alle Wunden hinein, die Sie im Laufe Ihres Lebens und vor allem als Kind erhalten haben. Schreiben Sie auch dazu, wodurch das geschehen ist, was es vielleicht für Sätze dazu gab, was für Botschaften über Sie selbst. Machen Sie dies gleichzeitig, aber getrennt voneinander. Nehmen Sie sich dazu mindestens eine halbe Stunde Zeit.

Nehmen Sie dann das Tesakrepp, malen Sie mit Ihrem roten Filzstift ein wenig rote Farbe darauf und reißen ein Stück ab. Kleben Sie sich dann das Stück Tesakrepp auf Ihren realen Körper, auf die Kleidung, wie ein Pflaster, genau auf eine Stelle, wo auf dem Bild vor Ihnen eine Wunde ist. Sie können auch zwei Stücke Tesakrepp kreuzweise übereinander kleben und so die Wunde markieren.

Fahren Sie so fort: Malen Sie ein oder zwei Stücke Tesakrepp rot, reißen Sie sie ab und markieren Sie damit eine Wunde auf Ihrem realen

Körper. Spüren Sie dabei, wie es ist, wenn Sie sich innerlich bestätigen: Ja, dort bin ich verwundet worden.

Phase 3: Kommen Sie dann wieder zu Ihrem Partner, zusammen mit Ihrem bemalten Stück Tapete, zusammen mit Ihrem Tesakrepp auf dem Körper. Sagen Sie zunächst nichts, schauen Sie sich nur an. Lassen Sie sich davon anmuten, wo die Wunden auf dem Körper Ihres Partners sind. Vielleicht werden Sie erstaunt feststellen, dass es ganz ähnliche Stellen wie bei Ihnen sind.

Schauen Sie dann das Bild mit den Körperumrisse und den gekennzeichneten Stellen an. Nehmen Sie wahr, wie verwundet Ihr Partner ist. Und Sie selbst auch.

Setzen Sie sich dann voreinander hin. Machen Sie aus, wer beginnt. Derjenige, der anfängt, legt bitte zwei Finger auf eine Wunde und sagt: „Diese Wunde habe ich erhalten durch (als ich...). Sie bedeutet... und sie hat in meinem Leben..."

Ihr Partner hört bitte nur zu, während Sie sprechen. Erläutern Sie so alle Wunden, die auf Ihrem Körper markiert sind. Wenn Sie oder Ihr Partner dabei weinen, lassen Sie die Tränen fließen. Und wenn Ihr Partner Ihnen sein Mitgefühl ausdrücken will, und Ihnen das gut tut, lassen Sie es geschehen.

Phase 4: Wenn Sie Ihre Erläuterungen beendet haben, legt sich ein Partner bitte auf den Rücken. Erlauben Sie Ihrem Partner, nacheinander seine Hand auf Ihre Wunden zu legen. Spüren Sie die liebevolle, mitfühlende Hand Ihres Partners. Halten Sie die Augen dabei geschlossen.

Heilender Partner: Legen Sie Ihre Hand/Hände sanft und liebevoll auf die markierten verwundeten Stellen auf dem Körper Ihres Partners/Ihrer Partnerin. Sprechen Sie dabei die Worte:

„Ich schicke dir Liebe - ich wünsche dir Heilung"

Wiederholen Sie diesen oder einen ähnlichen Satz, der aus Ihrem Herzen kommt, an jeder Stelle, die Sie berühren.

Wenn Sie alle Stellen nacheinander berührt haben, bleiben Sie einen Moment still sitzen. Spüren Sie Ihre Verbundenheit, spüren Sie die Verletzlichkeit und Offenheit, die zwischen Ihnen ist.

Wechseln Sie dann die Rollen. Öffnen Sie sich jetzt Ihrem Partner, erzählen Sie über Ihre Wunden, lassen Sie sich dann heilen.

Danach:
Wenn Sie beide geendet haben, setzen Sie sich noch einen Moment gegenüber. Schauen Sie sich in die Augen. Sie können jetzt wirklich die Seele Ihres Partners sehen. Achten Sie dies Geschenk. Es ist das Kostbarste, was Sie miteinander teilen können. Danken Sie einander für das, was Sie miteinander erlebt haben.

Teil IV: Transzendenz

„Ich sah einen Jungen, der trug ein Licht.
„Woher hast du das Licht?“, fragte ich.
Da blies er es aus und fragte zurück:
„Weißt du, wo es jetzt hingegangen ist?“

Hassan von Basra

Einführung

Was bedeutet Transzendenz in einer Partnerschaft? Transzendenz ist ein Wort, das über sich selbst hinaus weist, das Veränderung beinhaltet, Transformation, und zwar jenseits dessen, was wir im Alltag erleben. Transzendenz ist das spirituelle Licht einer Partnerschaft, ihr Segen sozusagen, der Teil, für den sich alle Mühe, alles Aneinander-Reiben, alle Konfrontation und alle Liebe lohnt - der tiefste Sinn einer Partnerschaft.

Worin aber besteht dieser Sinn?

Wenn man Paare heute fragt, weshalb sie zusammen leben oder heiraten, dann sagen die meisten: Weil wir uns lieben. Vor gar nicht allzu langer Zeit war das anders. Da hätte man gesagt: Weil wir Kinder haben wollen. Oder weil wir vom Bildungsstand und von der gesellschaftlichen Schicht her zueinander passen. Vor mehr als hundert Jahren durchaus auch: Weil es die Eltern so bestimmt haben. Oder weil Frauen nun mal finanziell versorgt werden müssen und Männer nichts von Haushaltsführung verstehen. Von „Liebe" als Hauptgrund für Partnerschaft und Ehe ist also erst seit relativ kurzer Zeit die Rede. Daher bedeutet der Wunsch, Liebe zu leben, einen Quantensprung im Bewusstsein von Paaren. Aber gleichzeitig auch die Ursache dafür, dass die Scheidungsziffern so in die Höhe geschnellt sind wie niemals zuvor. Denn Paare heutzutage leben nur solange zusammen, wie sie Liebe erfahren, wie sie sie bekommen, wie sie sie spüren. Wenn Liebe in diesem Sinn nicht mehr spürbar ist, dann trennt man sich. Die durchschnittliche Ehedauer geht immer weiter nach unten, inzwischen liegt sie in Deutschland bei etwas mehr als vier Jahren.

Liebe leben zu wollen, hat jedoch auch eine andere Bedeutung, und die liegt im Spirituellen. Diese Bedeutung meint, ganz in die Beziehung einzutauchen bis auf ihren Grund. Das hinter sich zu lassen, was uns daran hindert, „in Liebe zu sein", wie man im Englischen sagt. Das ist etwas Anderes als die gängige Vorstellung, die wir damit verbinden - dass ich dich dafür liebe, dass du mir soviel gibst. Denn das impliziert ja, dass ich dich auch nur so lange lieben kann, wie ich das weiter von dir bekomme, was mir so wichtig ist. Für jedes Paar aber kommt unweigerlich die Zeit, in der dieses Wunderbare scheinbar nicht mehr vorhanden ist, in der die kleinlichen Streitereien des Alltags überhand genommen haben, und in der man gleichzeitig das Gefühl hat, so verschieden zu sein, dass man wahrscheinlich gar nicht zusammen paßt. In diesem Moment steht jeder der Partner vor der Entscheidung, ob man die Liebe wirklich leben will - oder sich trennt. Oder resigniert. Oder zu einem Paar mit ausgesprochenen oder unausgesprochenen Dauervorwürfen wird, das sich gegenseitig das Leben zur Hölle macht.

Liebe leben aber bedeutet, die eigene Liebe zu finden, nicht die eines idealen Partners. Nach und nach immer tiefer zu verstehen, welche Muster, welche Zweifel, welche kritischen Stimmen oder gnadenlosen Selbstverurteilungen diesen Weg in die Liebe blockieren. Nicht beim Anderen - sondern in jedem von uns selbst. Diese Blockaden langsam aufzulösen. Und dadurch immer tiefer in die Einheit zu kommen - mit dem Partner, der so immer mehr zum wirklich Geliebten wird, mit den Eltern und Kindern, mit allem Sein. Ohne uns selbst in dieser Einheit zu verlieren. Sondern darin unsere wirkliche Essenz zu finden. Liebe leben zu wollen, ist deshalb im Kern ein zutiefst spirituelles Anliegen - und jede Partnerschaft trägt das Potenzial zu seiner Verwirklichung in sich.

Dabei ist unser Partner der beste - und gleichzeitig auch unbestechlichste - Lehrer. Denn jeder noch so kleine Vorwurf, jede noch so winzige Projektion - und die Irritation ist da. Immer wieder kommen wir so an neue Schichten unserer Persönlichkeit, die wir „abschälen" können. Oft fühlt sich das an wie ein Opfer, oft haben wir das Gefühl, allein diesen Weg zu gehen sei einfacher. Aber das Gegenteil ist wahr. Denn wie sehr wir wirklich „in Liebe" sind, zeigt sich nicht, wenn wir allein im Himalaya sitzen und meditieren. Sicher kann man dabei wunderbare Erfahrungen machen. Der Härtetest unserer Liebe aber ist die Beziehung. Der Härtetest - und gleichzeitig der Gradmesser unserer eigenen Seelenentwicklung.

Das Wunder der Liebe geschieht, wenn wir erkennen, das wir im Kern Liebe sind. Wenn wir uns für ihre Existenz öffnen. Sie ist nichts, was uns irgend jemand bringt, nichts, was durch irgend jemand geschieht. Liebe ist immer da, in jedem Moment unseres Seins. Sie ist Freude, Dankbarkeit, Erfüllung, Glück - wenn wir uns für sie öffnen. Und für alle Menschen. Für die ganze Schöpfung. Und auch für unseren Geliebten.

Die Meditationen in diesem Kapitel können Sie mit dieser Erfahrung in Verbindung bringen. Mit ihnen können Sie gemeinsam einen Bereich betreten, in dem Sie mit dem Wesen des Anderen in Berührung kommen - und mit Ihrem eigenen. Was Sie dazu brauchen, ist die Bereitschaft, Ihr Herz wirklich füreinander zu öffnen. Dann kann das Wunder der Liebe für Sie geschehen.

Ein Hinweis: Natürlich können Sie die folgenden Meditationen auch schon zu Anfang Ihrer gemeinsamen Meditationspraxis üben. Vielleicht geben Sie Ihnen sogar einen Geschmack davon, was zwischen Ihnen möglich ist. Es ist jedoch wahrscheinlich, dass Sie die Tiefe dieser

Meditationen eher spüren können, wenn Sie schon längere Zeit miteinander meditiert haben - und wenn Sie die anderen Teile des Buches nicht überspringen. Aber das ist keine absolute Wahrheit. Es kann durchaus sein, dass Sie mit Hilfe einer oder mehrerer Meditationen dieses Kapitels plötzlich das Wesen Ihres Liebsten so erfassen, dass Sie in die Liebe katapultiert werden. Dass Sie plötzlich Liebe sind. Und auch, wenn sich der Alltag dann wieder dazwischen schiebt, haben Sie dieses Wunder schon einmal erfahren. Das wird Ihnen den Mut und die Sicherheit geben, auf Ihrem gemeinsamen Weg weiterzugehen.

Paar-Meditation 40: Dein Name - Ein Lied

Ihr Name ist etwas ganz Besonderes. Er mag Ihnen gefallen oder nicht - er ist eins der Worte, die Sie wahrscheinlich am häufigsten in Ihrem Leben hören. Kaum ein Mensch, dem sein Name völlig gleichgültig ist: Er kann die Tradition Ihrer Familie weitertragen, ein Ausdruck Ihres Herkunftslandes oder des Ursprunges Ihrer Eltern sein, er kann Sie selbst ärgern, erfreuen, beschämen oder stolz machen.

Ihr Name aber ist auch noch etwas anderes: Er hat ein spirituelles Element in sich. Nicht umsonst bekommen Schüler von ihrem spirituellen Lehrer oft erneut einen Namen, wenn sie sich diesem Lehrer anvertrauen. Dieser Name ist der Ausdruck Ihrer höchsten Qualität, aber auch des Weges, auf dem Sie sich befinden. Ihr Name trägt den Klang und die Bedeutung dieser Qualität, die es zu verwirklichen gilt. Bei seinem Namen gerufen zu werden, sich mit seiner Bedeutung auseinander zu setzen, kann eine ständige Erinnerung an diese Aufgabe sein.

Wissen Sie, was Ihr Name bedeutet? Welchen Hintergrund er hat? Wer diesen Namen schon einmal getragen hat? Welches seine Wurzeln sind? Meist wählen Eltern den Namen für ihr Kind völlig unbewusst - weil er ihnen irgendwie gefällt, weil ein Freund oder eine Freundin so heißt, weil er gerade „in" oder weil er in der Familie üblich ist. Und dennoch: Jeder Name hat eine Bedeutung - und wenn Sie einmal auf Forschungsreise zu Ihrem Namen gehen, könnte es sein, dass Sie einen neuen Bezug vielleicht sogar zu einem ungeliebten Namen finden.

Karlfried Graf Dürckheim hat einmal gesagt, der Familien-Name stehe für die Tradition, der wir verbunden seien, egal, ob uns dies gefällt oder nicht. Unser Vor-Name aber sei das Eigene, das es zu verwirklichen gelte, Sinnbild für die Essenz, das Wesen eines Menschen. Und ebenso, wie wir uns in unserer psychischen Entwicklung aus den Mustern unserer Vergangenheit, aus den überkommenen Botschaften und unbewussten Aufträgen unserer Familie lösen müssen, um wirklich zu uns selbst zu kommen und ein selbst-bewusster Mensch zu werden, gilt es auch im spirituellen Sinne zu unserem Wesen zu kommen, damit wir den tiefen Sinn, der in unserer Existenz liegt, erkennen und uns erfüllt fühlen können.

In unserer Liebesbeziehung nennen wir unseren Liebsten oft bei einem Kosenamen: „Schatz", „Liebling", „Muckelchen", „Bärchen" und so weiter. Diese Namen sind Ausdruck unserer ganz besonderen Beziehung - niemand anders als unser Liebster darf uns so nennen. Diese Kosenamen sind Ausdruck einer Sprache der Zärtlichkeit, der Verbundenheit, des Miteinander, der einzigartigen Beziehung des Herzens, sie werden geflüstert, besungen, geschrieben, wenn wir uns ganz nah fühlen.

Wann aber haben Sie den Namen Ihres Liebsten, seinen Vornamen, einmal ganz bewusst und von Herzen ausgesprochen? Wie ein Gedicht, wie ein Lied? So bei seinem Namen gerufen zu werden, mit der ganzen Liebe des Herzens, kann helfen, den tiefsten Sinn des Namens klingen und schwingen zu lassen, seine Essenz hervorzurufen und zu bestätigen - und so das innerste Wesen unseres Liebsten, sein Licht, zum Scheinen zu bringen.

Denn Klang, Tönen, hat eine enorme Wirkung. Joachim Ernst Behrendt hat in seinen zahlreichen Büchern auf die Bedeutung von Tönen hingewiesen, im Osten wie in der Bibel hat Klang Schöpfungskraft - „am Anfang war das Wort" heißt es in der Schöpfungsgeschichte - , wörtlich übersetzt „am Anfang war der Klang". Worte wie Gebete oder Mantras haben einen heilenden Klang, mit dem man nach und nach eingespurte negative Gedankenmuster ersetzen kann - vor allem dann, wenn sie gesungen werden. Denn Singen spricht das Herzzentrum des Menschen an, aktiviert die Kräfte des Mitgefühls und der Liebe.

In dieser Meditation können Sie sich gegenseitig mit Ihrem Namen zu Ihrer Essenz führen, sich den Klang Ihres Namens schenken. Es ist eine sehr kostbare Meditation, aber sie braucht Mut - denn Sie sollen dabei den Namen Ihres Liebsten singen. Und zwar ganz aus Ihrem Herzen heraus, wie ein Liebeslied. Machen Sie deshalb diese Meditation nur, wenn Sie innerlich dazu bereit sind - dann wirkt sie direkt und unmittelbar heilend.

Haltung:

Setzen Sie sich gegenüber, Knie an Knie. Schließen sie Ihre Augen. Spüren Sie Ihren Atem, atmen Sie tief ein und aus. Reichen Sie sich die

Hände, spüren Sie den Strom des Atems mit dem Einatmen von Ihrem Partner zu sich fließen, mit dem Ausatmen von Ihnen selbst zu Ihrem Partner. Nehmen Sie mit dem Einatmen den Strom der Liebe auf, geben Sie ihn mit dem Ausatmen zurück an Ihren Liebsten. Atmen Sie so einige Male in diesen Kreislauf, bis Sie ihn deutlich spüren.

Und nun singt einer von Ihnen beiden seinen eigenen Namen. Einmal, klar und deutlich. Es muss nicht laut sein, aber haben Sie Mut, Ihren Namen zu singen. Sie werden dabei eine ganz eigene Melodie kreieren, wie Sie Ihnen gerade einfällt. Sie müssen dazu gar nichts Besonderes erfinden, nehmen Sie einfach das, was im Moment da ist.

Und dann nimmt Ihr Partner diese Melodie auf und singt sie dreimal nach, langsam und klar. Versuchen Sie dabei, in Ihre Stimme Ihre Liebe und Zärtlichkeit für Ihren Partner einfließen zu lassen. Dazu müssen Sie nichts besonders Ausgefallenes tun, die ganz einfache Melodie reicht vollkommen aus. Aber füllen Sie sie aus Ihrem Herzen.

Wenn Sie den Namen Ihres Partners dreimal gesungen haben, singen Sie bitte nach einer kurzen Pause Ihren eigenen Namen. Lauschen Sie dem Klang nach, den Ihre Stimme bildet. Und öffnen Sie sich dem Klang Ihres Namens, wenn er von Ihrem Partner wiederholt wird. Spüren Sie, wo er Sie erreicht. Öffnen Sie Ihr Herz dafür.

Wiederholen Sie dieses Hin- und Her-Singen, so oft Sie wollen oder spüren, dass es richtig ist. Zum Schluss singen Sie den Namen Ihres Partners jeder einmal. Dann lauschen Sie dem Klangstrom nach, der so zwischen Ihnen entstanden ist.

Danach:

Bleiben Sie noch ein wenig so sitzen. Halten Sie sich an den Händen. Atmen Sie lang und tief. Nehmen Sie mit dem Einatmen die Schwingung zwischen Ihnen im Herzen auf, atmen Sie sie beim Ausatmen von Ihrem Herzen in den Raum zwischen sich, der Sie verbindet. Nehmen Sie sich dafür Zeit.

Wenn es sich richtig anfühlt, öffnen Sie Ihre Augen. Schauen Sie sich einen Moment in die Augen. Und dann danken Sie sich für das, was Sie miteinander geteilt haben.

Paarmeditation 41: Umarme die Unendlichkeit

Zeit miteinander zu haben ist etwas wirklich Kostbares geworden für ein Paar. Keine Zeit zu haben eher der Normalzustand. So viele Termine, Aufgaben, Gedanken, Pläne halten uns davon ab, innezuhalten und uns wirklich zu spüren.

Dabei ist Zeit so relativ. Einige Minuten, wirklich miteinander geteilt, können für den ganzen Tag nähren, eine Umarmung, ganz aus dem Herzen und mit dem ganzen Körper gegeben und empfangen, ausreichend sein, um sich wirklich wahrgenommen und geliebt zu fühlen.

Es ist meist gar nicht die Quantität der Zeit, die wir miteinander haben, sondern die Qualität, die Haltung, mit der wir sie füllen. Ein gemeinsamer Abend vor dem Fernseher, nur halb bewusst gelebt, in Gedanken anderswo als beim Partner, ist nach der Uhr gemessen, viel gemeinsam verbrachte Zeit - innerlich aber nicht. Damit wir uns in einer Partnerschaft wirklich erfüllt fühlen, brauchen wir Bezogenheit aufeinander, bewussst gelebte Herzenszeit - auch wenn es nur einige Augenblicke am Tag sind.

Meditation ist eine der bedeutsamsten Möglichkeiten, um aus dem Hamsterrad des Beschäftigt-Seins auszusteigen - und sich wirklich zu begegnen. Egal, ob wir uns dabei auf unseren Atem besinnen, in eine Kerze schauen oder in die Augen unseres Liebsten - wenn wir uns wirklich auf diesen Augenblick einlassen, erfahren wir andere Zeit. Wir treten ein in einen Raum des Jetzt, das keinen Anfang hat und kein Ende, das immer da ist und nie zuende. Wir erfahren einen Moment der Ewigkeit, der göttlichen Dimension von Zeit, und der Unendlichkeit, der göttlichen Dimension des Raums. Die Zeit in dem Sinne, in dem sie uns sonst bekannt ist, löst sich auf - und damit gleichzeitig auch die Grenzen unserer Persönlichkeit, denn die ist an die Dimension der Zeit und des Raums gebunden. Alles, was wir im Alltag erfahren, bezieht sich auf Gestern oder Morgen, auf unsere Erfahrung oder auf unsere Hoffnung oder Angst - Meditation ist der Schritt aus dieser Erfahrungsebene heraus in den überpersönlichen Raum der unmittelbaren Erfahrung des Seins. In diesem Raum ist alles möglich, alles wirklich - und alles neu.

Die folgende Meditation ist eine Möglichkeit, diese Grenzen in besonders intensiver Weise zu überschreiten, denn sie führt sowohl in die Erfahrung der Unendlichkeit des Raums wie auch in die Erfahrung der Zeit-Losigkeit. Schon ein oder zwei Minuten wirklichen „Abschaltens“ können diesen Effekt bringen - hier haben Sie eine halbe Stunde Zeit. Eine halbe Stunde, die Sie nicht mit irgendetwas füllen müssen, eine halbe Stunde, in der Sie ganz mit sich selbst und Ihrem Partner beschäftigt sind. Es ist eine sehr fordernde Meditation - sie erfordert Bereitschaft, sich wirklich einzulassen, durch die eigenen Widerstände hindurchzugehen. Dafür können Sie dabei eine wirklich paradiesische Erfahrung machen - und sich als Paar auf intensive Weise begegnen. Denn durch die Körperhaltung und die Art des Atems helfen Sie sich gegenseitig, das höchste Energiezentrum des Menschen zu aktivieren, das siebte Chakra. Dieses Chakra gilt als das „Tor zur Unendlichkeit" und ermöglicht nach altem yogischen Wissen eine Erfahrung der Transzendenz.

Für diese Meditation benötigen Sie eine Entspannungsmusik, die etwa 15 Minuten dauert, und ein Abspielgerät, das die Möglichkeit gibt, den Titel nach dem Abspielen erneut zu wiederholen, sodass Sie dieselbe Musik zweimal hintereinander hören können. Sie können aber auch eine CD oder eine Cassette nehmen, die eine halbe Stunde läuft. Stellen Sie sich dann einen Kurzzeit-Timer auf 15 Minuten ein. Als Musik ist es gut etwas zu wählen, das Ihnen wirklich beiden gefällt, auf keinen Fall rhythmische Klänge, sondern eher Sanftes.

Haltung:

Programmieren Sie Ihren CD-Player auf Wiederholung des gewählten Titels oder wählen Sie Ihr 30-Minuten-Stück. Starten Sie die CD. Legen Sie sich auf den Rücken auf eine Decke, Kopf an Kopf. Ihre beiden Scheitelpunkte sollten sich berühren. Breiten Sie die Arme weit zur Seite aus, sodass sie einen 180°-Winkel bilden und parallel zu den Armen Ihres Partners liegen. Ihre Beine können Sie ausstrecken oder die Fußsohlen aufsetzen, wenn das für Ihren Rücken angenehmer ist. Den Timer bitte so hinlegen, dass Sie ihn mit einem Fuß oder Zeh aus- und wieder anstellen können. Starten Sie den Timer.

Schließen Sie bitte Ihre Augen. Heben Sie nun im Zeitlupentempo Ihre Arme hoch, die Ellenbogen gerade, bis sie senkrecht nach oben zeigen und Ihre Handflächen sich anschauen. Lassen Sie sich dazu viel, viel Zeit - eine Viertelstunde lang. Zentimeter für Zentimeter wandern Ihre Arme nach oben. Und während Sie das tun, schicken Sie Ihren Atem hoch zu Ihrem Scheitelpunkt - dort, wo Ihr Kopf und der Ihres Partners sich berühren. Sie müssen dabei nicht darauf achten, was Ihr Partner tut - bleiben Sie ganz bei sich und bei der Berührung an Ihrem Scheitelpunkt. Atmen Sie dorthin, berühren Sie sich mit Ihrem Atem. Holen Sie sich von dort Kraft, wenn Ihre Arme schmerzen und Sie sie am liebsten absenken würden. Gehen Sie durch alle Gefühle hindurch, die aufkommen, schikken Sie sie in Ihren Atem. Spüren Sie die Geste, die Sie da machen: Sie strecken nach irgendetwas die Arme aus. Lassen Sie die Gefühle kommen - weinen Sie, lachen Sie, schreien Sie. Aber bleiben Sie in der Bewegung, bleiben Sie in der Berührung, bleiben Sie in Ihrem Atem. Lassen Sie die Ellenbogen möglichst gerade. Es kann sein, dass sich Ihre köpfe nach und nach ein wenig aneinander drücken - das macht nichts, nur wenn es Ihnen allzu eng wird, rücken sie ein wenig auseinander.

Wenn der Timer piept oder die Musik endet, lassen Sie Ihre Hände sich einen Moment anschauen. Atmen Sie dabei einige Male tief ein und aus. Suchen Sie dann über Ihrem Kopf nach den Händen oder Armen Ihres Partners, wobei einer die Handflächen nach außen dreht, sodass Ihre Handflächen und die Handflächen ihres Partners aufeinander liegen. Wenn Ihre Armlänge sehr unterschiedlich ist, legt der Partner mit den kürzeren Armen seine Handflächen auf die Unterarme oder Handgelenke des anderen Partners. Ruhen Sie sich etwas aneinander aus, atmen Sie zum Scheitelpunkt hin.

Wenn die Musik wieder beginnt oder Sie weitermachen wollen, beginnen Sie langsam, Ihre Arme wieder abzusenken - diesmal gemeinsam. Sie haben wieder eine Viertelstunde dafür Zeit.

Auch jetzt: Wenn Ihre Armlänge sehr unterschiedlich ist, legt der Partner mit den kürzeren Armen seine Hände leicht auf die Unterarme oder Handgelenke des anderen. Finden Sie Ihr eigenes Tempo des Absenkens, bleiben Sie dennoch in Kontakt miteinander. Das ist am Anfang schwer, irgendwann beginnt es zu gehen. Wenn Sie einen gemeinsamen Fluss gefunden haben, kommen Sie bitte mit Ihrer Achtsamkeit zu Ihrem Scheitelpunkt und zu Ihrem Atem. Atmen Sie wieder bewusst zum anderen hin, genießen Sie den Raum, den Sie gemeinsam schaffen. Breiten Sie Ihre Flügel aus, fliegen Sie in den Raum der Unendlichkeit.

Nehmen Sie sich alle Zeit der Welt, gehen Sie langsam. Vielleicht werden Sie diesmal merken, dass die Musik schneller zuende ist als Sie unten angekommen sind - registrieren Sie, wie relativ Zeit ist und wie sehr Sie sich auf diese andere Dimension einstellen können. Lassen Sie in diesem Fall ganz langsam Ihre Arme weiter sinken, auch wenn die Musik schon zuende ist.

Ruhen Sie dann noch einige Minuten gemeinsam mit ausgebreiteten Armen auf dem Boden. Spüren Sie nach, lassen Sie Ihren Atem fließen. Spüren Sie den Fluss Ihrer gemeinsamen Erfahrung, Ihrer Verbindung. Ganz, ganz langsam können Sie jetzt Ihre Arme voneinander lösen.

Legen Sie Ihre Hände über Kreuz auf Ihr Herzzentrum, „versiegeln" Sie Ihre Erfahrung im Herzen.

Wenn es sich richtig anfühlt, setzen Sie sich langsam auf. Setzen Sie sich jetzt voreinander hin, wenn Sie mögen, nehmen Sie sich bei den Händen. Spüren Sie Ihre Verbindung, danken Sie einander.

Danach:
Wenn Sie sich über die Meditation austauschen wollen, können Sie dies gerne tun. Es ist aber genauso richtig, wenn Sie ohne Worte bleiben wollen. Vielleicht wollen Sie einfach so miteinander sein, irgendetwas miteinander teilen - Tee trinken, spazieren gehen, schweigend, in der Natur. Erlauben Sie sich, zu spüren, was sich gut anfühlt - und folgen Sie Ihrer Wahrheit.

Paarmeditation 42: Mit deinen Augen

Wollen Sie Ihren Partner wirklich verstehen? Dann stellen Sie sich doch einmal vor, wie es sich in seiner Haut lebt. Wie es sich in seinem Körper anfühlt, wie sein Alltag wohl ist, wie es ihm wohl geht in seiner Beziehung mit Ihnen. Und zwar nicht nach Ihrer eigenen Bewertung, sondern indem Sie versuchen, einmal wirklich Ihr Partner zu sein.

Das klingt so einfach, und ist doch so schwer. Wir sehen den anderen ja meist durch unsere eigene Brille, die der Wünsche, Hoffnungen, Erwartungen, Reaktionsmuster, und nur ganz selten so, dass wir uns wirklich auf ihn einlassen. Das klingt jetzt vielleicht merkwürdig, weil wir unter „Einlassen" meist verstehen, ganz loszulassen, uns ganz hinzugeben, ganz mit dem anderen zu verschmelzen. Hier ist etwas ganz anderes gemeint, der andere Pol des Einlassens sozusagen. Nicht Verschmelzung, Symbiose, Auflösung des Ich im Wir, sondern das akzeptierende Erkennen der tiefen Unterschiedlichkeit, die wir haben.

Diese beiden Pole - Symbiose und Getrennt-Sein - bilden das Spannungsfeld und die Grundpfeiler jeder Liebesbeziehung. Ist einer gestört, dann sind Konflikte vorprogrammiert, wirkliche Nähe kaum möglich. Um wirklich ein Paar zu werden, brauchen wir einerseits die Bereitschaft, eins zu werden, uns zu öffnen für den anderen mit allem, was er ist, auf ihn zuzugehen und dafür Überzeugungen von uns infrage zu stellen. Genau-so sehr aber auch die Bereitschaft zu erkennen, dass wir auf körperlich-geistiger Ebene immer wieder auch wir selbst sind - voneinander verschieden, manchmal schmerzlich unterschiedlich. Nur aus „Ich" und

„Du" kann „Wir" werden, wo kein klares Ich oder Du vorhanden ist, kann auch das Wir keine wirkliche Kontur erhalten.

Diese Erkenntnis ist eine entscheidende Wende für die meisten Partnerschaften. Versuchen wir doch in der ersten Zeit nach der Verliebtheit, die wir oft als eine Phase des Eins-Seins ohne jede Anstrengung erleben, uns entweder dem anderen anzupassen oder ihn so zu verädern, dass wir die verlorene Gemeinsamkeit wiedergewinnen. Machtkämpfe sind die Folge, weil jeder den anderen auf seine Lebenshaltung einzuschwören versucht. Eine Phase, durch die alle Partner hindurch müssen - bis sie eines Tages bereit sind, diesen Kampf aufzugeben. Und anzuerkennen, dass sie den anderen nicht ändern können. Heißt das Resignation? Für viele ja, für andere ist dies sogar der Grund für Trennung.

Die folgende Meditation kann ihnen dabei helfen, einen neuen Weg einzuschlagen. Einen, der an diesem Punkt ansetzt und der die beiden Pole der Verschmelzung und der Unterschiedlichkeit wieder miteinander verbindet. Denn Ihren Partner wirklich zu erkennen, heißt, seine ganze Einzigartigkeit wahrzunehmen - und wie sehr er/sie unterschiedlich von Ihnen selbst ist. In seiner Körperlichkeit, seinen Gefühlen, seinen Reaktionsmustern, seiner ganzen Lebensart. Um dies zu tun, ist es andererseits nötig, dass Sie für eine kurze Zeit Ihren eigenen Erfahrungsraum zu verlassen. Und sich ganz in ihn/sie hineinfühlen, buchstäblich mit ihm verschmelzen.

Dabei dürfen Sie Ihre eigenen Gefühle ruhig mitnehmen. Aber versuchen Sie einmal, sich während dieser Meditation wirklich nur zu spüren, wahrzunehmen, welche Gefühle in Ihnen emporsteigen, während Sie Ihr Partner „sind", nicht, welche Gefühle oder Gedanken Sie zu dem haben, was Sie gerade erfahren. Denn sonst sind Sie sofort wieder bei Ihren eigenen Reaktionen, bei sich selbst - und nicht bei Ihrem Partner.

Wenn Sie es aber schaffen, die Brücke zu Ihrem Liebsten zu schlagen, sich wirklich ganz in ihn oder sie hinein zu versetzen, werden Sie erkennen, dass Ihnen Ihr Partner näher kommt, wenn Sie seine Andersartigkeit einmal nicht bekämpfen, sondern an sich heranlassen. Dass Sie dies beide gemeinsam tun, kann Ihre Verbundenheit miteinander stärken. Es kann ein tiefes Erlebnis für sie beide sein, wenn Sie und Ihr Partner sich einmal wirklich gesehen und verstanden fühlen. Ein Erlebnis, das Sie zu ganz neuen Erkenntnissen und Erfahrungen führen kann - auch über sich selbst. Denn durch die Augen Ihres Partners werden Sie auch sich betrachten, und vielleicht erstaunliche Dinge über sich selbst erfahren. Genauso wie umgekehrt Ihr Partner auch.

Bitte legen Sie für die Phase nach der Meditation Papier und Schreibstifte für Sie beide bereit.

Haltung:
Setzen Sie sich voreinander, Knie an Knie. Lassen Sie die Augen geöffnet, schauen Sie sich an. Wenn Sie mögen, berühren Sie sich auch mit den Händen, aber das ist nicht unbedingt nötig. Sie können auch die Hände in einer Ihnen angenehmen Meditationshaltung auf den Oberschenkeln halten. Atmen Sie einige Male tief ein und aus.

Schauen Sie sich in die Augen. Schauen Sie hin, tiefer als nur bis zur Oberfläche. Versuchen Sie zu erkennen. Lassen Sie sich dazu einige Minuten Zeit.

Wenn es Ihnen richtig vorkommt, schließen Sie die Augen. Es macht nichts, wenn einer von Ihnen die Augen früher schließt als der andere. Nehmen Sie den Zeitpunkt, der Ihnen richtig erscheint. Wenn Ihr Partner seine Augen schon geschlossen hat, schauen Sie in sein Gesicht - auf den Mund, die Nase, die Stirn, das Gesicht in seiner Gesamtheit. Lassen Sie sich Zeit.

Wenn Sie die Augen schließen, lassen Sie das Gesicht und den Körper des anderen vor Ihrem inneren Auge weiter da sein. Schauen Sie innerlich genauso hin , wie Sie vorher äußerlich hingeschaut haben. Lassen Sie innerlich Ihren Partner ganz intensiv präsent sein.

Stellen Sie sich nun vor, Sie würden Ihrem Partner näher kommen. Noch näher. Noch näher. Und nun - verschmelzen Sie mit Ihrem Partner. Werden Sie zu ihm. Spüren Sie sich - als Ihr Partner: Wie fühlt es sich an, in seinem Körper? Wie eng, wie entspannt oder verspannt, wie weit und locker? Wie sind wohl die Schultern, der Brustraum, der Rücken, Arme und Beine? Erforschen Sie den Körper - lassen Sie sich dazu Zeit.

Stellen Sie sich vor, wie es wohl ist, in diesem Körper zu sein - sich zu bewegen, zur Arbeit zu gehen, Sport zu treiben, sich auseinander zu setzen, zu lieben - welche Qualitäten können Sie spüren?

Und dann spüren Sie diesen Körper einmal in Ihrer Partnerschaft, als Gegenüber von Ihnen selbst. Wie ist der Körper da? Welches ist seine hervorstechendste Qualität? Stellen Sie sich dann vor, Sie könnten aus diesem Körper heraus sich selbst als Partner oder Partnerin dieses Körpers, dieses Menschen wahrnehmen, hin zu sich selbst schauen, sich selbst spüren. Was spürt dieser Mensch Ihnen selbst gegenüber? Versuchen Sie wirklich wahrzunehmen, von innen heraus, wie er Sie sieht, wie er sich Ihnen gegenüber fühlt, was er sich wünscht, über was er frustriert ist, welches Bild er von Ihnen hat, was er von Ihnen braucht.

Was sehen Sie? Was fühlen Sie? Versuchen Sie wirklich, ganz aus dem anderen heraus zu spüren und zu fühlen.

Kommen Sie dann langsam wieder aus dem Körper des anderen heraus. Lösen Sie sich ab, spüren Sie den Abstand zwischen sich. Kommen Sie wieder zu sich, sehen Sie Ihren Partner wieder als Gegenüber vor sich. Atmen Sie einige Male tief ein und aus.

Öffnen Sie dann die Augen, schauen Sie sich an. Danken Sie sich für das, was Sie miteinander geteilt haben.

Danach:
Nehmen Sie sich dann Papier und Stift. Schreiben Sie einander einen Brief, in dem Sie sich erzählen, was Sie während der Meditation erfahren haben. Seien Sie dabei so konkret wie möglich. Dies hat den Sinn, dass Sie so nicht verlieren, was Sie sagen wollen, und dass Sie in Ihrem Brief Ihr Herz sprechen lassen können, wenn Sie dies wollen.

Lesen Sie sich dann Ihre Briefe gegenseitig vor. Danken Sie sich gegenseitig dafür. Bitte kommentieren Sie die Briefe nicht, korrigieren Sie sie auch nicht. Wenn Sie das Gefühl haben, Sie müßten etwas richtig stellen, tun Sie dies, aber bleiben Sie bei Ihren eigenen Empfindungen. Auch, wenn Ihre Wahrnehmung von Ihnen selbst oder Ihrem Partner/Ihrer Partnerin ganz anders ist als das, was Sie gehört haben, spüren Sie erst einmal genau hin. Vielleicht ist doch mehr daran, als Sie selbst bisher wahrgenommen haben. Oder erzählen Sie, dass Sie ganz anders empfinden, ohne Ihrem Gegenüber dessen Wahrnehmungen ausreden zu wollen. Es kann für Sie in jedem Fall eine Bereicherung sein, das Empfundene über sich zu hören.

Wenn Sie nicht gleich fähig waren, sich in den anderen hineinzufühlen, wiederholen Sie die Meditation öfter, vielleicht sogar über mehrere Wochen. Man braucht einige Zeit, bis man sich wirklich auf den anderen „einschwingen" kann.

Nehmen Sie das Gehörte mit in Ihren Alltag, lassen Sie es in sich nachklingen. Wenn Sie noch einmal darüber und über Ihre Briefe sprechen wollen, lassen Sie ein paar Stunden nach der Meditation vergehen.

Paarmeditation 43: Auf den Flügeln der Liebe

Wenn unser Herz verschlossen ist, weil uns etwas verletzt hat oder weil wir uns schützen wollen, dann beginnt der Brustraum eng und verkapselt zu werden. Auch der Rücken beginnt sich zu verspannen, vor allem im Bereich des hinteren Herzzentrums zwischen den Schulterblättern.

Die Bewegung, die Sie bei der folgenden Meditation machen, löst diese Verspannungen und öffnet Ihr Herz. Dabei kommen Sie wahrscheinlich in Berührung mit den Schmerzen, die Sie zu vermeiden gelernt haben - diese Meditation führt Sie an Ihre Grenzen. Aber nicht für Ihren Willen, sondern für Ihre Bereitschaft zur Hingabe. Denn das Herzzentrum steht auch für die Bereitschaft, ganz loszulassen, sich ganz anzuvertrauen, dem was ist und dem Leben schlechthin.

Mit dem Willen allein kann man diese Meditation nur bis zu einem bestimmten Punkt machen - danach hört man entweder auf oder öffnet sich dem, was kommt. Dies kann ein großer Schritt auch für Ihre Beziehung sein - nicht mehr davonlaufen, nicht mehr so tun als ob, sondern reines, echtes Fühlen, im Angesicht des Partners. Wenn Sie bereit dazu sind, erlauben Sie sich dies zu tun - weinen Sie, wenn Ihnen die Tränen kommen, seufzen Sie, wenn es Ihnen danach ist, lachen Sie, selbst wenn Sie gar nicht wissen weshalb.

Wenn Sie Ihrem Partner dabei in die Augen schauen, können Sie tiefer und tiefer miteinander in Berührung kommen - mit Ihren Herzen, mit Ihren Seelen. Sie können erfahren, dass die größte Kraft einer Liebesbeziehung darin liegt, dass beide Partner bereit sind, sich ganz verletzlich und offen zu zeigen. Und dass an dieser Stelle das Land der Liebe beginnt - ohne unsere sonst allzeit präsenten Analysen und Werturteile, ohne Zeit und Raum.

Es ist schön zu dieser Meditation eine CD mit herzöffnenden Melodien oder Rhythmen aufzulegen, die Ihnen beiden gefallen. Wählen Sie bitte ein Stück, das mindestens elf Minuten dauert. Wenn Sie einen Timer haben, stellen Sie ihn bitte auf elf Minuten ein.

Achtung: Menschen mit Herzkrankheiten oder Bluthochdruck sollten bitte vor dieser Meditation ihren Arzt befragen.

Haltung:
Setzen Sie sich gegenüber, Knie an Knie. Sorgen Sie für einen guten Sitz, in dem Sie etwa zehn Minuten sitzen können. Bitte versuchen Sie, Ihren Rücken möglichst aufrecht zu halten.

Schauen Sie sich dann in die Augen. Atmen Sie dabei tief ein und aus.

Atmen Sie durch Ihren Scheitelpunkt ein und durch Ihr Herz zu Ihrem Partner hin aus. Vielleicht können Sie spüren, wie Ihr Herzraum sich dabei auflädt. Spüren Sie Ihre Liebe, vielleicht auch, dass Sie sich noch nicht ganz füreinander öffnen können. Was immer da ist, darf so sein. Nehmen Sie es nur wahr. Und atmen Sie.

Wenn Sie bereit sind, stellen Sie den Timer an. Breiten Sie dann Ihre Arme aus wie ein großer Vogel seine Schwingen. In Ihrem Rücken werden sich dabei die Schulterblätter berühren. Lassen Sie die Hände locker nach unten hängen. Spüren Sie einen Augenblick die Schwere Ihrer Arme.

Und dann beginnen Sie, Ihre Arme in kleinen Kreisen nach hinten kreisen zu lassen. Lassen Sie langsam, nach und nach, diese Kreise größer werden, dann wieder kleiner, dann wieder größer...

Mit dieser Bewegung arbeiten Sie an Ihrem Herzen, vorn und hinten. Sie werden merken, dass Ihnen die Bewegung anfangs sehr leicht fällt, dann nach und nach schwerer. Der Punkt, wenn es beginnt, sehr schwer zu werden, ist für jeden Menschen anders. Manchmal sind es zwei Minuten, manchmal fünf, manchmal mehr. Und genau an diesem Punkt beginnt die eigentliche Meditation. Denn Sie werden nur dann weitermachen können, wenn Sie sich dem Blick Ihres Partners noch weiter öffnen, wenn Sie ihn zu Hilfe holen, aus ihm Kraft tanken, sich ihm zeigen, mit allem, was in Ihnen ist. Wenn Ihr Wille Sie nicht mehr weiter trägt - sondern nur noch die Liebe.

Atmen Sie tief - und wenn irgendwelche Geräusche in Ihnen aufsteigen, geben Sie ihnen bitte Raum. Das kann ein Seufzen sein bei jedem Ausatmen, oder ein Schluchzen, ein Zähneknirschen, sogar ein wildes Schreien... erlauben Sie sich, alles kommen zu lassen. Aber machen Sie weiter, hören Sie nicht auf - auch nicht, wenn Sie laut losweinen müssen, wenn Ihre Tränen fließen.

Bewegen Sie Ihre Arme weiter in Kreisen nach hinten. Sie helfen sich so, all die manchmal jahrzehntelang aufgestauten Gefühle wegzuschwemmen. Ihr Herzzentrum wird weiter und weiter werden. Kommen Sie immer wieder zurück zum langen, tiefen Atmen, zur ruhigen Kreisbewegung Ihrer Arme.

Diese Meditation ist wie eine Geburt - Sie gebären gerade Ihr wahres Selbst. All das, was Sie in den Jahren Ihrer Schmerzen angesammelt haben, was Sie Schicht um Schicht um Ihr Herz gebaut haben an Gefühllosigkeiten, an Masken, an Reaktionen, um nicht erneut verletzt zu werden, all dies wird sich nun nach und nach lösen. Bis es in Ihnen ganz leicht, ganz scheinend wird.

Fahren Sie so bitte elf Minuten lang fort. Versuchen Sie wirklich, diese Zeit miteinander durchzustehen. Dies ist keine besonders subtile Form von Folter - es ist eine Möglichkeit für Sie, durch die Mauern des Ego, der Ängste und Verschlossenheiten hindurch zu kommen. Es kann sein, dass Sie dabei zum ersten Mal in Ihrem Leben einen Schritt in die vollkommene innere Weite und Freiheit tun, die Sie in sich tragen. Und dass Sie dies mit Ihrem Partner gemeinsam erleben, kann Ihnen eine Nähe ermöglichen, die über Ihr Alltags-Bewusstsein sonst nicht erreichbar wäre.

Wenn elf Minuten vorbei sind, halten Sie Ihre Arme seitlich ausgebreitet und atmen Sie tief ein. Halten Sie Ihren Atem an und drücken Sie die Handflächen nach außen, so als würden Sie eine Wand wegdrücken wollen. Wenn Sie dabei im Oberkörper zu zittern beginnen, lassen Sie dies einfach geschehen. Atmen Sie dann tief aus. Atmen Sie wieder ein und heben Sie die Arme hoch über Ihren Kopf. Strecken Sie sich, halten Sie dabei den Atem einen Moment lang an. Und dann senken Sie bitte die Arme in einem großen Bogen nach unten ab, während Sie ausatmen.

Kommen Sie dann ganz nahe zueinander. Legen Sie die Arme umeinander, lassen Sie Ihre Oberkörper sich berühren, damit Ihre Herzzentren Ihre Energien austauschen. Lassen Sie alle Gefühle kommen, die kommen wollen. Lehnen Sie Ihre Köpfe aneinander. Halten Sie sich gegenseitig. Wenn Sie zittern, lassen Sie dies auch geschehen - es sind reine Energiewellen. Machen Sie dies, solange es sich für Sie richtig anfühlt.

Danach:
Kommen Sie dann langsam wieder zu sich zurück. Danken Sie einander. Stehen Sie bitte sehr langsam auf. Wenn Sie irgendein Gefühl von übergroßer Leichtigkeit verspüren oder wenn Ihnen plötzlich der Boden fehlt, stampfen Sie einige Male kräftig auf. Sie können nun ein großes Glas reines Wasser (ohne Kohlensäure) trinken - damit helfen Sie sich, wieder ganz bei sich anzukommen. Trinken Sie bitte auch weiterhin viel - diese Meditation setzt einen intensiven inneren Reinigungsprozess in Gang, den Sie so unterstützen können.

Wenn Sie sich austauschen wollen, können Sie dies gerne tun. Es ist aber auch in Ordnung, erst einmal die Erfahrung in Ihrem eigenen Körper wirken zu lassen, bevor Sie sich mitteilen. Wichtig: Kehren Sie nach dieser Meditation nicht gleich in Ihren Alltag zurück - nehmen Sie sich Zeit für sich selbst und für Ihre inneren Prozesse.

Paarmeditation 44: Dich ehren

Mit der folgenden Meditation können wir einander in Qualitäten ansprechen, die wir sonst selten nennen: Überpersönliche, höchste Bewusstseins-Qualitäten, die unser Partner auf der persönlichen Ebene vielleicht noch gar nicht in sich verwirklicht hat, die wir aber dennoch als Potenzial in ihm sehen können. Und mehr noch: Die für unsere eigene Entwicklung ganz wichtig sind, wenn wir uns ihnen anvertrauen.

Wie aber soll man sich etwas anvertrauen, was noch gar nicht da ist? Wäre das nicht blauäugig, vielleicht sogar gefährlich? Nein. Denn wenn wir uns auf dieses Potenzial unseres Liebsten beziehen, es in ihm ansprechen, ihn darin bestätigen, geschieht etwas sehr Merkwürdiges: Einerseits bahnen wir den Weg für die Entwicklung dieser Qualitäten - wie Goethe sinngemäß sagte: „Wenn du einen Menschen so behandelst wie er ist, machst du ihn geringer als er ist. Wenn du ihn aber so behandelst, wie er sein könnte, dann trägst du dazu bei, dass er dieses Potenzial in sich findet" .

Andererseits - wenn wir diesen Menschen in seinem höchsten Potenzial ehren, dann wirkt dies auch auf uns selbst zurück. Denn alles, was wir in einem anderen wirklich sehen können, findet Resonanz in uns selbst.

Gleichzeitig ist diese Meditation eine Möglichkeit, unseren Liebsten in dem Licht zu sehen, das wir vielleicht zu Anfang unserer Beziehung um ihn und in ihm gesehen haben. Im Alltag geht dies nur zu schnell wieder verloren. So können wir mit dieser Meditation anknüpfen an die Zeit, in der wir den anderen wirklich erkannt haben - bevor sich unsere Blicke durch die zahlreichen Auslöser unserer eigenen Schmerzensmuster verdunkelt haben. Und diese Blicke nun gleichzeitig auf einem höheren Niveau erleben. Denn inzwischen ist die Erkenntnis des anderen durch den Schmelztiegel der eigenen Entwicklung gegangen, und bekommt dadurch eine ganz andere Bewusstheit als in der ersten Beziehungszeit, wo wir diesen Blick ohne Bewusstheit, ohne Anstrengung, quasi als Geschenk bekommen haben.

Wenn wir normalerweise gefragt werden, was uns eigentlich an unserem Partner anzieht, nennen wir meist bestimmte Qualitäten, die uns selbst ansprechen: Er oder sie ist klug, warmherzig, humorvoll, selbständig, mütterlich, erfolgreich, erfinderisch, verlässlich, usw. Eigenschaften, die wir selbst nicht in dem Maße zu haben glauben wie unser Partner, oder Eigenschaften, die wir brauchen, um uns an der Seite unseres Partners geborgen zu fühlen. Das sind die Eigenschaften, die wir gerne mögen, weil wir uns mit ihnen vollständiger und ganz fühlen. Und die uns irgendwie sehr vertraut sind - im Positiven oder Negativen.

Daneben aber gibt es noch andere Qualitäten an unserem Partner, die uns sehr fremd sind und die uns manchmal ein Gefühl von kaum zu überbrückender Verschiedenheit geben, von abgrundtiefer Einsamkeit an der Seite gerade des Menschen, der uns am nächsten ist. Oft genug sind es gerade diese Eigenschaften, die unseren so diametral entgegengesetzt scheinen, die uns am meisten herausfordern, uns konfrontieren, uns auf uns selbst zurückwerfen - und uns dadurch helfen, wirklich zu wachsen. Gerade an ihnen nämlich können wir lernen, aus unserem sonst üblichen Um-uns-selbst-Kreisen, aus dem „alles nach unseren eigenen Maßstäben Beurteilens" herauszukommen und den anderen in seiner Einzigartigkeit, in seiner Andersartigkeit immer mehr zu sehen und wirklich schätzen zu lernen.

Unseren Partner zu ehren bedeutet, ihn in allen Teilen wertzuschätzen, die er oder sie verkörpert - ob sie uns nun gefallen oder nicht. „Einen Menschen so zu nehmen wie er ist, ist keine Liebe - das müssen wir eigentlich mit jedem", sagt eine alte Weisheit. „Liebe heißt, ihn auch zu wollen wie er ist". Oft genug liegen ja hinter Verhaltensweisen, die uns fremd oder sogar abstoßend erscheinen, Bewältigungen früherer Verletzungen, die einmal sehr sinnvoll waren und immer wieder ausgelöst und geweckt werden. Dahinter aber, ganz am Anfang, stand der Wunsch, Liebe zu geben und zu empfangen - in jedem Menschen.

Haltung:
Bitte setzen Sie sich voreinander, Knie an Knie. Wenn Sie auf Stühlen sitzen, sollten Sie so nah sitzen, dass Sie Ihre Köpfe gegenseitig gut erreichen können.

Schauen Sie sich in die Augen, atmen Sie lang und tief. Nehmen Sie in sich das Bild Ihres Partners auf und schauen Sie mit jedem Atemzug ein wenig tiefer. Können Sie die einzigartige Schönheit des Menschen vor Ihnen sehen? Eine Schönheit, die immer da ist, auch dann, wenn Ihr Blick sich gerade verdunkelt hat, wenn Sie nur noch wahrnehmen, was am anderen negativ ist? Es ist immer da - neben allem, was Sie als negativ erleben. Konzentrieren Sie sich auf diese Schönheit, auf das, was Sie am anderen lieben und schätzen.

Und dann beginnt die Frau damit, den Partner zu ehren: Legen Sie bitte Ihre rechte Hand auf den Scheitelpunkt Ihres Partners und sprechen Sie laut die Worte:

„Du bist mein Mann"

Als Mann nehmen Sie bitte diese Worte auf.

Dann legen Sie, die Frau, bitte Ihre rechten Fingerspitzen auf den Punkt zwischen den Augenbrauen Ihres Partners. Sprechen Sie dabei die Worte:

„Du bist Schöpfungskraft".

Als Mann nehmen Sie diese Worte auf.

Als Frau legen Sie dann bitte Ihre rechte Hand auf das Herz-zentrum in der Mitte des Brustbeins Ihres Partners. Sprechen Sie dazu die Worte:

„Du bist Güte und Barmherzigkeit".

Als Mann nehmen Sie bitte diese Worte auf.

Als Frau legen Sie dann bitte Ihre rechte Hand auf das Sonnen-geflecht des Partners. Sprechen Sie dazu die Worte:

„Du bist Wärme und Verletzlichkeit."

Als Mann nehmen Sie bitte diese Worte auf.

Als Frau legen Sie dann bitte Ihre rechte Hand auf den Nabel-punkt Ihres Partners. Sprechen Sie dazu die Worte:

„Du bist Kraft und Schutz."

Als Mann nehmen Sie bitte diese Worte auf.

Als Frau legen Sie dann bitte Ihre rechte Hand auf das Geschlecht Ihres Partners. Sprechen Sie dazu die Worte:

„Du bist der Quell des Lebens".

Als Mann nehmen Sie bitte diese Worte auf.

Als Frau legen Sie dann Ihre Hand auf den Beinansatz Ihres Partners. Sprechen Sie dazu die Worte:

„Du bist ein Geschenk für diese Erde".

Als Mann nehmen Sie bitte diese Worte auf.

Auch als Frau lassen Sie bitte die Worte, die Sie gesprochen haben, noch eine Weile in sich nach wirken.

Und dann wechseln Sie bitte die Rollen.

Als Mann legen Sie jetzt bitte Ihre rechte Hand auf den Scheitelpunkt Ihrer Partnerin. Sprechen Sie dann die Worte:

„Du bist meine Frau".

Als Frau lassen Sie bitte diese Worte in sich nachwirken.

Als Mann nehmen Sie bitte die Fingerspitzen Ihrer rechten Hand und legen Sie sie sanft auf den Punkt zwischen den Augenbrauen Ihrer Partnerin. Sprechen Sie dann die Worte:

„Du bist Weisheit“.

Als Frau nehmen Sie bitte diese Worte in sich auf.
Als Mann legen Sie bitte dann Ihre rechte Hand auf das Herzzentrum

Ihrer Partnerin, in der Mitte ihres Brustbeins. Sprechen Sie dann die Worte:

„Du bist mitfühlende Liebe“.

Als Frau nehmen Sie bitte diese Worte in sich auf.
Als Mann legen Sie dann bitte Ihre rechte Hand auf das Sonnengeflecht Ihrer Partnerin. Sprechen Sie dazu die Worte:

„Du bist Wärme und Verletzlichkeit“

Als Frau nehmen Sie bitte diese Worte in sich auf.
Als Mann legen Sie dann bitte Ihre rechte Hand auf den Nabelpunkt Ihrer Partnerin. Sprechen Sie dazu bitte die Worte:

„Du bist Halt und Stärke“.

Als Frau nehmen Sie diese Worte bitte in sich auf.
Als Mann legen Sie dann bitte Ihre rechte Hand auf das Geschlecht Ihrer Partnerin. Sprechen Sie dazu die Worte:

„Du gibst dem Leben Gestalt“.

Als Frau nehmen Sie bitte diese Worte in sich auf.
Als Mann legen Sie bitte dann Ihre rechte Hand auf den Beinansatz Ihrer Partnerin. Sprechen Sie dazu dann die Worte:

„Du bist die Tochter der Erde“.

Als Frau nehmen Sie bitte diese Worte in sich auf.
Als Mann spüren Sie bitte einige Zeit den Worten nach, die Sie ausgesprochen haben.
Danken Sie sich dann gegenseitig, indem Sie Ihre Handflächen vor der Brust aneinander legen und sich dann voreinander verneigen.

Danach:
Schauen Sie sich dann noch einige Momente in die Augen. Sehen Sie, was Sie gesprochen haben, in den Augen, in der Gestalt des anderen Menschen vor Ihnen. Spüren Sie die Wahrheit dessen, was Sie gesagt haben - vielleicht auch, an welcher Stelle Sie Schwierigkeiten hatten.

Tauschen Sie sich bitte nicht sofort nach der Meditation aus. Nehmen Sie diese Worte und die Berührungen mit in Ihren Alltag. Wenn Ihnen nach einigen Stunden danach ist, über die Meditation zu sprechen, können Sie es gerne tun.

Paarmeditation 45: Wir sind Klang

Der Sinn, der uns am meisten in die Erfahrung des Eins-Seins und in die Unmittelbarkeit des Jetzt führt, ist nach den alten Weisheitslehren des Ostens nicht das Sehen, sondern das Hören. Das Auge ist danach eher verbunden mit unserem analytischen Verstand und der Fähigkeit, Dinge und Erfahrungen zu benennen. Dies ist wichtig und unverzichtbar, um sich in unserer Welt zurechtzufinden, hat aber auch den Nachteil, dass es die Gesamtheit der Möglichkeiten von Wahrnehmung einschränkt. Hören hingegen unterliegt diesen Einschränkungen nicht, jedenfalls nicht in dem Maße. Zwar filtern wir beim Zuhören auch bestimmte andere Geräusche weg, richten also unser Gehör wie einen Seismographen auf eine Geräuschquelle aus. Dennoch ist Klang der Urgrund aller Schöpfung, und schon in frühesten Schulen der Mystik gilt es als höchste Form des Gottesgebetes, Gott in sich klingen zu hören, sich zu öffnen für den göttlichen Klang, der in der absoluten Stille zu vernehmen ist.

„Am Anfang war das Wort", heißt es in der Bibel, genauer: „Am Anfang war der Klang". Bestimmten Klängen und Lauten wird aufgrund ihrer Schwingungsfrequenz Schöpfungskraft zugeschrieben, „heilige Worte", Mantras und Gebete, haben ebenso einen bestimmten Frequenzbereich, der in der Lage ist, die Schwingungsfolge unserer Gehirnströme zu harmonisieren. Klang ist demzufolge ein wunderbares und starkes Mittel, sich an den Strom der unmittelbaren Schöpfungsenergie anzuschließen und damit eine tiefe Erfahrung des Eins-Seins zu machen.

Die folgende Meditation nutzt dieses Wissen für das gemeinsame Schwingen eines Paares. Wenn wir gemeinsam in eine Schwingung, in einen Klang finden, gelangen wir buchstäblich auf dieselbe Wellenlänge, kommen in Ein-Klang, fühlen uns nah, miteinander verbunden. Es kann sogar sein, dass unser Bewusstsein des Getrennt-Seins sich auflöst, unsere eigene Persönlichkeit eintaucht in das Erleben des transpersonalen Raumes, der aus dem „Wir" besteht, das mehr ist als die Summe von „Ich" und „Du". Es ist eine wunderbare Erfahrung, die uns alle Angst nehmen kann, dass wirkliches Loslassen in einer Beziehung uns als Einzelwesen verschwinden läßt und damit auslöscht. Denn das Gegenteil ist der Fall: Wir können erfahren, wie der gemeinsame Klang unseren Körper, unsere Resonanzräume, unser ganzes Sein füllt und wir uns davon genährt, erfüllt und bereichert fühlen, uns ausdehnen können in den unendlichen Raum reinen Bewusstseins.

Es ist eine sehr geheime Meditation, die lange Zeit nur im direkten Meister-Schüler-Verhältnis weitergegeben wurde. Sie wurde in der Tradition des Tantra entwickelt und von dem indischen Mystiker Osho wie auch von dem Meister des Weißen Tantra, Yogi Bhajan, westlichen Schülern nahegebracht. Es ist darum gut, sich für diese Meditation einen geschützten Raum vorzubereiten, eine Art Schutzkreis aus Licht um sich zu ziehen. Ebenso wäre es gut, sich vorher zu duschen und frische Kleidung anzuziehen, als Zeichen und als innerer Impuls für uns selbst, uns auf etwas Neues, Besonderes einzulassen.

Am besten ist es, wenn Sie diese Meditation spät abends oder sogar nachts machen - ihre Wirkung ist dann am stärksten. Vorgeschlagen wird von den Tantrameistern eine Vollmondnacht. Breiten Sie dafür an Ihrem gemeinsamen Meditationsplatz eine Decke aus und stellen Sie bitte an jede Ecke der Decke ein Teelicht oder eine Kerze. Verzichten Sie darüber hinaus möglichst ganz auf zusätzliche Beleuchtung. Zur Sicherheit können Sie die Kerzen oder Teelichte in kleine wassergefüllte Schalen stellen.

Außerdem ist eine spezielle Hintergrundmusik gut, damit Sie sich aufeinander einschwingen können. Wählen Sie eine Musik mit reinen Obertönen, etwa eine CD nur mit Klangschalenklängen, die CD „Nadabrahma" der Osho-Community oder das Stück „OM" auf der CD „AUM" von Lex van Someren.

Haltung:
Bitte setzen Sie sich voreinander hin, Knie an Knie. Sie sollten dafür sorgen, dass Ihre Köpfe in etwa auf gleicher Höhe sind, und dass Sie so bequem sitzen, dass Sie es eine Weile aushalten. Grüßen Sie sich jetzt, ehrend und achtungsvoll. Stellen Sie nun bitte die Musik an. Reichen Sie sich dann über Kreuz die Hände, sodass die rechten Hände sich halten und die linken Hände ebenso. Schauen Sie sich einen Moment in die Augen, atmen Sie dabei lang und tief ein und aus.

Nähern Sie nun Ihre beiden Stirnen aneinander an, bis sie sich berühren. Auf diese Weise verbinden sich die Punkte Ihrer Intuition miteinander, die Bereiche des sechsten Energiezentrums, des sechsten Chakras. Dieses Energiezentrum ist die höchste Verbindung der beiden Grundpolaritäten des Lebens wie auch die Vereinigung des Männlichen und des Weiblichen. In der Chakrenlehre wird es mit zwei aneinander liegenden Lotusblättern gezeichnet, sein Symbol ist die liegende Acht, das Zeichen der Unendlichkeit. Wenn Sie sich in diesem Chakra verbinden, überschreiten Sie die Grenzen des Abgetrennt-Seins und kommen zurück in das ursprüngliche Eins-Sein, allerdings gefüllt mit Ihrem Bewusstsein. Atmen Sie tief, ein und aus.

Schließen Sie nun Ihre Augen. Beginnen Sie dann zu summen, gemeinsam. Nehmen Sie die Töne der CD auf, experimentieren Sie selbst mit verschiedenen Tonhöhen, lauschen Sie auf Ihren Partner. Nach und nach wird das Summen Ihren Kopf mit seinen Höhlungen zum Klingen bringen - vertrauen Sie sich dieser Erfahrung an. Finden Sie nach und nach einen gemeinsamen Klang. Probieren Sie aus, wie dieser klingt, passen Sie sich nicht einfach Ihrem Partner an, sondern versuchen Sie, welcher Ton, welches Summen zu Ihnen passt. Lassen Sie Ihren Ton mal leiser, mal lauter werden, probieren Sie, was wie zusammen klingt. Finden Sie Ihr gemeinsames Klingen. Vielleicht können Sie spüren, dass der Klang ihren Kopf wie größer werden lässt, und dass die Grenzen zwischen Ihrem Kopf und dem Kopf Ihres Partners verschwimmen. Lassen Sie sich dann von Ihrem gemeinsamen Summen davontragen - hinein in die Unendlichkeit. Das Summen ist nun alles, was es gibt, die ganze Welt besteht nur noch aus Ihrem gemeinsamen Klang. Baden Sie darin, lassen Sie sich erfüllen davon.

Summen Sie so mindestens elf Minuten miteinander - nach elf Minuten beginnt eine tiefe innere Transformation. Wenn die Zeit vorüber ist - oder wenn Sie selbst zurückkommen wollen - lassen Sie Ihren Klang langsam leiser werden. Seien Sie einen Moment still miteinander. Und spüren Sie, dass es in Ihrem Inneren weiter klingt. Dass Ihr Sein erfüllt ist von der Gemeinsamkeit, auch, wenn Sie jetzt wieder bei sich sind. Atmen Sie einige Male bewusst tief ein und aus.

Lösen Sie dann Ihre Stirn voneinander, sitzen Sie mit geschlossenen Augen, atmen sie weiter. Dann öffnen Sie langsam Ihre Augen. Schauen Sie sich an - vielleicht können Sie in den Augen Ihres Partners erkennen, dass Sie beide während der Meditation an einem Ort waren, der weit, weit entfernt und doch so nah, sogar ganz in Ihnen ist - Ihrer wahren

Heimat. Spüren Sie Ihre Verbundenheit, wenn Sie sie wahrnehmen können. Danken Sie einander, auf die Weise, die Ihnen jetzt gemäß ist.

Danach:
Bitte sprechen Sie noch nicht über Ihre Erfahrungen. Verlassen Sie erst den Lichtraum. Stehen Sie auf, schütteln Sie Ihre Beine aus, machen Sie eine Lampe an und löschen die Kerzen. Wenn Ihnen nun danach ist, setzen Sie sich wieder zusammen und erzählen sich gegenseitig, wie die Meditation für Sie war.

Paarmeditation 46: Durch die Blockaden des Unbewussten

Wenn wir Kinder sind, lernen wir, uns bei bestimmten negativen Erfahrungen zusammenzuziehen und zu verspannen. Diese Verspannungen kommen uns dann als Erwachsene ganz „normal" vor, denn sie haben sich zu unserer Persönlichkeit verfestigt. In der Körpertherapie spricht man von einem „Charakterpanzer" - Blockaden, die den lebendigen Fluss der Lebensenergie unterbrechen. Diese Blockaden werden in allen Beziehungen zu Menschen wieder aktiviert - besonders aber in einer nahen Liebesbeziehung. Alle unsere Muster, mit denen wir gelernt haben, Schmerzen und Verletzungen zu vermeiden, können wir uns vor allem bei Konflikten immer wieder anschauen - aber leider selten verändern. Auf diese Weise haben wir oft das Gefühl, uns miteinander im Kreise zu drehen, einfach nicht weiterzukommen. Paradoxerweise liegt gerade darin eine große Chance. Denn irgendwann können wir nicht mehr weiter, wir können nur noch loslassen - oder uns trennen. Wenn es aber gelingt, diese Blockaden unseres unterbewussten Geistes zu heilen und zu lösen, haben wir einen großen Schritt auf unserem Weg getan. Die folgende Meditation kann dabei helfen.

Sie spricht die Blockaden auf den sieben Ebenen der Energiezentren an und unterstützt durch die angegebene Atem- und Bewegungsform dabei, sie zu transzendieren. Es sind die Blockaden auf der Ebene des Vertrauens, der Sicherheit, auf der Ebene der Sexualität und Körperlichkeit, auf der Ebene der Gefühle und der Macht, auf der Ebene der Sehnsucht und des Mitgefühls, auf der Ebene der Wahrheit und Wahrhaftigkeit, der Intuition und des Loslassens. Am Ende steht ein Übergang in den persönlichen Raum der Essenz unseres Seins. Diese Reise zu machen im Angesicht des Partners kann die Beziehung grundlegend verändern.

Es ist eine überaus kraftvolle Meditation, die Elemente aus dem holotropen Atmen mit der Chakrenlehre verbindet. Wichtig ist dabei, möglichst weiter zu machen, auch, wenn man meint, dass es körperlich nicht mehr weitergeht. Natürlich ist es wichtig, auf den Körper zu hören - wenn der deutlich signalisiert, dass ein Weitermachen gefährlich wäre, bitte sofort unterbrechen und pausieren. Wenn aber der Geist sich einschaltet und unterbrechen will - dann gehen Sie bitte weiter.

Das heißt nicht, „die Zähne zusammenbeißen und durch", ganz im Gegenteil. Bei dieser Meditation geht es nicht darum „durchzuhalten". Das ist etwas, das Sie vermutlich auf Ihre ganz eigene Weise sowieso sehr gut gelernt haben. Es geht vielmehr um etwas ganz anderes, nämlich um das Zu-Lassen und Los-Lassen. Dies aber ist die Qualität, bei der sich Ihr Ego löst - und es wird sich demzufolge mit allen Mitteln dagegen wehren. Wenn Sie es aber schaffen, wirklich loszulassen, alles zuzulassen, was kommt, und durch einen „kleinen Tod" zu gehen, werden Sie merken, dass dieser „Tod" ein Tor zum Leben ist - Sie werden eine ganz neue Ebene von Kraft und Lebendigkeit finden.

Ihr Partner ist dabei so wichtig wie selten. Denn Sie gehen durch diesen Prozeß in vollem Augenkontakt. Der Blick in die Augen Ihres Partners kann Sie ermutigen, Ihnen Kraft geben, vielleicht können Sie auch Dinge sehen in dem Gesicht Ihres Partners, die Sie noch nie zuvor gesehen haben. Es kann sogar sein, dass Sie plötzlich Fratzen sehen, Masken, andere Gesichter. Seien Sie mutig, schauen Sie hin, bleiben Sie dabei. Lassen Sie sich nicht irritieren, alles wird sich wandeln. Es ist ein gemeinsamer Weg, auf dem Sie sind. Lassen Sie während dieser Meditation alle Gefühle zu, die auftauchen, egal, welche es sind. Erlauben Sie sich zu weinen, zu lachen, zu schreien oder zu jauchzen - und bleiben Sie bitte bei Ihrem Prozeß, gehen Sie weiter.

Bitte lesen Sie sich die Anleitung für die Meditation vorher gegenseitig vor. vereinbaren Sie ein Signal, mit dem Sie gemeinsam von einem Chakra zum anderen gehen. Sie können sich auch selbst dazu eine Musik zusammenstellen, die jeweils nach ein paar Minuten Spieldauer unterbricht und dann weitergeht. Am schönsten ist es, wenn Sie sich den Meditationstext dazu noch selbst auf die Cassette sprechen.

Achtung: Menschen mit Bluthochdruck oder Herzproblemen sollten vor dieser Meditation Ihren Arzt befragen.

Haltung:
Bitte setzen Sie sich mit etwas mehr Abstand als sonst gegenüber hin. Halten Sie die Augen geöffnet. Sorgen Sie dafür, dass Ihre Wirbelsäule möglichst aufgerichtet ist - nehmen Sie ein Kissen oder setzen Sie sich auf einen Stuhl.

Formen Sie bitte aus Ihrem Mund einen Ring. Sie atmen jetzt wie eine Dampfmaschine durch den geöffneten Mund ein und aus. Betonen Sie dabei bitte stark das Ausatmen, atmen Sie mit Kraft aus. Einerseits verhindern Sie damit, dass Sie hyperventilieren, also zuviel Sauerstoff in den Körper bekommen und schwindelig werden. Außerdem unterstützt dieses Ausatmen den Lösungspro-zess in Ihrem Inneren. Atmen Sie in einer Frequenz von einmal pro Sekunde - und bleiben Sie dabei. Sie können dazu ruhig Töne kommen lassen, und wenn zwischendurch Weinen kommt oder Lachen, dann geben Sie sich dafür Raum - aber kommen Sie dann wieder zu diesem Atemrhythmus zurück.

Bitte breiten Sie dann Ihre Arme zur Seite aus, auf Schulterhöhe, mit gestreckten Ellenbogen. Wenn Sie einatmen, heben Sie Ihre Arme mit gestreckten Ellenbogen seitlich hoch, bis beide Arme zueinander einen 60°-Winkel bilden und die Hände über der Höhe Ihres Kopfes sind. Beim Ausatmen lassen Sie die Arme mit Kraft seitlich herunterschlagen, so als ob Sie die Luft hart auf den Boden prellen wollten wie einen Ball.

Beginnen Sie damit, dass Sie einige Male Ihre Arme bewegen und dazu den Atemrhythmus praktizieren. Gut, bleiben Sie dabei. Lassen Sie Ihre Arme mit Kraft herunterprellen, atmen Sie mit Kraft aus. Diese Kraft trägt die Arme wie von allein wieder nach oben, das kraftvolle Ausatmen lässt wie von allein den Atem beim Einatmen wieder in Sie hineinfließen. Sie müssen nichts dazu tun, betonen sie nur das Ausatmen. Schauen Sie Ihrem Partner in die Augen. Vielleicht mögen Sie Ihre Arme parallel auf und ab bewegen, vielleicht ist es auch unterschiedlich. Das ist nicht so wichtig, gehen Sie einfach weiter. Machen Sie bitte jetzt keine Pause mehr mit dem Atmen und der Bewegung - es sei denn, Ihr Körper zeigt eindeutig, dass es nicht mehr weitergeht.

Und nun lassen Sie Ihr Bewusstsein an den Punkt Ihrer Berührung mit dem Boden wandern, den Ort des ersten Chakras, den Ort Ihrer Sicherheit. Fragen Sie sich innerlich: Wie oft bin ich innerlich unsicher, auch wenn es nach außen ganz anders scheint? Wie schnell kannst du mich aus der Reserve locken? Wie willkommen fühle ich mich überhaupt hier auf der Erde - oder wie unwillkommen? Atmen Sie weiter, bewegen Sie Ihre Arme auf und ab. Lassen Sie alles, was Sie in diesem Bereich loswerden wollen, in Ihre Arme fließen und prellen Sie aus Ihrem Körper auf den Boden. Wie viel habe ich schon an mir gearbeitet - und immer noch kann mich so ein dummer Blick, ein falsches Wort aus den Angeln heben! Wie oft zweifle ich an mir, tief im Inneren, wie oft fühle ich mich ganz allein - und tue so, als brauchte ich überhaupt niemanden? Oder versuche mich an dir festzuhalten? Woher beziehe ich eigentlich meine Sicherheit? Wer bin ich, was macht mich aus - im Kern? Gehen Sie weiter, lassen Sie die Arme prellen, atmen Sie alles aus, was Sie noch daran hindert, sich ganz mit sich und mit der Erde verbunden zu fühlen.

Und nun gehen Sie ins zweite Chakra, in den Bereich Ihres Beckens, Ihrer Sexualität. Mit wie viel Kraft, wie viel Freude, wie viel Sinnlichkeit, Leidenschaft und Erotik lebe ich eigentlich wirklich meine Sexualität? So viele Verbote, so viele Hemmungen! Wie direkt und offen kann ich mit dir darüber sprechen? Oder finde keine Worte, halte meine Wünsche, meine Sehnsucht zurück? Lassen Sie die Arme sich bewegen, atmen Sie alles aus, was Sie immer noch festhält. Wie sehr bin ich für dich Mann, oder Frau? Wie viel Raum darf unsere Sexualität haben? Wie sehr wünsche ich mir, freier zu sein, Seiten auszuprobieren, die ich mir nie erlaubt habe - und halte mich doch immer wieder zurück. Was stoppt mich? Spüren sie die heiße Glut Ihres Beckenraumes, atmen Sie alles weg, was das Fließen Ihrer Beckenenergie hindert.

Und nun gehen Sie mit Ihrem Bewusstsein ins dritte Chakra am Nabelpunkt, den Ort Ihrer Gefühle, Ihr inneres Feuer. Wie sehr zeige ich dir meine starken Gefühle - alle Gefühle? Oder was zeige ich dir eigentlich wirklich von mir? Wo schone ich dich immer noch? Erspare dir, mich wirklich ganz zu sehen? Meine Wut, meine Angst, meine Leidenschaft? Wie viel bekommst du davon wirklich zu sehen? Gehen Sie weiter mit Ihrem Atem, atmen Sie voll und stark ein und aus. Wenn Töne kommen wollen, lassen Sie auch die zu, bewegen Sie kraftvoll die Arme weiter. Schauen Sie hin, schauen Sie Ihrem Partner in die Augen – wie viel von Ihrer zarten Seite darf er sehen, von Ihrer Verletzlichkeit, Ihrer Weichheit? Nein, das zeige ich dir nicht, das durfte noch niemand sehen, nicht einmal ich selbst! Dann könntest du ja mit mir machen, was du willst, das darf nicht geschehen! Und doch sehne ich mich danach, dass mich jemand annimmt, wie ich bin. Ich möchte mich so gerne öffnen, und es ist doch so schwer! Wie viel siehst du auch, von meiner Macht, von meinem Herrschen-Wollen, wie viel lasse ich wirklich sehen, nur um dich auf keinen Fall zu verlieren? Und wie sehr ärgere ich mich manchmal über mich selbst? Atmen Sie weiter, bewegen Sie die Arme, auf und ab, weiter, weiter.

Und nun gehen Sie in Ihr Herz, den Ort der Umwandlung aller Gefühle. Den Ort Ihres Inneren Kindes, den Ort auch des letzten Opfers. Wie viel von meiner Kindlichkeit darf leben in unserer Partnerschaft, wie vernünftig muss ich sein, wie sehr funktionieren? Wie viel Mitgefühl habe ich eigentlich mit mir selbst? Ohne mich selbst zu bemitleiden? So viel habe ich dir schon gegeben, immer wieder - und das jetzt nicht, nicht auch noch die Seite, die ich immer geschützt habe? Ich bin doch sooo empfindlich, so verletzlich, was passiert, wenn ich dir auch noch das gebe? Wie tief in mir wartet der kleine Teil von mir, wie viel Raum gebe ich dem eigentlich in meinem Alltag? Wie gehe ich mit meinem Herzen um? Übergehe ich es ständig, oder darf es bei uns sein? Und wie gehe ich mit dir um? Was kenne ich eigentlich wirklich von dir? Wie viele Meinungen, wie viele Gedanken! Ich würde dir soo gerne mein Herz ganz schenken - warum tue ich es eigentlich nicht? Da ist zuviel passiert schon zwischen uns, sieh zu wie du mich wieder öffnest - aber warum tut es soo weh? Immer wieder!...

Warum kommt denn niemand, um mich zu retten? Muss ich denn immer alles allein machen? Gehen Sie weiter, atmen Sie ein und aus, bewegen Sie die Arme, immer weiter, nicht anhalten, gerade jetzt nicht!

Gehen Sie stattdessen mit Ihrem Bewusstsein an Ihre Kehle, den Ort Ihrer inneren Wahrheit und Wahrhaftigkeit. Wie viel von der Kraft meiner Stimme mute ich dir eigentlich zu? Meine Stimme ist eigentlich viel lauter, viel klarer - wieso bin ich mit dir bloß so gehemmt? Wieso kann ich einfach nicht mal klar Nein sagen, oder Ja? Ja vielleicht noch eher, aber Nein? Wie viel von meinem ganzen Volumen mute ich dir zu? Atmen Sie, bewegen Sie Ihre Arme, auf, ab, auf, ab, machen Sie ruhig Töne, lassen Sie Ihre Stimme kommen! So eine Qual, wieso mache ich das eigentlich, ich muss doch verrückt sein! Ihre Trauer, Ihre Angst, wie viel halten Sie fest in Ihrer Kehle! Ja, auch der Schrei, lassen Sie ihn zu! Fletschen Sie die Zähne, wenn Ihnen danach ist! Auch in Ihnen ist ein Tier, ein Löwe, ein Tiger, ein Raubtier, nicht nur die kultivierte Schale! Wie viel darfst du davon eigentlich sehen? Und von meinen Tränen, von meiner Traurigkeit? Das durfte schon als Kind kaum noch jemand. Und jetzt dir? Spüren sie Ihr Seufzen, atmen Sie, lassen Sie auch die weichen Töne kommen, das Sanfte, das Zärtliche - all das sind Sie! Wie viel davon halten Sie immer fest? Gehen Sie weiter, mit der Bewegung, mit dem Atem, halten Sie nicht an!

Und nun kommen Sie zwischen Ihre Augenbrauen, den Ort ihres inneren Wissens, Ihrer Intuition. Wie oft bin ich nicht meinem Weg gefolgt, habe gemacht, was andere mir sagten, für mich vorgesehen hatten? Was ist aus mir bloß geworden? Wie sehr bin ich Rollen gefolgt und nicht mir selbst? Dem, was auch du von mir gedacht hast, damit ich dir gefalle. Habe mich gefühlt wie eine Lügnerin oder ein Lügner, oder sogar schuldig! An was denn schuld - doch höchstens an mir selbst! Oder habe mich geschämt, weil ich irgendwie anders war als sie es wollten, als du es wolltest, habe mich selbst auch verlassen - nie wieder! Tief in mir spüre ich doch genau, wo es hingeht für mich! Spüre, was ich eigentlich machen sollte, wenn ich nicht so viel Angst hätte und Zweifel. So viele dunkle Seiten - und nur eine kleine Ahnung von dem Licht... Wie kannst du nur mit mir zusammen sein? Was findest du eigentlich an mir? Wie satt ich solche Fragen habe! Warum kann ich nicht in mir selbst ruhen? Atmen Sie, bewegen Sie Ihre Arme. Irgendwo weiß ich schon, was mich ausmacht, ich würde ihm so gern mehr Raum geben, und irgendwann, es dauert gar nicht mehr lange, du wirst schon sehen, geschieht es auch...

Und nun kommen Sie zu Ihrem Scheitelpunkt, dem Punkt, an dem es um das letzte Loslassen geht. Was halte ich immer noch fest, wovon will ich mich nicht trennen? Was ist es, was in mir wartet? Was ich genau weiß - und wovor ich mich doch so fürchte? Atmen Sie, bewegen Sie Ihre Arme, schauen Sie in die Augen gegenüber - jetzt, jetzt lasse ich dich sehen, was ich bin, jetzt lasse ich los. Ich springe, ich wage es - halt mich, ich lasse wirklich los. Ich spüre, wie die Freiheit wartet, das letzte bisschen... und jetzt lasse ich es geschehen!

Atmen Sie tief ein, halten Sie die Arme über den Kopf, halten Sie den Atem an. Anhalten, halten sie noch einen Moment fest. Und dann atmen Sie wie eine Kanone aus - JETZT!!! Noch einmal, tief einatmen, fest halten, den Nabelpunkt einziehen, den Beckenboden hochziehen, halten, strecken - und los!!! Ausatmen!! Lassen Sie langsam Ihre Arme sinken, langsam. Nehmen Sie sich an den Händen, spüren Sie die Energie fließen, lassen sie alles zu, was kommt, lassen Sie sich zittern, weinen, lachen - Sie sind frei!!! Schauen Sie sich an!

Und dann rücken Sie zusammen und nehmen sich in die Arme. Schlingen Sie die Beine umeinander. Spüren Sie, du bist genau wie ich, hast dieselbe Angst, dieselbe Freude, dieselbe Wut, dieselbe Zärtlichkeit - genau wie ich. Atmen Sie gemeinsam, massieren Sie sich gegenseitig ein wenig die Schultern, die Oberarme, halten Sie sich ganz fest, werden Sie eins. Spüren Sie sich, ganz nah. Kein Zurückhalten, kein Unterschied. Atmen Sie ganz sanft, Brust an Brust, Herz an Herz. Lassen Sie alles geschehen. So eine lange Reise, so viele Widerstände, jetzt für diesen Moment, hat es sich alles gelohnt. Spüren Sie sich, strömen Sie ineinander. Schauen Sie sich dann in die Augen - so offen, wie Sie jetzt sind. Schauen Sie hin - dieses wunderbare Wesen vor Ihnen ist voll Liebe - für Sie, für sich selbst. Tauchen Sie in diese Augen ein, mit Ihrer ganzen Offenheit - und erleben Sie diesen Moment, des Erkennens, des Unmittelbaren.

Danach:
Bleiben Sie so lange beieinander, wie es sich für Sie selbst richtig anfühlt. Dann rücken Sie langsam auseinander. Spüren Sie Ihre Verbundenheit, auch wenn Sie jetzt wieder ganz bei sich sind. Lassen Sie Ihre Gefühle weiter fließen. Versuchen Sie bitte, nicht „darüber" zu reden. Wenn Sie miteinander sprechen wollen, bleiben Sie ganz bei sich. Und bei Ihrem Fühlen.

Paar-Meditation 47: Ich segne dich

Wenn wir im Alltag Herausforderungen zu bewältigen haben, brauchen wir dazu eine gute innere Mitte. Um uns nicht zu verlieren, um Menschen, die uns vielleicht angreifen, nicht ebenso zu begegnen, um klar und offen zu bleiben, auch wenn die Vielzahl der Beanspruchungen uns über den Kopf zu wachsen droht.

Als Partner können wir uns gegenseitig helfen, diese innere Mitte zu erhalten. Die Liebe unseres Liebsten kann uns im Herzen eine Quelle sein, aus der wir im Alltag schöpfen können. Das Wissen: Was immer mir auch geschieht, was immer ich auch tue, in dir habe ich jemanden an meiner Seite, der mich stützt und mir hilft, das gibt Kraft, Mut, Ausdauer, ein tiefes Gefühl, wertvoll und wichtig zu sein. Niemand außer unserem Partner kann uns dieses tiefe Gefühl vermitteln, denn es umfasst alle Ebenen unseres Seins. Wenn wir uns wirklich gesehen und geliebt fühlen, können wir die Sterne vom Himmel holen. Und der Welt aus unserem Herzen begegnen.

Uns gegenseitig zu segnen, berührt uns in unserer tiefsten Essenz, bestätigt unsere Aufgabe, unsere Einzigartigkeit. Wir werden gesehen in dem, was wirklich unser Wesen ist. Ein Segen lädt die göttliche Liebe ein, in unser Wesen zu fließen und uns zu durchdringen, uns zu schützen und zu halten. Wir können bei einem Segen in die Augen unseres Partners sehen und durch seine Liebe die Liebe Gottes sehen, die uns erreicht.

Wenn wir andererseits unseren Partner segnen, erleben, dass wir selbst unser Herz für den Strom von Licht und Kraft öffnen, der durch uns zu unserem Partner fließen kann. Wir geben und erhalten dabei beide ein Geschenk: Denn den Partner in seinem Wesen zu sehen, in seiner Seelenschönheit zu erkennen und zu bestätigen, das berührt und verstärkt dieselbe Qualität auch in uns selbst.

Mit dieser Meditation können Sie sich gegenseitig dieses Geschenk machen. Sich gegenseitig zu segnen erfordert jedoch Mut. Mut, nicht einfach nur Worte zu sprechen, sondern wirklich sein Herz sprechen zu lassen. Den anderen anzuschauen und wirklich zu meinen, was ich sage. Ihm unsere Liebe rückhaltlos zu schenken, sodass sie ihn in seiner Liebe berührt und erreicht.

Für Menschen, die erst einmal einen Geschmack dieses Geschenkes bekommen wollen, haben wir darum einen Segen vorgegeben. Er wird von Handbewegungen begleitet, die den Sinn der Worte in Gebärden umsetzen und dadurch noch verstärken. Auch unser Körper spricht, und seine Botschaft kann den anderen unmittelbar und manchmal direkter erreichen als unsere Worte. Lassen Sie sich deshalb berühren und berühren Sie selbst - körperlich, mit Ihren Gebärden, seelisch, mit Ihren Worten, geistig, mit Ihrem Ausdruck und Ihren Augen.

Wenn Sie einmal Mut gefasst und Erfahrungen mit diesem Segen gemacht haben, können Sie Ihre eigene Segensformel finden, die ganz allein Ihnen als Paar gehört. Oder Sie können jedes Mal, wenn Sie sich gegenseitig segnen, frei einen eigenen Segen aus dem Herzen kommen lassen.

Haltung:

Setzen Sie sich gegenüber, sodass Ihre Knie sich berühren. Begrüßen Sie einander. Schauen Sie sich in die Augen. Machen Sie kurz aus, wer beginnt. Das kann durch ein kurzes Kopfnicken geschehen oder durch eine Handbewegung.

Derjenige, der beginnt, hebt beide Hände und legt sie über den Scheitelpunkt des Partners. Ein wenig Abstand vom Kopf halten, denn Sie aktivieren damit das höchste energetische Zentrum, das siebte Chakra, das mit den kosmischen Kräften verbindet.

Schauen Sie Ihrem Partner in die Augen. Sprechen Sie die Worte:

„Möge Gottes Segen auf dir ruhen"

(Oder, falls Sie eine andere Formulierung suchen:

„Möge das Licht des Lebens dich bescheinen")

Folgen Sie dann mit Ihren Händen der Form des Kopfes und Oberkörpers bis zur Höhe des Herzens.

Sprechen Sie dazu die Worte:

„Möge Liebe um dich sein"

Legen Sie dann eine Hand auf das Herzzentrum Ihres Partners in der Mitte des Brustbeins.

Sprechen Sie dazu die Worte:

„Möge die Reinheit deines Herzens dich erfüllen"

Legen Sie dann Ihre Handflächen vor Ihrem eigenen Herzen aneinander wie zum indischen Gruß und verneigen Sie sich ein wenig.

Sprechen Sie dazu die Worte:

„Jetzt und für alle Zeit".

Schauen Sie sich noch einen Moment in die Augen. Spüren Sie Ihre eigene Liebe und die Schönheit des Wesens in Ihrem Partner. Atmen Sie in Ihr Herz ein und zum Partner aus, sodass Sie ihm Ihre Herzenergie schicken.

Wechseln Sie dann die Rollen. Empfangen Sie nun den Segen Ihres Partners.

Danach:

Halten Sie einander noch ein wenig an den Händen. Spüren Sie, wie sich Ihre Herzen füreinander geöffnet haben. Nehmen Sie die Liebe Ihres Partners in sich auf, lassen Sie sich davon nähren. Spüren Sie gleichzeitig, wie der Strom der Liebe von Ihnen zu Ihrem Partner fließt. Vielleicht können Sie bemerken, wie sich der Raum zwischen Ihnen mit Licht und Wärme füllt. Sie begegnen so Ihrer tiefsten Wahrheit.

Atmen Sie gemeinsam einige Male tief ein und aus. Danken Sie einander dann für das, was Sie miteinander geteilt haben.

Bitte sprechen Sie nicht ü b e r das, was Sie erlebt haben. Wenn Sie überhaupt sprechen wollen, dann bitte nur, indem Sie einander wertschätzend sagen, was schön für Sie war. Sprechen Sie Ihre Wahrheit, aus dem Herzen.

Paar-Meditation 48: Gemeinsam beten

Gemeinsam zu beten, war früher für Menschen viel selbstverständlicher als für uns heute. Heute finden wir zum Gebet oft nur noch in Momenten höchster Not oder Aufregung. Dann wenden wir uns an eine höhere Kraft, wie ein Kind, das um den Schutz seiner Eltern oder seines Engels bittet.

Was wir dabei erfahren können, ist, dass wir uns tatsächlich angenommen und getröstet fühlen, wenn wir unser Herz dieser höheren Macht geöffnet haben. Unzählige Geschichten berichten davon, dass Menschen in solchen Momenten dann die Kraft fanden, auf Hilfe zu vertrauen - und diese dann tatsächlich kam. Oder dass sie sich auf irgendeine Weise gehört fühlten - und nicht mehr so allein.

Die Wahrheit ist, dass die göttliche Kraft stets um uns ist, ob wir uns nun ihrer bewusst sind oder nicht. Mehr noch, dass wir selbst Teil von ihr sind, von ihr durchdrungen und erfüllt - wie auch jedes andere Wesen der Schöpfung, gleich welcher Form oder Ausprägung. Wir können uns dieser Erfahrung öffnen: Wenn wir beten, und auch, wenn wir meditieren. Viele Menschen erleben das Gebet als eine Form von Meditation, manche sogar als deren höchste Form.

Was zum Beten nötig ist, sind zwei Dinge: Einmal die Demut, sich selbst als Bittenden zu erfahren - oder als Dankenden, wenn uns die ganze Schönheit des Lebens und der Schöpfung bewusst wird. Und dann den Glauben und das Vertrauen, dass unsere Worte „ankommen". Damit lösen wir uns von der Überzeugung, dass wir allein der Motor unseres Lebens sind. Wir überschreiten die Grenzen des Ich-Bewusstseins und betreten den Raum der Liebe, den Raum in uns, der von Gott bewohnt wird - unserer eigenen Göttlichkeit. Im Gebet nähern wir uns diesem Raum, diesem Bewusstsein mit all der Ehrfurcht, all der Achtung, die ihm zukommt - wir betreten unser inneres Heiligtum. Wir können sprechen, lauschen und Antworten empfangen - und gestärkt wieder in den Alltag gehen.

Wenn wir zu zweit beten - und den anderen unser Gebet hören lassen, dann müssen wir eine hohe Schwelle überschreiten. Die Schwelle nämlich, uns unserem Gegenüber in unserer ganzen Verletzlichkeit zu zeigen. All das aufzugeben, was wir sonst an Masken tragen. Uns öffnen unserer tiefsten Ehrlichkeit und Ungeschütztheit. Gerade das aber kann eine ganz neue Qualität in unsere Paar-Beziehung bringen: Eine Nähe und Intimität, die wir sonst selten oder nie miteinander erreichen, weil immer das

Ich mit seinen Erwartungen, Hoffnungen oder Ängsten dazwischen ist.

Die hier vorgeschlagene Art, gemeinsam zu beten, die ich von den amerikanischen Therapeuten Joyce und Barry Vissell gelernt habe, kann gerade am Anfang helfen, die tiefe Scheu zu überwinden, die wir gegenüber dieser Öffnung unserer Seele haben. Uns selbst gegenüber und vor allem dem Partner gegenüber. Wir legen dabei nämlich unsere Stirn aneinander - den Punkt des sechsten Energiezentrums, des Ortes unserer Intuition uns tiefen Weisheit. Darin verbinden wir uns, atmen - und erlauben diesen Kräften zu verschmelzen.

Dann schließen wir die Augen. Auf diese Weise bleiben wir im Kontakt mit dem anderen, fühlen uns mit ihm verbunden und sind doch ganz bei uns selbst. Indem wir die Augen schließen, fühlen wir uns aber nicht nur geschützter. Wir verstärken auf diese Weise auch die anderen Sinneskanäle - und unsere Gewohnheit, über die Augen die Welt einzuordnen, zu benennen und zu bewerten, kann nicht mehr so wirksam werden.

Wenn wir dann sprechen, können wir fast flüstern - niemand anders als unser Partner braucht unser Gebet zu hören. Das Flüstern ist die Sprache der Liebenden - und wir öffnen uns damit in Liebe dem Partner und auch Gott. Zu sprechen, sodass der andere uns hören kann, nicht still zu bleiben, trägt uns dann über die Schwelle - vor allem, wenn wir ganz ehrlich und offen sind. Wir können buchstäblich spüren, wenn sich der Raum unseres Herzens öffnet: Es fließen vielleicht Tränen, unser Brustraum wird plötzlich fühlbar - der Strom der Liebe beginnt in uns und zum anderen hin zu fließen. Wenn wir dann auch das Geschenk des Gebetes unseres Partners empfangen und schließlich die Augen öffnen, hat sich etwas zwischen uns verändert: Das Wunder der Liebe ist geschehen.

Haltung:

Setzen Sie sich einander gegenüber. Es ist gut, wenn Sie in etwa auf gleicher Augenhöhe sitzen, jeder auf einem Stuhl oder auf einem Meditationskissen.

Begrüßen Sie einander, schauen Sie sich einen Moment lang still an. Atmen Sie dabei tief ein und aus. Legen Sie Ihre Hände ineinander.

Dann neigen Sie Ihren Oberkörper nach vorn, bis Ihre Stirn die Stirn ihres Partners berührt. Schließen Sie nun die Augen.

Lassen Sie in Ihrem Inneren fühlbar werden, wofür in Ihrer gemeinsamen Beziehung Sie dankbar sind. Oder wofür Sie um Hilfe, um Führung bitten. Denken Sie nicht allzu lange nach. Wenn Sie in etwa wissen, um was es Ihnen geht, beginnen Sie zu sprechen.

Versuchen Sie dabei, so offen und ehrlich wie möglich zu sein. Wenn Sie traurig sind oder verletzt, können Sie ruhig darüber sprechen. Versuchen Sie jedoch, auch Ihre Schmerzen oder Ihre Trauer in Form einer Bitte um Hilfe oder Führung auszusprechen. Sie dürfen auch sagen, wenn Sie sich zum Beispiel blockiert fühlen auf dem Weg zu Ihrem Partner. Oder wenn Sie verzweifelt über irgendeine Situation sind. Sprechen Sie jedoch nur von sich, und wenden Sie sich an die höchste Kraft, damit sie Ihnen Unterstützung sendet, zum Besten Ihrer Partnerschaft. Versuchen Sie, wirklich aus dem Herzen zu sprechen.

Natürlich können Sie auch Ihren Dank äußern, für die Schönheit Ihrer Beziehung, oder dafür, dass Ihr Partner Ihnen soviel Wichtiges zeigt. Oder für irgendetwas anderes, das Ihnen gerade nahe ist. Dankbarkeit macht das Geschenk, was Sie erhalten haben, in genau diesem Moment noch einmal deutlich fühlbar.

Sollten beim Beten Ihre Tränen zu fließen beginnen, lassen Sie sie laufen. Unterbrechen Sie Ihr Gebet deshalb nicht. Die Tränen helfen Ihnen, ganz im Herzen zu bleiben.

Wenn Sie alles gesagt haben, was Ihnen auf dem Herzen liegt, schweigen Sie einen Moment still. Lauschen Sie in sich hinein, spüren Sie sich und den Kontakt zu Ihrem Partner.

Falls Ihr Partner vor Ihnen zu sprechen beginnt, hören Sie ihm wirklich zu. Es sind immer wichtige Worte, die in einem solchen Gebet gesprochen werden. Spüren Sie, wie offen Ihr Partner ist und lassen Sie sich von ihm anrühren. Sie werden deutlich merken können, wie es sich anfühlt, wenn Sie sich ihm wirklich zuwenden. Wenn er geendet hat, warten Sie einige Augenblicke. Spüren Sie Ihr Herz.

Und dann beginnen Sie selbst Ihr Gebet.

Danach:

Wenn Sie beide Ihr Gebet beendet haben, schweigen Sie gemeinsam noch einen Moment lang. Atmen Sie gemeinsam, spüren Sie Ihre Verbundenheit.

Heben Sie dann Ihre Köpfe und schauen Sie sich in die Augen. Vielleicht sind Tränen da, vielleicht nicht. Spüren Sie, wie nahe Sie sich sind. Welches Vertrauen Sie zueinander haben. Wie verletzlich Sie sind. Und wie geschützt in Ihrer Liebe.

Danken Sie einander für das, was Sie miteinander geteilt haben. Spüren Sie Ihre Verbundenheit über Ihre Hände, Ihre Blicke, Ihre Herzen. Atmen Sie einige Male tief ein und aus.

Nehmen Sie diese Verbundenheit mit in Ihren Alltag.

Paarmeditation 49: Deine Essenz

Oft geht uns in unserem Alltag der Blick für die Schönheit des anderen verloren. Wir kritisieren, beurteilen, vergleichen - und nach und nach verliert unser Partner sein Charisma, seine Ausstrahlung für uns, scheint dadurch buchstäblich zusammenzuschrumpfen, weniger zu werden, auch weniger attraktiv. Natürlich tut auch er (oder sie) seinen Teil dazu. Aber vor allem wir selbst tragen durch unsere innere Haltung dazu bei, dass das Strahlen in unserem Partner abnimmt - real und in unserer Wahrnehmung.

Spirituell betrachtet verlieren wir dabei den Kontakt zu unserer eigenen Essenz und zu der unseres Partners - einen Kontakt, den wir im Anfang unserer Beziehung hatten, und mit dem wir erkennen konnten, was als Wirklichkeit in unserem Partner und in uns selbst vorhanden ist. Wir sahen es vor allem im anderen, genau wie unser Partner in uns. Und spiegelten uns so gegenseitig das Licht, das jeder im Tiefsten ist und das uns das Gefühl von Einheit wiedergibt, deren lebendiger Ausdruck wir eigentlich sind und nach der wir uns so schmerzlich sehnen.

Allerdings nehmen wir dies anders wahr: In der frühen Partnerschaft scheint unser Liebster alle die Eigenschaften zu besitzen, mit denen wir unser tiefes Gefühl von Unvollkommenheit, Einsamkeit und Unliebenswürdigkeit endlich überwinden können. Jenes Gefühl, das die Grundlage unseres Schmerzes und unserer Sehnsucht ist. Dieses tiefe Gefühl der Getrenntheit, das wir unter all unseren Masken, unter all unserem weltlichen Erfolg in uns tragen, wird scheinbar durch unseren Partner aufgelöst. Wir merken nicht, dass es in Wirklichkeit unser Blick auf den anderen ist, der diese Auflösung der Getrenntheit bewirkt. Ein Blick, der uns selbst die Teile von uns selbst spiegelt, die wir ebenso in uns tragen, nur dass wir sie noch nicht verwirklicht haben. Stattdessen glauben wir, dass unser Partner die Quelle unseres Glücks ist. Wir umgeben unseren Partner mit allem Schönen, das wir in ihm sehen - und es reflektiert auf uns selbst zurück, macht uns selbst vollständiger, lebensfroher, vitaler, liebenswürdiger. Wir blühen auf in der Liebe, und wir glauben, es ist die Liebe unseres Partners. Das stimmt, aber nur zum Teil. Denn eigentlich blühen wir auf in unserer eigenen Liebe.

Energetisch schaffen wir gemeinsam damit ein Feld, einen Raum des „Wir", das sich auf einem sehr hohen Schwingungsniveau bewegt. Gedanken, negative Gefühle, alte Muster haben dort buchstäblich keinen Platz - sie schwingen langsamer. Die Energie der Liebe ist reines Licht.

Heilend und rein. Damit wäre der Quantensprung zu uns selbst möglich, der „Durchbruch zum Wesen", wie Karlfried Graf Dürckheim es nennt. Nur, dass wir diese Energie nicht uns selbst zuschreiben. Oder unserer Interaktion. Sondern dem anderen, unserem Partner. Dadurch spüren wir nicht die Freiheit, die eigentlich da ist. Sondern eher unsere Abhängigkeit.

Und so schleicht sich, ganz langsam, wieder die Gewohnheit ein. Nicht die Gewohnheit des Alltags - die Gewohnheit unseres Umgangs mit uns selbst. Uns beginnen Dinge zu stören, die uns vorher nicht gestört haben - warum? Hat sich wirklich unser Partner verändert? Oder ist es nicht vielmehr so, dass auch er uns nicht auf Dauer von unserem inneren Kritiker fernhalten kann, jener erbarmungslosen Instanz, die uns allüberall und zu jeder Zeit im Griff hat? Jenem Zweifler, jenem inneren Staatsanwalt oder Richter, der unseren Blick auf die Schönheit trübt, auch auf unsere eigene? Und mit dem wir jetzt auch auf unseren Partner schauen? So als wäre er die Quelle unseres Schmerzes, unserer Unzufriedenheit, unseres wieder auflebenden Gefühls von Einsamkeit und Getrenntheit. So als müsste er sich nur verändern, und alles wäre wieder gut. Als müsste er nur alle seine Fehler und Unzulänglichkeiten aufgeben - und wir bräuchten endlich unseren Schmerz nicht mehr fühlen.

Tatsächlich ist es möglich, dass unser Partner sich verändert - allerdings nur in unseren Augen. Real kann er immer noch derselbe sein (der er übrigens immer war). Aber wenn wir unseren Blick auf ihn verändern, verändert er sich wirklich - er beginnt wieder zu leuchten wie ganz am Anfang unserer Beziehung. Dazu brauchen wir nur einen innerlichen Richtungswechsel vorzunehmen. Uns nicht mehr auf die Teile konzentrieren, die uns unsere eigene Unvollkommenheit, unser eigenes Getrenntsein spiegeln. Sondern auf die Aspekte, die Ausdruck seiner wahren Essenz, seiner wirklichen inneren Seelenschönheit sind - und die jeder Mensch in sich trägt.

Die folgende Meditation kann Ihnen dabei helfen, sich mit dieser Essenz wieder zu verbinden. Und dabei die Liebe wieder zu entdecken. Nicht die Liebe ihres Partners - die auch. Aber vor allem ihre eigene. Damit aber transformieren Sie sich selbst, kommen aus dem Land der unerfüllten Sehnsucht und des Leidens in das Land der Liebe, der Freude und des Friedens. Diese Liebe wird Ihren Partner nicht unbeeinflusst lassen. Vielleicht reagiert er nicht so, wie Sie es sich erhofft haben. Aber das ist eigentlich nicht einmal besonders wichtig. Wichtig ist, was Sie daraus machen. Und was Sie von ihm wirklich erkennen können.

Und was ist, wenn Ihr Partner Alkoholiker ist? Oder Sie schlägt? Auch dann kann Ihnen die folgende Meditation helfen. Wenn Sie die Essenz Ihres Partners wieder wirklich sehen können, dann sind Sie nicht länger verstrickt in ein gegenseitiges Muster. Sondern werden frei, angemessen zu reagieren. Wirklich etwas zu tun, statt im Leiden und im Vorwurf oder in dem ewigen Zyklus von Gewalt, Flucht, Schuld und Scham, Idealisierung und Entwertung stecken zu bleiben. Ohne den anderen dafür schlecht zu machen. Aber ihm die volle Verantwortung für seinen Teil an Ihrer gemeinsamen Liebe zu geben. Daran zu glauben, dass er es schaffen kann - oder zu gehen, in aller Konsequenz.

Lesen Sie sich bitte den Text der Meditation vor, bevor Sie anfangen. Am Schönsten ist es, wenn Sie ihn sich auf eine Cassette sprechen und diese während der Meditation ablaufen lassen.

Haltung:
Setzen Sie sich gegenüber, Knie an Knie. Schließen Sie Ihre Augen, entspannen Sie sich, spüren Sie Ihren Körper, von Kopf bis Fuß, von außen nach innen.

Dann öffnen Sie bitte erneut Ihre Augen. Schauen Sie Ihren Partner an, schauen Sie tief in seine Augen. Erlauben Sie sich einzutreten in seine Seele. Und lassen auch Sie sich sehen. Atmen Sie lang und tief.

Dann schließen Sie die Augen. Lassen Sie das Bild Ihres Partners, das Sie gerade vor Augen hatten, nun vor Ihrem inneren Auge erscheinen, so lange, bis es ganz klar ist. Nehmen Sie es mit allen Sinnen wahr - sehen Sie die Farben seiner Kleidung, spüren Sie den Kontakt mit der Haut, wie Sie ihn kennen, seinen Geruch, den Klang seiner Stimme.

Und nun lassen Sie von irgendwoher hinter Ihrem Partner ein Wesen erscheinen, das aussieht wie ein Engel - voll Licht, fast durchscheinend, strahlend, vibrierend vor Energie. Spüren Sie, wie dieses Wesen sich Ihrem Partner nähert, dass es irgendwie zu ihm gehört, so als wäre es von ihm angezogen. Fäden vibrierender Energie verbinden sich von diesem Wesen mit ihrem Partner, es schaut voll tiefer Liebe auf ihn. Immer näher kommt es Ihrem Partner. Und dann tritt es buchstäblich in seinen Körper ein, verschmilzt mit ihm, füllt ihn oder sie mit seiner Gegenwart, seiner lebendigen, strahlenden Präsenz.

Plötzlich verändert sich Ihr Partner vor Ihrem inneren Auge. Nicht, dass er ganz anders würde, aber es ist so, als würde eine zu enge Schale von ihm abfallen, als würde er plötzlich anfangen, von innen heraus zu leben. Sie sehen, wie das Engelwesen jetzt aus ihrem Partner heraus leuchtet, wie es ihn erfüllt und durch ihn hindurchscheint.

Plötzlich können Sie erkennen, dass das, was Sie bisher für so selbstverständlich in Ihrem Partner gehalten haben, gleichsam von neuer Schönheit durchdrungen wird. Sie können erkennen, mit welcher Hingabe er vielleicht an seinem Auto bastelt - und Sie erkennen seine tiefe Liebe darin. Sie können vielleicht sehen, wie sorgsam er oder sie beim Einkaufen Nahrungsmittel auswählt. Oder die Geburtstage der Kinder vorbereitet. Wie engagiert Ihr Partner im Job ist - und wie tief er sich verbinden kann. Sie erkennen plötzlich die Gegenwart seiner Liebe, in vielen kleinen Dingen. Auch in seinen Unsicherheiten. Oder seiner Verletzlichkeit.

Und dann sehen Sie, wie Ihr Partner Sie anschaut, mit seinen wahren Augen. Spüren Sie, wie es ist, von dieser Essenz so betrachtet zu werden, öffnen sich der Liebe, die durch Ihren Partner hindurch zu Ihnen strömt. In all den kleinen und großen Gesten des Alltags.

Ganz langsam öffnen Sie nun bitte real Ihre Augen, schauen Sie sich an. Schauen Sie tief, schauen Sie hinter die Oberfläche, nicht nur darauf, was Sie sonst immer sehen, schauen Sie in die Seele. Und finden Sie dort, was Sie auch mit geschlossenen Augen gesehen haben - das wunderbare, einzigartige Wesen, das Ihr Partner ist.

Danach:
Danken Sie sich gegenseitig. Danken Sie sich nicht nur für die Meditation. Sprechen Sie aus, wofür Sie sich sonst noch danken können. Und was Sie sehen können im anderen.

Paarmeditation 50: Unser Weg

In vielen spirituellen Traditionen wird das Leben als ein Weg gesehen. Ein Weg, der uns zunächst führt in die Inkarnation des jetzigen Daseins, auf dem wir uns als getrennt erleben, und der uns dann zurückführen kann in die Einheit mit allem Sein. Wenn wir uns dafür öffnen. Denn in jedem Augenblick unseres Lebens gilt es zu entscheiden, welchen Weg wir einschlagen wollen: Den der Bewusstheit oder den der Unbewusstheit.

Diese Entscheidung geschieht in den meisten Fällen, ohne dass Menschen davon überhaupt irgend etwas merken. Und genau dadurch bleiben wir in unserer Unbewusstheit gefangen. Nun ist dies nichts, für das wir uns schämen brauchen - bis wir „erwachen", tun dies alle Menschen so. Und es hat einen Hintergrund: In einer bestimmten Phase unseres Lebens, als wir noch Kinder waren, war es nämlich aus unserem höchsten Bewusstsein heraus oft das Beste, uns zu schützen und uns zu verschließen gegen die zahlreichen Verletzungen unserer zarten Seele, die Hänseleien, die groben Sätze, die Streitereien unserer Eltern, die Erfahrungen, dass unsere Grenzen nicht geachtet wurden. Später dann haben wir daraus das gebildet, was man „Persönlichkeit" nennt, mit bestimmten Eigenschaften, die nun zu uns gehörten als könnte es nicht anders sein. Durch diese Persönlichkeit sehen wir die Welt - und erschaffen sie genau dadurch immer wieder neu, genau entsprechend unseren Vorannahmen und Erfahrungen. So dass schließlich die Welt genauso ist, wie wir sie immer gesehen haben.

In Wirklichkeit jedoch sind wir keineswegs das, was wir als unsere Persönlichkeit sehen. Und die Welt „ist" auch keineswegs so, wie wir meinen, dass sie ist. Das allerdings erfahren wir erst, wenn wir uns auf einen neuen Weg machen. An irgend einem Punkt unseres Lebens stehen wir vor einer Weggabelung, einer grundsätzlichen Entscheidung. Nicht der, die jeden Moment in uns gefordert ist. Sondern einer, die die grundsätzliche Ausrichtung unseres Lebens betrifft. Manche Menschen stehen an dieser Wegscheide früher, andere später. Manche erleben sie als große Lebenskrise, bei anderen verläuft sie praktisch unbemerkt. An diesem Punkt hinterfragen wir alles, was wir bisher getan haben, ziehen Bilanz - und entscheiden vielleicht, dass wir eine ganz neue Richtung einschlagen wollen. Eine äußere, oder eine innere.

An diesem Punkt beginnt für Viele der innere Weg, ein Weg der Bewusstheit, ein Weg zu sich selbst. Nichts ist mehr „selbstverständlich" und „einfach so". Wir beginnen hinzuschauen, hinzuspüren, Fragen zu stellen und Antworten zu suchen. Wir fangen an, bewusst zu werden. Und wir begegnen dabei plötzlich all dem, was wir als unsere „Persönlichkeit" kennen gelernt haben, auf eine neue Weise. Wenn wir uns dafür öffnen können, können wir merken, dass das, was wir als unsere Charaktereigenschaften gesehen haben, Schutzschichten sind, die unsere Verletzlichkeit und unsere Liebe bedecken sollten. Und dass wir, wenn wir sie loslassen, mit eben dieser Verletzlichkeit und Liebe in uns in Berührung kommen - und auch mit all dem, von dem wir glauben, dass es uns nicht liebenswert macht.

In einer Partnerschaft kommen wir wie nirgends sonst mit all diesen Eigenschaften und Überzeugungen über uns und die Welt in Berührung. Da eine Liebesbeziehung eine so einzigartige Mischung aus Liebe und Beziehung, sprich: aus Wesentlichem und den Strukturen und Mustern des Ego ist, in der sich zwei Partner begegnen, ist eine Partnerschaft auch eine einzigartige Möglichkeit zur spirituellen Befreiung. Der Weg, auf dem jeder mit seinem Partner geht, schenkt immer wieder die Chance, sich noch tiefer kennen zu lernen. Und dabei immer mehr der alten Muster zu lösen. Um dies zu tun, brauchen wir an bestimmten Punkten des Weges Entscheidungen - Entscheidungen, etwas anders zu tun als bisher immer, Entscheidungen, sich auf die Liebe einzulassen und nicht dem bekannten Weg des Schmerzes und der Schmerzvermeidung zu folgen.

Die folgende Meditation nutzt das Bild vom inneren Weg für eine Visualisation. Lesen Sie sich dazu bitte zunächst die Meditationsanleitung gemeinsam durch. Dann beginnen Sie gemeinsam die Meditation. Bitte legen Sie sich Papier und Buntstifte oder Malkreiden bereit. Sie können sich den Meditationstext auch auf eine Cassette sprechen und diese während Ihrer Meditation abspielen.

Haltung:
Bitte setzen Sie sich voreinander, Knie an Knie. Spüren Sie Ihren Körper, Ihren Atem. Schauen Sie sich einige Augenblicke lang in die Augen. Schauen Sie nicht nur bis zur Oberfläche der Haut. Schauen Sie tiefer. Betreten Sie das Land der Seele Ihres Partners.

Dann schließen Sie bitte die Augen. Erkunden Sie Ihren inneren Körper - Ihre Empfindungen, Ihre Gedanken und Gefühle. Nehmen Sie wahr, wo Sie verspannt sind und wo entspannt. Wie das Bild Ihres Partners Sie ins Innere begleitet und welche Resonanz es auslöst. Welche Gedanken Sie gerade jetzt haben. Und welche Gefühle. Lassen Sie all dies sein wie es ist. Und nehmen Sie wahr, dass es in Ihnen Raum für all das gibt. Und das der Raum selbst viel weiter, viel größer ist als all das, dem Sie gerade Ihre Aufmerksamkeit geschenkt haben. Spüren Sie, dass dieser Raum unendlich groß ist - und das alles darin Platz hat, was Sie ausmacht und was Sie erkennen können. Atmen Sie in diesen Raum hinein, spüren Sie Ihre Ausdehnung. Spüren Sie, dass Ihre Seele darin alle Weisheit, alles Wissen finden wird, das sie braucht um zu reifen.

Und dann lassen Sie bitte vor Ihrem inneren Auge das Bild eines Weges entstehen - eines Weges, auf dem Sie gehen. Wie sieht er aus, welche Beschaffenheit hat er? Wie hell ist es auf diesem Weg, wie dunkel? Führt er bergauf, ist er gerade oder führt er abwärts? Schauen Sie sich um, schauen Sie auf das Stück des Weges, das hinter Ihnen liegt. Was können Sie erkennen, woher Sie kommen?

Wenn Sie sich nun wieder umdrehen, können Sie erkennen, dass sich Ihnen von einer Seite eine Gestalt nähert. Es ist Ihr Partner. Langsam kommt er näher, begleitet Sie. Gemeinsam gehen Sie auf dem Weg weiter. Vielleicht verändert sich der Weg dabei, wird leichter oder schwerer, vielleicht helfen Sie sich gegenseitig, vielleicht gehen Sie nur einfach nebeneinander her. Spüren Sie, dass Sie sich an bestimmten Punkten des Weges entscheiden müssen, wohin Sie weiter gehen wollen. Ob Sie auf dem großen Weg bleiben, oder eine Abzweigung nehmen. Und dass es auf dem Weg, den Sie gemeinsam gehen, an bestimmten anderen Punkten Herausforderungen gibt, die Sie gemeinsam bewältigen müssen.

Langsam nähern Sie sich dem Punkt Ihres Weges, an dem Sie heute sind, jetzt, genau in diesem Moment. Bleiben Sie an diesem Punkt stehen, schauen Sie sich um. Wie sieht es um Sie herum aus? Wie ist Ihr Weg beschaffen, genau in diesem Moment? Was können Sie erkennen, was hier vor Ihnen liegt? Wie der Weg weitergeht? Und was Sie genau an diesem Punkt Ihres Weges tun müssten? Oder lassen müssten?

Schauen Sie sich um - und vielleicht können Sie sehen, dass am Wegesrand etwas liegt - eine Blume, ein Stein, etwas ganz anderes. Sie gehen darauf zu, heben es hoch. Und Sie spüren, es ist speziell für Sie! Während Sie den Gegenstand hochnehmen, scheint er sich wie zu öffnen. Licht durchströmt diesen Gegenstand, und das Licht geht in Sie über. Und in diesem Licht hören Sie plötzlich eine Stimme, die Ihnen sagt: „Dies ist, was du brauchst!“ Sie spüren, dass Sie wissen, was die Stimme damit sagen will. Und dass das, was Sie brauchen, Sie nun wie mit einer ganz speziellen Kraft durchströmt und Ihnen hilft. Während Sie noch das Licht und die Kraft überall in sich aufnehmen, spüren Sie, dass Sie auch etwas abgeben können, etwas abgeben wollen. Es könnte ein Gefühl sein, dass Sie bisher festgehalten haben, eine Eigenschaft, die Sie im Griff hatte, eine innere Haltung, die Sie bisher eingenommen haben. Lassen Sie zu, dass sich das Wissen darüber in Ihnen formt. Und während Sie dies zulassen, spüren Sie in Ihrer anderen Hand, wie dieses Wissen sich zu etwas zu formen scheint - in einen Gegenstand, eine Blume. Sie halten dieses Etwas in Ihrer Hand - ein Symbol für das, was Sie abgeben wollen. Langsam neigen Sie sich nieder - und legen Ihr Symbol an den Rand des Weges.

Und dann richten Sie sich auf und schauen Ihren Partner an. Schauen Sie genau hin, sehen Sie, wie er Sie anschaut? Mit Augen voller Weisheit, voll innerem Wissen, voller Liebe? Er scheint wie von innen heraus zu leuchten, und Sie lächeln sich an. Nehmen Sie sich an den Händen. Etwas von dem Licht, das Sie beide durchströmt, fließt nun durch Sie beide hindurch, vermischt sich miteinander, ohne in jedem von Ihnen weniger zu werden. Und Sie setzen gemeinsam Ihren Weg fort. Und dann kommen Sie langsam mit Ihrer Seele zurück. Lösen sich von Ihrem inneren Bild, das Sie weiter begleiten kann, aber nun langsam unsichtbar wird. Und kommen dann in den Raum zurück, in dem Sie sich jetzt befinden. Atmen Sie einige Male tief ein und aus. Und öffnen Sie dann die Augen.

Schauen Sie sich an. Sehen Sie Ihren Partner mit den Augen, mit denen Sie sich in Ihrer Reise angeschaut haben, sehen Sie seine innere Schönheit. Lassen auch Sie zu, dass Sie so gesehen und angesehen werden.

Danach:
Nehmen Sie sich nun Ihr Malzeug. Malen Sie den Weg, den Sie in Ihrer Phantasiereise gesehen haben, den Weg hinter Ihnen, den Weg vor Ihnen, den Weg zum jetzigen Zeitpunkt. Malen Sie auch Ihr Symbol, was Sie bekommen haben, und schreiben Sie dazu, was es für Sie war und wofür es vielleicht in Ihrem Leben zum jetzigen Zeitpunkt steht. Und malen Sie auch, was Sie abgegeben haben - und schreiben Sie dazu, wofür es in Ihrem jetzigen Leben steht. Sie müssen dazu nicht besonders gut zeichnen können - es genügt völlig, dass Sie wissen, was gemeint ist.

Wenn Sie mit Ihrem Bild fertig sind, zeigen Sie es Ihrem Partner. Erzählen Sie sich gegenseitig, was Sie erlebt haben. Versuchen Sie dabei, ganz in Ihrem Empfindungen zu bleiben. Sprechen Sie dazu am besten in der Gegenwart, nicht in der Vergangenheit. Analysieren Sie nicht, was Sie für die Bedeutung des Ganzen halten - wenn sich Ihnen die Bedeutung erschließt oder erschlossen hat, sprechen Sie von dem, was Sie erfahren haben, nicht von Ihren Überlegungen. Sie sprechen dann von etwas, das ist, nicht von etwas, das vielleicht sein könnte. Hören Sie auch zu, was Ihr Partner Ihnen sagt, hören Sie aus Ihrem inneren Raum zu. Auf irgendeiner Ebene werden Sie wissen, was die Bedeutung dessen, was Sie erlebt haben, für Sie beide ist. Lassen Sie zu, dass diese Erkenntnis in Ihnen ist, lassen Sie zu, dass Ihre Liebe zueinander fließt. Und danken Sie sich dann gegenseitig für das, was Sie miteinander geteilt haben.